Eleonore Beck / Gabriele Miller
Frauen und Gott

Eleonore Beck / Gabriele Miller

# Frauen und Gott

## Gedanken und Gebete

Verlag Butzon & Bercker Kevelaer
Klens-Verlag Düsseldorf

Die Deutsche Bibliothek – CIP-Einheitsaufnahme

**Frauen und Gott:** Gedanken und Gebete / Eleonore Beck; Gabriele Miller. – Kevelaer: Butzon und Bercker; Düsseldorf: Klens-Verl., 1992
ISBN 3-7666-9720-X (Butzon und Bercker)
ISBN 3-87309-095-3 (Klens-Verlag)
NE: Beck, Eleonore [Hrsg.]

ISBN 3-7666-9720-X (Butzon und Bercker)
ISBN 3-87309-095-3 (Klens-Verlag)


Umschlaggestaltung: Meussen / Künert, Essen.

## *An alle, die mit uns beten wollen ...*

Sie fragen vielleicht: Was für Frauen mögen das wohl sein, die für andere Frauen ein Gebetbuch schreiben? Wir meinen, wir seien ganz normal! Wir leben in der gleichen Welt wie Sie mit allen Freuden und Sorgen, und wir möchten als Christen unseren Weg mit anderen zusammen gehen. Wir haben, so wie Sie, mal mehr und mal weniger gebetet, haben Worte gefunden oder haben geschwiegen, waren wie Stotterer oder wie kleine, plappernde Kinder. Und oft waren wir froh, wenn wir das, was uns bewegte, mit den Worten eines anderen sagen konnten.

Manche unserer Gebete haben wir aufgeschrieben. Aber manchen Texten merkt man an, daß sie vor einem Blatt Papier und nicht vor dem lebendigen Gott entstanden sind. Wir haben versucht, denen von der zweiten Sorte den Vorrang zu geben. Vielleicht hätten wir manche Gebete, die jetzt in diesem Buch abgedruckt sind, einmal mehr beten sollen. Vielleicht wären wir dann bei der Auswahl strenger gewesen. Die Entscheidung für diesen oder jenen Text war nicht immer leicht. Wir haben ausgewählt, nachgebetet, zusammengefügt und manches wieder weggelegt. Manch ein Text hat uns spontan angesprochen, bei anderen waren wir zögerlich. Dann haben wir Bekannte und Freundinnen gefragt, mit ihnen zusammen erwogen und überlegt. Manchmal ließen wir uns überzeugen, daß unser spiritueller Stil und Geschmack nicht allein ausschlaggebend sein kann.

Anderen Frauen mag anderes hilfreich sein. Aber, wer sind wohl diese anderen Frauen? Sicher solche, die beten wollen, sonst nähmen sie wohl unser Buch nicht

zur Hand. Oder blättern Sie jetzt gerade nur aus Versehen oder aus purer Neugier darin? Dann möchten wir Sie ermutigen, weiterzublättern! Man kann ja nicht wissen, ob Ihnen bisher nur der rechte Anstoß zum Beten gefehlt hat? Vielleicht haben Sie das Beten verlernt, weil Ihnen nur ausgeleierte Sätze in den Sinn kommen, weil Sie nie versucht haben, zu Gott uneingeschränkt du zu sagen.
Ob Sie wohl jung sind, sich jung fühlen oder ob Sie – so wie wir beide – auf ein gutes Stück Leben zurückblikken können? Leben Sie mit anderen zusammen oder allein? Mit Ihrer Familie zufrieden und ausgeglichen oder recht und schlecht? In einer Phase, in der Sie mit sich selbst nicht zurechtkommen, oder versöhnt? Sind Sie berufstätig und damit zufrieden? Haben Sie eigene Kinder, vielleicht schon erwachsen und Ihnen entwachsen? Sind Sie mit Ihrem Mann glücklich? Vielleicht sind Sie alleingelassen? Suchen Sie nach einem Menschen, der Sie versteht? Sind Sie krank, behindert, arbeitslos?
Solche Fragen haben uns begleitet, während dieses Gebetbuch entstand. Wir hoffen, daß wir den Kreis weit genug gezogen haben...
Und wenn Sie jetzt denken: Was soll ich denn mit meinem Beten – vielleicht Gott umstimmen? Wird sich dadurch etwas ändern in meinem Leben? Vielleicht doch! Der heilige Augustinus sagt: „Der Mensch betet nicht, um Gott zu orientieren, sondern um selbst recht orientiert zu werden.“ Vielleicht wollen Sie versuchen, mit uns zu beten – sich recht orientieren zu lassen.

*Eleonore Beck und Gabriele Miller*

# INHALT

I. BETEN

voraus-gesetzt 9 – beten lehren – beten lernen 13 – lebenslang im Gespräch 18 – Frauen singen andere Lieder 24

II. SO IST MEIN LEBEN

ich will leben 29 – tagaus – tagein 35 – Zeit – Zeit – Zeit 40 – geliebt werden und lieben 47 – schuldig werden 57 – geboren werden – sterben – leben 59

III. ALS FRAU GEBOREN

Rückfragen an die biblische Vergangenheit 71 – Orientierung im Heute 82

IV. UNSERE SCHWESTERN IN DER BIBEL

Frauen, die wissen, was sie wollen 93 – Frauen, die Gott eine Chance geben 107 – Frauen, die mit Jesus gehen 117

V. GOTT – UNSER GOTT

Voraussetzungen 129 – Annäherungen 133 – Erfahrungen zum Weitersagen 140 – bitten: mit- und füreinander 152 – aufgehoben 155

VI. ALLES HAT SEINE ZEIT

Tage – Wochen – Jahre 163 – jede auf ihre Art 172 – werden, was wir sein können 185 –

VII. PARTNERSCHAFT – EHE – FAMILIE

ein Bund, in Liebe gegründet 189 – gefragt: ein

Allroundtalent 196 – Leben weitergeben 199 – Übungen im Haben, Halten, Lassen 206 – Partnerschaft in der Krise 212

VIII. NETZWERK KIRCHE
ein Christ ist kein Christ 222 – das schlechte Image 226 – ein Christ ist einer, der... 233 – Ostern ist alle Tage 243 – Frauen in der Kirche 252 – geteilte Christenheit 258 – für andere bitten 263

IX. AUF DEN SPUREN JESU
Gott ist anders 270 – er macht alles gut 274 – Menschsein neu buchstabiert 279 – sterben, um zu leben 290

X. UND WENN ES NICHT RICHTIG IST?
Urteile – Vor-urteile 295 – für richtig halten? 298 – meine Schuld 303 – umkehren – sich versöhnen 307 – aussprechen und loslassen 316 – ich bekenne 319

XI. FRÖMMIGKEIT KONKRET
Arten des Betens 328 – morgens – mittags – abends 339 – Maria ehren 343 – Eucharistie feiern 348

XII. DEN GLAUBEN BEKENNEN
vertrauen und glauben 355 – als Christen glauben 364

Quellenverzeichnis 381 – Bilderverzeichnis 387 – Autorenverzeichnis 389 – Schriftstellenverzeichnis 391 – Stichwortverzeichnis 393

# I. BETEN

Beten – Für sich selber sprechen... Sagen, was einen angeht... Sich selber sagen... Über sich hinaus fragen und klagen, loben, bitten und danken... Einem Du vertrauen... Bereit sein, sich betreffen zu lassen... Sich aufs Spiel setzen... Riskieren, daß man sich ändert...

Beten ist das allerschwerste Werk. Darum ist es auch gar so selten. Denn es ist etwas Großes, mit Gott zu reden.

Martin Luther

## *voraus-gesetzt*

*Wer betet, setzt voraus, daß der Mensch – Mann und Frau gleichermaßen – ein dialogisches Wesen ist, eingefügt in ein Geflecht von Beziehungen: zu sich selbst, zur jeweiligen Umwelt, zu Gott. Mehr und mehr erlebt er, wie diese Beziehungskreise sich überschneiden und durchdringen – nicht ohne einander sein können: Kein Mensch „hat" sich selbst. Doch in dem Maß, in dem er sich findet, erlebt er Wirklichkeit jenseits des eigenen Horizonts.*

*Wer Frieden mit sich selbst geschlossen hat, wird fähig, Frieden zu schließen mit anderen – mit Gott. Wer die eigene Wahrheit gefunden hat, braucht die Wahrheit schlechthin nicht zu fliehen. Wer sich selber liebgewonnen hat, ist fähig, andere zu lieben. Solche Liebe kann über die Grenzen des Menschlichen hinauswachsen.*

*Beten heißt: Beziehung aufnehmen – über sich selbst hinaus denken, fragen, fühlen, sich engagieren… Wer betet, traut der Stimme des eigenen Herzens und den ungezählten Zeugen, die sagen: Gott ist.*

**ein Recht zu fragen**

Woher weiß ich, ob und wann du da bist?
Woher weiß ich, ob du hörst, wenn ich dich rufe?
Woher weiß ich, wie ich dich erreichen kann?
Woher weiß ich, ob du helfen willst?
Woher weiß ich, ob du wirklich existierst?

Niemand, Herr, wird Antwort geben können,
wenn ich solche Fragen stelle – niemand außer dir.
Es ist schwer, zu glauben, wenn man dich nicht sieht.
Herr, ich weiß, daß du mir Antwort gibst,
doch ich höre sie so selten.

Herr, mach offen und bereit mein Herz
und empfänglich für die Stimme, die mich ruft.
Wenn ich auch beim ersten Mal nicht höre,
lasse du nicht von mir ab!
Nenne mich beim Namen, immer wieder!

Petra Millet

**Stille aushalten**

Es ist laut um mich
der Tag verzehrt sich in Arbeit
Pünktlichkeit
Genauigkeit
Freundlichkeit
Forderungen zu jeder Zeit

ich fühle mich ausgehöhlt
und fremd

es ist laut in mir
die Stimmen hallen nach
die Arbeit geht durch meinen Kopf
ich fange an zu planen
für morgen
für übermorgen
und ein bißchen schon
für den Urlaub

es ist laut in mir
mein Herz ist unruhig
ich möchte beten
ich möchte wieder beten können
Herr, hilf
daß ich still werde
daß ich es aushalte
still zu sein

Sigrid Lichtenberger

**warten können**

Gott, höre mein Gebet.
Ich spreche zu dir wie zu einem Freund.
Ich glaube, dich zu kennen.
Ich ahne dein Wesen.
Darum kann ich nicht aufhören, dich zu suchen.
Darum rede ich ins Dunkel.
Du antwortest nicht,
wie Menschen antworten.
Wer mit dir spricht, muß warten können.
Ich warte.

## meine Welt

Ich lebe in einer Welt,
in der nur das zählt,
was ich leiste.
Ich lebe in einer Welt,
in der nur das gilt,
was meßbar ist.
Ich lebe in einer Welt,
in der nur das existiert,
was sich wissenschaftlich erweisen läßt.
Ich lebe in einer Welt,
in der kein Platz ist für einen,
der unendlich,
unbegreifbar
in allem und über allem wirkt.
Oft fühle ich mich
mit meinem Glauben an dich
in dieser Welt allein.
Gott, ich bitte dich:
Sei du mir nahe.

Angelika Meissner

## warum

Warum
läßt du zu, daß
wir uns gebärden
als hätten wir
das Weltall geplant,
Leben eingehaucht,
Anfang gesetzt
und Ende zubestimmt?

Warum
läßt du uns
fragen und rufen
irren und suchen
ohne Antwort, ohne Ziel?

Warum
kommst du uns nicht
entgegen –
uns, die wir hoffen
auf dich?

## *beten lehren – beten lernen*

● *Als ich ein kleines Kind war, hat meine Mutter mit mir gebetet. Als ich heranwuchs, habe ich aufgehört zu beten. Wenn ich ein Kind hätte, würde ich mit ihm beten. Würde ich mit ihm beten lernen?*

● *Jede Frau lebt ihre eigene Geschichte. Jede hat einmal gelernt, die Hände zu falten; Worte ins Dunkel zu sagen; gereimte vielleicht, weil man die leichter behält. Die ersten Gebete – wie kurz oder lang hat es gedauert, bis ich sie „überlebte"? Langeweile, Verdruß am Ritual, vielleicht auch Zweifel am Sinn solchen Sprechens ... Jahre später das erste Gebet, das das „meine" wurde – und es lange Zeit blieb. Für mich verknüpfen sich Zeiten des Gebets mit Zeiten intensiven Lebens; dazwischen Gewohnheit; Beten in der Gemeinschaft. Selten erschließt sich mir einer jener überlieferten Texte, die man so gut kennt, daß sie nichts mehr sagen. Hin und wieder die Freude an einem Text, der trifft. Noch ist meine Geschichte nicht am Ende...*

## Irr-Lehren

Die mich beten lehrten, haben mir gesagt, wie wichtig das rechte Benehmen ist: still stehen, sitzen oder knien; die Hände falten; den Kopf gesenkt; keine unnütze Bewegung; kein abschweifender Gedanke – Beten ist eine ernste Sache, und Gott ist leicht zu beleidigen...
Die mich beten lehrten, haben mir gesagt, wie wichtig die rechten Worte sind. Am sichersten sei es, die vorgeschriebenen, die bewährten zu lernen und sie zu sagen, Wort für Wort. Gott würde es merken, wenn man eines ausließe oder verändere. Im übrigen höre er gern, wenn Menschen ihm sagen, daß sie nichts sind vor ihm, unwert und sündig – kein Grund zum Lachen...
Als ich selber anfing zu beten, habe ich erfahren, daß Tanz und Bewegung, offene Augen und ausgestreckte Hände, Lachen und Lied die Andacht nicht stören. Beten ist eine wichtige Sache, und es ist nicht schwer, Gott zu erfreuen...
Ich habe erfahren, daß Worte, die aus dem Herzen kommen, zu seinem Herzen finden, auch wenn es nur „meine" Worte sind. Daß jeder Mensch in seinen Augen jemand ist und sein darf; daß er, der sich den Sündern zuwendet, sich freut mit den Glücklichen.

*Seit Jahrhunderten*
*schaut sie in die Welt.*
*Fröhlich, aber nicht*
*mit lautem Gelächter.*
*Ich meine,*
*sie lächelt mich an.*
*Ich lächle zurück.*

**„fromm sein" bedeutet für mich:**

- die Pflichten anerkennen und so gut es geht erfüllen, die der Mensch Gott gegenüber hat: Gebote befolgen; sich an überkommene Bräuche, Vorschriften und Regeln halten und sie weitergeben; einen Maßstab haben, nach dem man das eigene Verhalten und das anderer beurteilen kann; Gehorsam gegenüber Eltern, Staat, Kirche, Gott…
- Meine Frömmigkeit nährt sich mehr und mehr aus dem Protest gegen die Übermacht der Männer in der Kirche, gegen die Ungleichheit; sie nährt sich aus dem Einsatz für die Gleichberechtigung der Frauen vor Gott, in der Welt und auch in der Kirche als meiner religiösen Gemeinschaft…
- Ehrlich – darüber habe ich noch nie nachgedacht. Ich bete, wenn mir der Sinn danach ist. Ich helfe, wenn mir jemand begegnet, der Hilfe braucht. Wenn ich deswegen „fromm" genannt würde, käme ich in Verlegenheit…
- Was Frömmigkeit für andere ist, kann ich nicht sagen. Für mich ist Jesus ein Licht. Er macht mir Hoffnung. Ohne ihn möchte ich nicht leben…
- Nachts aufwachen und wissen, daß irgendwo auf der Welt Menschen sind, die beten – und daß einer da ist, der hört…
- Das „Fromm-Sein" hab' ich von meiner Mutter gelernt. Sie hatte ihre Grundsätze: sonntags in die Kirche gehen; abends beten und morgens auch; freitags kein Fleisch… Aber so wie sie kann ich das nicht. An manchem Sonn- und Feiertag geh' ich nicht in die Kirche. Und beten tu' ich, wenn mir danach ist…
- Lachen und weinen – die Welt und die Menschen se-

hen, wie sie sind – Fragen und Probleme und Sorgen und Nöte (auch Freuden und Erfüllungen) im Angesicht Gottes bedenken, ohne mir und ihm etwas vorzumachen – ihm danken und mit ihm rechten und, wenn es sein muß, ihm vor die Füße werfen, was er mir angerichtet hat. Und doch wissen, daß er mich an seiner Leine hält – das, was man Beten nennt, nicht abtrennen vom Denken und Fühlen und alltäglichen Leben...

● „Frömmigkeit“? Das steht bei dem, was ich sein und werden möchte, nicht an erster Stelle. Es gibt anderes, wofür ich Gottes Hilfe erbitte: Mach mich geduldig, gelassen, tolerant; steh mir bei, daß ich Erfolg habe; mach mich liebenswert; mach mich gesund (wenn du willst); mach mich mutig, daß ich fähig werde, für mich selbst einzustehen...

**fast wie von selbst**

Inmitten
von Terminen
und Erledigungen
den Kopf voll
von Sachen
suche ich Dich

fast von selbst
gehe ich in die Knie
hocke auf dem Boden
mitten in meinem Zimmer
und werde still

um mich herum
Unerledigtes
Unaufgeräumtes

Bücher
Bilder
Blumen
Ausdrücke von mir
und meinem Leben

ich lasse
meinen Blick schweifen
durch den Raum
und die Zeit
den Kopf voller Gedanken
den Bauch voller Gefühle
sie ziehen vorbei

und ich weiß
mittendrin
bist Du
und
Du liebst mich

Danke

Ulla Kintrup-Limbrock

## *lebenslang im Gespräch*

*Das Beten lernt man nicht ein für allemal, so wie man das Gehen und Stehen, das Lesen und Schreiben lernt. Der Dialog mit Gott läßt sich nicht ein- oder ausschalten wie ein Automat auf Knopfdruck.*
*Jede Beziehung muß sich wandeln und reifen, muß durchgehalten und erlitten werden – so auch das Gebet. Jeder Mensch hat seine eigene Geschichte der Liebe und des Leids. Jeder hat seine eigene Geschichte mit Gott.*

## nachbeten – mitbeten – vorbeten

Mit dem Beten ist es merkwürdig: Einerseits ist es eine Privatangelegenheit, ob, wann und wie ich oder eine andere mit Gott redet. Andererseits: Wie sollte ein Mensch des Umgangs mit Gott sicher werden, wenn er oder sie nicht von Zeit zu Zeit Vor-Beter fände, die das Kind und auch die Erwachsenen an die Hand nehmen auf ihrem Weg zu Gott; die zuhören lassen; das Beten teilen; Gemeinschaft erfahren lassen; eine Atmosphäre stiften, in der Vertrauen gedeiht und auch der Mut zum eigenen Wort.

## so möchte ich beten

Beten,
wie die Kinder
beten aus purem
Vertrauen
daß er, den ich anspreche
hört, was ich
zu sagen habe
daß er mich
versteht, weil
ich ihm wichtig bin.

Bitten,
wie die Kinder
bitten aus purem
Vertrauen
daß die eigenen Wünsche
wichtig sind und daß er
dem ich sie sage
mir zugetan ist.

Danken, wie die Kinder
danken aus purem
Vertrauen
daß er, dem ich singe
sich freut über jeden
glücklichen Menschen.

Glauben, wie die Kinder
glauben aus purem
Vertrauen
daß er, an den ich
mich halte
nicht losläßt
weil er nicht sein will
ohne mich.

**für die Fernstehenden**

Ich denke an die Menschen,
die das Ave Maria vergessen haben,
die es für lächerlich halten,
dich anzurufen.
Ich denke an die Menschen,
die mit Gleichgültigkeit
und voll Verachtung
auf dein Bild schauen...
Sind sie unglücklich?
Du bist die Mutter der Unglücklichen.
Sind sie Sünder?
Du bist die Zuflucht der Sünder.
Haben sie dem Heil den Rücken gekehrt?
Du bist die Pforte des Himmels.

Dom Helder Camara

## meine Ängste

In mir ist Angst
vor der Armut,
der Krankheit,
dem Alter,
vor Arbeitslosigkeit, Alleinsein,
Nicht-mehr-mithalten-Können.
Darum halte ich das Meine fest.
Ich verschweige die Sicherheiten,
die ich mit keinem anderen teilen möchte.
Manchmal, zwischen Nacht und Morgen,
liege ich wach und spüre,
daß es um mein Leben geht.
Und dann fürchte ich mich nicht.

## wenn die Not mich treibt

Ich habe längst aufgehört, regelmäßig zu beten. Feste Formeln und Zeiten tragen mich nicht. Sie nützen weder mir noch dem, dem ich sie zuspreche.
Ich bete, wenn die Not mich treibt. Darum ist in meinem Beten keine Heuchelei, und auch nach Worten brauch' ich nicht zu suchen. An der eigenen Grenze bete ich, in Leid, Not, Ausweglosigkeit, Angst – ich bete mein Leben und manchmal das der anderen.
Ob ich ein schlechtes Gewissen dabei habe? Ob ich „mehr" oder „anders" beten müßte – ich glaube nicht, daß ich mir darüber Gedanken machen muß. Wenn Gott da ist – wenn er für den Menschen da ist – kann ich zu ihm kommen, wenn ich ihn brauche.

**Stumme und Verstummte**

Menschen, die mit uns und neben uns leben, zu denen wir vielleicht –
wenigstens zeitweise –
auch gehören:

- die nicht beten wollen…
- die das Gebet für bloßen Selbstbetrug halten…
- die nicht rechnen mit Gott…
- die froh sind, daß sie den Gebeten
ihrer Kinderjahre – und den Erinnerungen,
die sich damit verbinden – entkommen sind…
- die enttäuscht, am Beten gescheitert sind…
- die den Sinn ihres Lebens
in der eigenen Wirklichkeit gefunden haben…
- die keine Fragen haben über den Tag
und das So-Sein hinaus…

**Gebetszeiten**

Aus der Angst vor Vergangnem
führe mich, o Herr.
Vor der Gier nach der Zukunft
bewahre mich, o Herr.
Für das Pochen der Gegenwart
erlöse mich, o Herr.

Franziska Stern

**Rat eines Heiligen**

Wenn ein Knecht Gottes, wie es vorkommen kann, in seinem Gemüt über etwas verwirrt wurde, so muß er sogleich sich ins Gebet begeben. Und so lange sollte er vor dem Antlitz des erhabenen Vaters verweilen, bis er wieder die vorige Freude hat, von der so viel für das Heil abhängt. Denn wenn sich die Traurigkeit festsetzt, wächst das Übel, und sofern es sich nicht in Tränen löst, bleibt ein dauernder Schaden zurück.

Franz von Assisi

**ich lernte...**

Als mein Gebet immer andächtiger
und innerlicher wurde,
da hatte ich weniger zu sagen.
Zuletzt wurde ich ganz still.
Ich wurde,
was womöglich
noch ein größerer Gegensatz
zum Reden ist,
ich wurde ein Hörer.
Ich meinte erst,
Beten sei Reden.
Ich lernte aber,
daß Beten nicht bloß Schweigen ist,
sondern Hören.
So ist es:
Beten heißt nicht
sich selbst reden hören;
beten heißt still werden
und still sein
und warten,
bis der Betende
Gott hört.

Sören Kierkegaard

## *Frauen singen andere Lieder*

*Beten Frauen anders? Die Frage ist akut. Viele Frauen können sich mit den überlieferten Betweisen, die in Gottesdiensten praktiziert, in Gebetbüchern festgeschrieben sind, nicht länger identifizieren. Sie bleiben – schon im Vorfeld – an den Stolpersteinen hängen, die ihnen eine patriarchalisch strukturierte Gesellschaft – in die auch die Kirche eingebunden ist – in den Weg legt. Gott redet als „Mann“, als Mann wird er dargestellt seit Jahrhunderten. Männer verwalten seinen Willen, legen sein Wort aus, leiten den Gottesdienst, formulieren Gebete, die in der Gemeinschaft der Glaubenden zur Norm des Betens wurden – jahrhundertelang unwidersprochen.*
*Im gesellschaftlichen Umbruch jüngst vergangener Zeit und unserer Gegenwart wächst den Frauen ein neues Selbstbewußtsein, eine neue Sensibilität zu. Selbständig gewordene Frauen wollen im Gottesdienst als Frau angesprochen werden. Sie fragen, wie es um ihre biblisch begründete Gleichberechtigung steht. Es stört sie, wenn im Gottesdienst nur von „Brüdern“ die Rede ist – als seien „Schwestern“ nicht vorgesehen.*
*Frauen bringen ihre eigene Wirklichkeit ins Spiel; sie suchen nach einer Sprache, die dieser Wirklichkeit angemessen ist – sie beten anders.*
*Sie wollen mitreden und mitentscheiden. Sie wollen sich selbst einbringen als Frau – ohne den Nachweis, daß sie ebenso gut sind wie die „Brüder“. Sie wollen Fehler machen und sie korrigieren dürfen wie jene.*

## eine Heilige klagt

Die Klage über eine Kirche, in der die Männer das Sagen für sich beanspruchen, Frauen nur mitgemeint, nicht selber angesprochen werden, ist nicht neu. Vor vierhundert Jahren betete eine Frau:
Herr meiner Seele! Als du noch in dieser Welt wandeltest, hast du den Frauen immer deine besondere Zuneigung bewiesen. Fandest du doch in ihnen nicht weniger Liebe und Glauben als bei den Männern. Auch befand sich ja unter ihnen deine heilige Mutter, deren Verdienste uns zukommen und deren Habit wir tragen.
Die Welt irrt, wenn sie von uns verlangt, daß wir nicht öffentlich für dich wirken dürfen, noch Wahrheiten aussprechen, um derentwillen wir im geheimen weinen, und daß du, Herr, unsere gerechten Bitten nicht erhören würdest. Ich glaube das nicht, Herr, denn ich kenne deine Güte und Gerechtigkeit, der du kein Richter bist wie die Richter dieser Welt, die Kinder Adams; kurz, nichts als Männer, die meinen, jede gute Fähigkeit bei einer Frau verdächtigen zu müssen.
Aber es wird der Tag kommen, mein König, wo dieses alles bekannt wird. Ich spreche hier nicht nur für mich selbst, denn die Welt kennt meine Schwachheit, und das ist mir lieb. Aber ich werfe unserer Zeit vor, daß sie starke und zu allem Guten begabte Geister zurückstößt, nur weil es sich um Frauen handelt.

Teresa von Avila (1515–1582)

## ein neues Pfingsten

Ich denke mir ein neues Pfingsten so:
Sturm und Brausen, Wind und Wehen
füllt die Häuser, die Straßen und Herzen,
bringt alles, was lebt, in Bewegung.
Man trifft sich auf Straßen und Plätzen:
Frauen und Männer, Arme und Reiche,
Junge und Alte, Einheimische und Fremde
tanzen Arm in Arm miteinander,
singen Lieder zum Lobpreis des Lebens.
Ein jeder spricht in der Sprache des andern
von der Freude am Menschsein
und dem Großen, das Gott ihm getan.

## komm, Heiliger Geist

Wir bitten dich für alle, die in Jesu Namen die Kirche hüten und leiten:
Befreie sie von aller Angst, vor allem von der um die eigene Würde; laß sie wagen, dem Leben zu trauen und dir.
Treibe sie, Heiliger Geist, laß sie hinausgehen auf Straßen und Plätze, in Regierungspaläste und Notunterkünfte, Krankenhäuser, Altenheime und Discos, Schulen, Kaufhäuser, Fabriken und Gefängnisse, in Flüchtlingslager und Kasernen – dorthin, wo Menschen sind.
Begeistere sie, Heiliger Geist; laß sie neue Gedanken denken, in neuen Sprachen Gottes große Taten künden, daß alle hören und verstehen: die Frauen und die Männer, die jungen Leute und die Altgewordenen, die Verliebten und die Geschiedenen, die Ärzte und die Kranken, die Minister und die Büroboten, die Arbeitslosen

und die Arbeitgeber, die Heimatlosen und die Ehrenbürger, die Bettler und die Millionäre, die Schüler und ihre Lehrer...
Komm, Heiliger Geist, entzünde das Feuer deiner Liebe.

**mach uns frei**

Mach uns frei, Gott,
wir bitten dich um unsere Befreiung.
Führ uns aus dem Sklavenhaus des Wohlstands.
Befreie uns von dem Zwang,
Hunger und Elend zu verbreiten
um unserer Profite willen,
von dem Zwang,
die Schuldenlast den Ärmsten aufzubürden,
so daß ihre Kinder zeit ihres Lebens
Schuldsklaven sind...
Mach uns frei, Gott,
wir bitten dich um unsere Befreiung.
Führ uns aus dem Diensthaus
des technischen Fortschritts.
Mach uns frei vom Zwang,
mehr Energie zu verbrauchen als nötig.
Mach uns frei von der Rolle
der Ausbeuter unserer Erde.
Mach uns frei von denen, die unsere Demokratie
mit ihrem Atomstaat verwechseln.
Sei du unser Gott – nicht die Bombe.
Sei du unsere Freiheit – nicht das Wachstum.
Gründe uns in deiner Gerechtigkeit.
Sei du unser Frieden.

Dorothee Sölle

**ein neues Lied**

„Andere Lieder wollen wir singen,
feiern das Fest der Befreiung.
Der Herr führt uns auf neues Land,
die Träume werden wahr."

Das Lied singe ich gern.
Es zeigt mir einen Weg und ein Ziel.
Raus aus alten Gewohnheiten,
aus Formen, die mir nicht passen.
Ein Fest der Befreiung feiern,
Träume wahr werden lassen,
andere Lieder, meine Lieder anstimmen,
Lieder, die mir gefallen,
Lieder, die mein Leben aussagen,
mit Worten, die nicht schal sind.
Zum Fest in einem neuen Land.
Doch es heißt, daß ein anderer mich führt,
daß er mir den Weg eröffnet.
Laß ich mich führen?
Laß ich mich führen in unbekanntes Land?
Das Lied, dessen Kehrvers ich singe,
es redet von Tod und Leben,
es redet von Brot und Wein,
es redet vom Zeichen der Hoffnung,
es redet vom Bund und vom Ruf.
Laß mich ein neues Lied singen,
ein Lied von meinem Leben,
ein Lied von Freude und Hoffnung,
ein Lied der Freiheit mit dir.

# II. SO IST MEIN LEBEN

Bei einer Frauentagung, nach einem Gottesdienst für Frauen, beim Einkauf im Supermarkt könnte man Frauen befragen, wie sie leben. Es würde sich wohl ein sehr vielfältiges Bild ergeben. Jüngere und ältere, verheiratete und alleinstehende, berufstätige und zu Hause arbeitende Frauen – jede lebt in einer anderen Situation, in einem anderen Umfeld. Doch das ist eigentlich selbstverständlich. In unserer heutigen Gesellschaft aber gibt es Erfahrungen, die der Lebenswelt von Frauen ein so unterschiedliches Profil geben, wie es vergangenen Generationen kaum vorstellbar war. Und dennoch – es gibt Grundgegebenheiten menschlichen Daseins: zwischen Geboren-Werden – sein Leben Gestalten – Wachsen und Reifer-Werden – Alt-Werden und Sterben. Das alles ist für Christen umfangen vom Glauben, daß wir ins Leben gerufen sind, um zu leben.

## *ich will leben*

*Leben will jede – lange natürlich. Und sie will es ausschöpfen bis auf den Grund. Im Johannesevangelium steht, Jesus sei gekommen, damit den Menschen „Leben in Fülle" gegeben werde. Was aber verstehen die Menschen darunter? Worin sieht jede einzelne den Sinn ihres Lebens? Wovon träumen wir? Worauf hoffen wir? Auf was – oder noch besser gefragt: Auf wen setzen wir unser Vertrauen? Was tun wir, damit unser Leben gelingt? Was heißt das überhaupt: gelingendes Leben?*

*Es ereilt uns ja alle dasselbe Los: geboren werden und sterben – sich freuen und traurig sein – lieben und geliebt werden – einsam oder mit andern zusammen sein – verlassen werden und enttäuscht sein – an Grenzen stoßen oder Grenzen überschreiten – schuldig werden und Schuld vergeben – um Verzeihung bitten und Verzeihung gewähren – wünschen und hoffen... Und doch, auch wenn uns alle das gleiche Grundmuster von Leben trifft – es ist ein großer Unterschied, wie ich das alles betrachte und durchlebe, ob ich feststelle: Mein Glas ist halb voll oder es ist halb leer...*

**Leben**

Ich bin auf der Suche
nach der Antwort
meiner Frage:
„Wieviel Glück ist möglich?"

Unterwegs
treffe ich viele liebe Menschen,
die es gut mit mir meinen
und mir antworten.

Doch ihre Verheißungen
sind mir zu gering –
ich will mich nicht fürchten
vor der Strafe für
mehr Glück!

Ich darf nicht
heimisch werden
in ihren Häusern
des gemäßigten Wohllebens.

Die Mühe des Weges
bleibt mir nicht erspart
und nicht die Frage:
Werde ich finden?
Werde ich immer suchen?

Immerhin:
im Suchen stellt sich
dann und wann
Finden ein.

Aber nie sicher,
sondern immer nur vielleicht –
und hoffentlich.

Erika Büchler

**leben – wovon?**

Rainer Maria Rilke ging in der Zeit seines Pariser Aufenthaltes regelmäßig über einen Platz, an dem eine Bettlerin saß, die um Geld anhielt. Ohne je aufzublikken, ohne ein Zeichen des Bittens oder Dankens zu äußern, saß die Frau immer am gleichen Ort. Rilke gab nie etwas, seine französische Begleiterin warf ihr häufig ein Geldstück hin. Eines Tages fragte die Französin verwundert, warum er nichts gebe. Rilke antwortete: „Wir müßten ihrem Herzen schenken, nicht ihrer Hand."

Wenige Tage später brachte Rilke eine eben aufgeblühte weiße Rose mit, legte sie in die offene, abgezehrte Hand der Bettlerin und wollte weitergehen. Da geschah das Unerwartete: Die Bettlerin blickte auf, sah den Geber, erhob sich mühsam von der Erde, tastete

nach der Hand des fremden Mannes, küßte sie und ging mit der Rose davon.
Eine Woche lang war die Alte verschwunden; der Platz, an dem sie vorher gebettelt hatte, blieb leer. Nach acht Tagen saß sie plötzlich wieder wie früher an der gewohnten Stelle. Sie war stumm wie damals, wiederum nur ihre Bedürftigkeit zeigend durch die ausgestreckte Hand. „Aber wovon hat sie denn in all den Tagen gelebt?“ fragte die Französin. Rilke antwortete: „Von der Rose.“

Josef Bill

**ins Herz gelegt**

Warum hast du uns Sehnsucht ins Herz gelegt:
Sehnsucht nach leichtem und schönem Leben
nach Weite und Freude
nach Erfolg und Gelingen
nach Zärtlichkeit und Liebe...

Warum hast du uns Wünsche ins Herz gelegt:
Wünsche, die uns fühlen lassen
was wir nicht haben
trotzdem möchten
die uns unruhig machen, unzufrieden, ungerecht
Wünsche, mit denen wir kämpfen müssen...

*Eine „törichte Jungfrau“?*
*Mir scheint eher, sie trauert,*
*trauert der verpaßten Chance nach.*
*Ihr Ölkrug ist leer.*

Warum hast du uns Träume ins Herz gelegt:
Träume, in denen Menschen sich wandeln
vollkommen sind
frei von Sorgen und von Schwächen
von Kummer und Streit
in denen wir schön sind
gesund und froh, erfolgreich und reich
Träume, in denen alles gelingt –
bis wir erwachen…

**mein Weg**

Ich gehe meinen Weg
vertrauend darauf,
daß es kein Irrweg,
sondern ein Heimweg ist.

Ich gehe meinen Weg
vertrauend darauf,
daß er mich nicht an ein Ende,
sondern an das Ziel führt.

Ich gehe meinen Weg
vertrauend darauf, daß,
wenn ich gefragt werde,
wohin ich gehe,
ich antworten kann:
Immer nach Haus.

Meinold Krauss

## *tagaus – tagein*

*Es ist immer der gleiche Trott. Ein Tag wie der andere. Die gleichen Fragen, die gleichen Sorgen, die gleichen ungelösten Probleme… Dann und wann dazwischen eine Ruhepause, ein Sonnenstrahl aus den Wolken. Und dann geht's gleich weiter, rund um die Uhr. Und wenn es kein „Gewitter" gibt, dann bin ich froh. Abends todmüde ins Bett, manchmal ohne Schlaf zu finden; am Morgen schellt der Wecker, schreit schon das kleine Kind, wenn ich mich noch einmal umdrehen möchte… Und dann aufstehen, sich schütteln, tief durchatmen, Luft holen, sich recken und strecken – und an das alte Lied denken: „All Morgen ist ganz frisch und neu des Herren Gnad und große Treu." Und dann anfangen, als sei es der erste Tag einer neuen Schöpfung. Tagaus – tagein, und jeder Tag bringt eine Überraschung…*

### sinnvoll gelebt haben

Wenn ich einst in die Grube fahre
und fünf Menschen sagen:
Ich bin froh, daß es ihn gab,
dann schaufelt in Ruhe
die Grube zu.

Ulrich Bach

### nur für heute

Herr, gib mir heute einen neuen Himmel und eine neue Erde.
Gib mir das Staunen des Kindes, dessen Blick sich der Welt zum ersten Male öffnet.

Gib mir die Freude des Kindes, das in jedem Ding deinen Glanz entdeckt, einen Abglanz deiner Herrlichkeit in allem, was ihm entgegentritt.
Gib mir die Freude dessen, der seine ersten Schritte macht.
Gib mir das Glück dessen, für den das Leben täglich neu, unschuldig und voller Erwartung ist.
Gib mir, daß ich alle Dinge in Christus sehe, Bäume und Felder, Wohnstätten und Arbeitsplätze, Tiere und Menschen.
O mein Gott, mache aus mir einen dankbaren Menschen!

**einfach da sein**

Meine Arbeit ist nicht aufregend; in meinem Büro passieren selten Dinge, die zu erzählen sich lohnen. Das wird mir klar, wenn ich mich am Abend frage: „Was hast du heute eigentlich getan?" Eine Stunde Post, Formulare, Anträge, viele Telefonate – Antworten aus Routine und Wissen. Manchmal klopft ein Ratsuchender an die Tür; alle erwarten eine Antwort; alle bekommen zumindest einen Rat. Am Nachmittag ein paar Besuche, am Abend Müdigkeit. Und manchmal das Gefühl, nichts vorweisen zu können. Besonders dann, wenn eine meiner Bekannten von ihrem aufregenden Berufsalltag erzählt. Doch am nächsten Morgen fange ich wieder an; denn mein Alltag besteht einfach im Dasein für jeden, der mich gerade braucht.

## ich wünsche dir

Daß jede Gabe, die Gott dir geschenkt hat,
wachsen möge mit den Jahren
und daß sie dir dazu diene,
die Herzen derer, die du liebst,
mit Freude zu erfüllen.

Daß du in jeder Stunde einen Freund habest,
der der Freundschaft wert ist,
dem du vertrauend die Hand reichen kannst,
wenn es schwer wird,
mit dem du den Stürmen trotzen
und die Spitzen der Berge erreichen kannst.

Und daß in jeder Stunde der Freude
und des Leides
das freudebringende Lächeln
des menschgewordenen Gotteskindes
mit dir sei
und daß du in der Nähe Gottes bleibest.

aus Irland

## Tag im Zimmer

Gott, für die anderen fängt ein Tag an voller Verheißungen und Möglichkeiten. Ich weiß, was dieser Tag mir bringen wird – dasselbe wie die vielen Tage zuvor. Du hast mich eingeschränkt: vier Wände hast du mir gelassen, einen Sessel und ein Bett. Du hast mir Schmerzen gegeben. Sie kommen wieder wie der Mittag oder der Abend. Meine Welt, das sind die Menschen, die zu mir kommen, die Menschen, die an meinem Fenster vorbeigehen, ein paar Pflanzen im Topf, die Gedanken an eine glücklichere und gesunde Vergangenheit. Schenk mir Freude aus der Erinnerung. Schenk mir Geduld mit mir selber. Schenk mir Menschen, denen ich nicht zur Last bin.

**höre nie auf anzufangen**

Herr,
segne dies Chaos!
Segne dies Montagshaus:
das Frühstücksgeschirr in der Spüle,
die Betten noch nicht gemacht,
die Reste vom Brote-Richten auf dem Tisch,
das Wohnzimmer unaufgeräumt.
Segne dies Chaos
und mich, wenn ich ihm nun zu Leibe rücke.

Ein Montagshaus
ist nicht so schlimm wie ein Montagshirn.
Das Haus hat Zeit.
Aber meine Gedanken müssen gereinigt werden.
Ich wünschte,
das ginge mit Schrubber und Besen –
Geräten, mit denen ich umgehen kann.
Aber Denken ist schwer und unbequem.

Herr, segne diesen Tag!
Mit Schrubber und Besen kann ich hantieren.
Zur Reinigung meiner Gedanken brauche ich
deine Hilfe.

Jo Carr / Imogene Sorley

## Vorsätze

Nur für heute werde ich in der Gewißheit glücklich sein, daß ich für das Glück geschaffen bin.
Nur für heute werde ich nicht danach streben, die anderen zu kritisieren oder zu verbessern – nur mich selbst.
Nur für heute werde ich glauben – selbst wenn die Umstände das Gegenteil zeigen sollten –, daß Gott für mich da ist, als gäbe es sonst niemanden auf der Welt.
Ich will mich nicht entmutigen lassen durch den Gedanken, ich müsse dies alles mein ganzes Leben durchhalten. Heute ist es mir gegeben, das Gute während zwölf Stunden zu wirken.

Johannes XXIII.

## Humor und Nachsicht

Ein Christ, der kaum sich unterschied,
er stimmte an ein weltlich Lied.
Er sang von Liebeslust und -leid
und dachte an die ferne Maid,
die sich sein junges Herz erwählte,
damit er sich mit ihr vermählte.

Da kam ein andrer Christ daher,
der nahm das Christsein viel zu schwer.
Für ihn war alles in der Welt
in Teufels Küche hergestellt.
Und so mißfiel ihm auch das Singen,
er wollte es zum Schweigen bringen.

Fing nicht ob unserm frommen Mann
ein Vögelein zu singen an? –
Was Gott der Kreatur erlaubt,

darf auch der Christ, der an ihn glaubt.
Das Lied, mit dem den Herrn wir preisen,
muß nicht nur Halleluja heißen.

Erwin Brezing

## *Zeit – Zeit – Zeit*

*Keine Zeit – Zeit ist Geld – ständig in Zeitnot – die Zeit läuft mir davon – schlechter Zeitplan – ich nehme mir Zeit – ich habe keine Zeit – ein zeitloser Stil – Zeitdruck – ich laufe hinter meiner Zeit her – die Zeituhr tickt – ich habe endlos viel Zeit – ein Mensch ohne Zeitgefühl – einen Zeitvertrag abschließen – keine Zeiteinteilung – ich habe alles, nur keine Zeit – schlechte Zeiten – das Zeitliche segnen – zeitenweise geht's mir passabel – Zeit meines Lebens – zu meiner Zeit – allzeit bereit – eine Zeitlang – von Zeit zu Zeit – zeitlebens – Zeitangabe – Zeitansage – zeitgleich ankommen – zeitig fertig werden – Zeitgenossen – Zeitvertreib – die Zeit vergeuden – Herbstzeitlose – Zeitung lesen – eine zeitsparende Unternehmung – Zeitschriftenabteilung – das rechte Zeitmaß – zeitig nach Hause kommen – Zeit sparen – Zeit verplanen – keine Zeit haben – keine Zeit haben – keine Zeit haben – die Zeit – die Zeit – die Zeit ist um…*

**auch ein Zeitplan**

Denkt an das, was früher war, in uralten Zeiten: Ich bin Gott, und keiner sonst, ich bin Gott, und keiner ist wie ich. Ich habe von Anfang an Künftiges verkündet und lange schon gesagt, was geschehen wird.

Ich sage: Mein Plan steht fest, und alles, was ich will, bring ich zum Ende. Ich habe aus dem Osten den Adler gerufen, aus fernem Land rief ich den Mann, den ich brauchte für meinen Plan. Ich habe geplant, und ich bring es zum Ende.
Hört auf mich, ihr Verzagten, ich selbst bringe euch Rettung, sie ist nicht fern; meine Hilfe verzögert sich nicht.

Jesaja 46, 9–13

**Zeit**

alles wurde
versucht

sie

in den Griff
zu bekommen

doch sie
entrinnt
immer wieder

tropft
durch die Stunden

fließt
durch das Leben

kommt
woher?

geht
wohin?

kein Stillstand

aber der Tod?

Anneliese Merkel

**ein weises Herz gewinnen**

Daß wir vergehen, das macht dein Zorn,
durch deinen Grimm werden wir vernichtet.
Du stellst unsere Sünden vor dich,
unsere geheime Schuld ins Licht deines Angesichts.
Darum gehen hin all unsere Tage
durch deinen Zorn,

wir beenden unsere Jahre wie einen Seufzer.
Unser Leben währt siebzig Jahre,
und wenn's hoch kommt,
sind's achtzig Jahre.
Und was köstlich daran,
ist nur Mühsal und Plage,
rasch ist's vorbei,
als flögen wir dahin.
Lehre uns, unsere Tage zu zählen,
damit wir ein weises Herz gewinnen.

aus Psalm 90

**was ist das Leben?**

Was ist das Heute?
Ein tastendes Gehen
vom Gestern zum Morgen.

Was ist die Zeit?
Eine schmale Brücke
zwischen Vergangenem und Zukünftigem.

Was ist das Leben?
Ein rätselvolles Sein
aus dunklem Ursprung und nächtigem Ziel.

Keine Bleibe,
nichts, was fest ist,
alles fließt –

aber es fließt
in das tröstliche Meer
von Gottes Unendlichkeit.

Maria Lohuus

**gestern – heute – morgen**

Gestern bin ich geboren,
heute muß ich begegnen,
morgen werde ich sterben
und dann erst leben.

Gestern bin ich geboren...
habe mein Elternhaus kennengelernt,
habe gesungen und gesammelt,
gespielt und gezeichnet,
mit meinem Vater,
im Park, neben den reifen Beeren,
mit meinen Freunden,
habe ich gelernt, wie man raucht,
wie man ißt und trinkt,
wie man Blumen pflückt,
wie man zerstört,
was einem nicht gehört,
habe Gutes und Schlechtes gesehen,
ohne zu unterscheiden,
wen man liebt, wen man tötet.

...heute muß ich begegnen...
dem Du, der Hektik,
meinem Freund,
meinem Gott und Bettler,
dem Behinderten,
dem Christentum,
dem Leben, den Menschen,
der Dritten Welt,
der Erfahrung, der Einsamkeit,
der Ehe und der Gewalt,
allem muß ich begegnen.

...morgen werde ich sterben...
auf der Straße?
im Altersheim?
für meine Mitmenschen?
im Januar?
bei meinem Freund?
vor dem Suppenteller?
irgendwann?
auf der Alm?
am Muttertag?
wegen Krebs?

...und dann erst leben
dann erst leben
erst leben.
Leben
beginnt erst dann.

Konradin Meier

**lehre uns zu leben**

Der du unsere Lebenstage kennst,
ihre Freude, ihre Leere, ihre Dauer.
Der du uns gönnst,
daß wir Menschen werden in hellem Licht;
daß wir unser Glück versuchen beieinander
in Freundschaft und Treue,
in Gutsein und Rechttun;
daß wir unsere Bestimmung finden in Liebe.

Der du unsere Geburt gewollt hast,
unser Aufwachsen,
unsere besseren Jahre.

Sieh die Kinder, die ihre Geburt beklagen,
sieh die verzweifelt Sterbenden,
sieh die Gemarterten
und alle, die durch keine Menschenaugen
mehr gesehen werden.

Der du in dieser Welt
so mächtig bist, wie Menschen gut sind,
laß uns einsehen
das grundlose Unrecht von Armut und Hunger.
Im Namen des Jesus von Nazaret,
laß uns ausschauen nach einer Wende
des Bestehenden.
Lehre uns zu leben
für eine Welt in Recht und Frieden.

Huub Oosterhuis

## Selbstmitleid mit roten Tupfen

Wie schlimm mir das Leben
mitgespielt hat,
wie übel mir die Männer
zugesetzt haben –
jene, die ich liebte,
und mehr noch
jene, die ich nicht liebte,
wie begrenzt doch
meine Zeit ist
und meine Kraft.
Und dazwischen
aufgegangener Klatschmohn:
ein Freund,

eine Freundin,
die Frauensache, der Job,
ein Brief, ein Anruf.

Erika Büchler

**alles hat seine Zeit**

Jede Sache hat ihre Stunde!
Eine Zeit für jedes Anliegen unter dem Himmel!
Zeit zum Gebären und zum Sterben –
Zeit zum Pflanzen
und Zeit, das Gepflanzte auszureißen –
Zeit zum Töten und Zeit zum Heilen –
Zeit zum Abschleifen und Zeit zum Bauen –
Zeit zum Weinen und Zeit zum Lachen –
Zeit zum Klagen und Zeit zum Tanzen –
Zeit zum Steine-Wegwerfen
und Zeit zum Steine-Sammeln –
Zeit zum Umarmen
und Zeit zum Umarmung-Vermeiden –
Zeit zum Suchen und Zeit zum Verlieren –
Zeit zum Bewahren und Zeit zum Wegwerfen –
Zeit zum Zerreißen und Zeit zum Zusammennähen –
Zeit zum Schweigen und Zeit zum Reden –
Zeit zum Lieben und Zeit zum Hassen –
Zeit für Krieg und Zeit für Frieden.

Kohelet 3,1–8

**der Zeiger der Uhr**

Ein Tag mit langen Stunden.
Ein Tag, der vergeht wie ein Traum.

Ein Tag, dessen gern ich gedenke.
Ein Tag, der mich schreckt in der Nacht.
Die Stunde, die ich festhalten möchte.
Die Stunde, vor der mir graut.
Die Stunde, die zählt in jeder Minute.
Die Stunde, verronnen im Nu.
Lassen sich Tage, Stunden, Minuten
messen mit dem Zeiger der Uhr?

## *geliebt werden und lieben*

*Wenn einer dich freundlich anlacht, auch wenn du nichts zu lachen hast, dann bekommt alles einen neuen Glanz. Wenn einer auf dich hört, auf dein leises Wort, auf dein Seufzen, auf dein Klagen, auf deinen Freudenruf, dann kannst du aufleben. Wenn einer mit dir redet und mit dir schweigt, dann weißt du, daß er dich versteht. Wenn einer dich aufspürt in deiner Einsamkeit, dich herausholt aus dem Schmollwinkel, dich annimmt in deiner Beschränktheit, dann kannst du aufatmen.*

*Wenn einer die Zeit mit dir teilt, wenn einer die Nacht mit dir teilt, wenn einer seine Pläne mit dir teilt, wenn einer Anteil nimmt an dem, was dich interessiert, an dem, was dich quält, dann hast du mehr als nur Glück.*

*Wenn einer zu dir steht, wenn alle dich sitzenlassen, wenn er dir gut ist, auch wenn du versagt hast, wenn er dir vertraut, wenn er sich Zeit nimmt, mit dir zu streiten, wenn er dich nicht nach deinen Kleidern, nach deinem Make-up beurteilt, wenn er dich annimmt, auch wenn du eigentlich „nicht vorzeigbar" bist – dann weißt du, daß er dich liebt.*

**ja sagen zueinander**

Wenn zwei Menschen ja sagen zueinander,
heißt das –
sie wollen die Liebe wagen.

Wenn zwei Menschen ja sagen zueinander,
erklären sie sich bereit,
einander anzunehmen mit Vor- und Nachteilen,
Sonnen- und Schattenseiten.

Wenn zwei Menschen ja sagen zueinander –
und dies ein Leben lang zu sagen bereit sind –,
geben sie einander
einen großen Vorschuß an Vertrauen;
sie trauen sich, einander zu trauen.
Sie ver-trauen einander.

Wenn zwei Menschen ja sagen zueinander,
brauchen Sie das Wohlwollen
und die guten Wünsche ihrer Mitmenschen.

Wenn zwei Menschen ja sagen zueinander
und bereit sind,
es auch nach 25 oder 50 Jahren zu wiederholen,
erfordert dies Hingabe, Großmut
und die stete Bereitschaft, zu vergeben
und immer wieder zu verzeihen.

Wenn zwei Menschen ja sagen zueinander,
bedürfen sie nichts nötiger
als des Segens dessen, der uns alle erschuf.
Auf diesen Segen,
auf diese Gnade kommt es vor allem an,
wenn zwei Menschen ja sagen zueinander…

Adalbert Ludwig Balling

## ich möchte lieben

Ich sehne mich in der Nacht
nach dem Menschen,
den ich lieben kann.
Meine Arme greifen ins Leere.
Ich bin allein und möchte zu zweit sein.
Ich rede, und niemand hört zu.
Ich lebe, und niemand wird mit mir ernten.
Warum bin ich reich,
wenn ich niemanden beschenken kann? –
Liebe. Woher? Wohin?
Nimm meine ganze, unerfüllte Liebe!

## suchst du mich?

Wenn du traurig bist,
möchte ich bei dir sein.
Wenn du müde wirst,
möchte ich meinen Arm für dich bereithalten.
Wenn du sprechen willst:
meine Ohren sind für dich offen.

Ich habe auch nicht viel Kraft.
Ich bin reizbar, ungeduldig und schwankend,
aber wenn du mich rufst,
werden alle Kräfte in mir mobilisiert.

Vielleicht brauchst du jemanden,
mit dem du nur schweigen möchtest:
ich bin da.

Du willst eine Musik nicht alleine hören:
meine Ohren hungern nach Tönen.
Beim Betrachten eines Bildes

willst du mir sagen, was du empfindest:
ich schaue mit deinen Augen.

Wenn du Widerstand brauchst:
ich will dir die Stirn bieten.
Wenn du wissen willst, wie es um dich steht:
ich will dir einen Spiegel vorhalten.

Ich möchte da sein, wenn du mich brauchst.
Ich möchte für dich da sein.

Otto und Felicitas Betz

**stark wie der Tod**

Setz mich für dein Herz ein als das Siegel,
als das Siegel für deinen Arm!
Denn: Stark wie der Tod ist Liebe,
gewaltiger als Unterwelt ist Leidenschaft.
Ihre Flammen sind Feuerflammen,
Jahwes Flammen!
Gewaltige Wassermassen
können die Liebe nicht auslöschen
und Ströme sie nicht überfluten.
Würde jemand den ganzen Besitz seines Hauses
als Gegengabe für die Liebe aufbieten,
würde er sich bloß dem Spott preisgeben.

Hoheslied 8,6–7

**sich annehmen**

In meinen Beziehungen zu Menschen habe ich herausgefunden, daß es auf lange Sicht nicht hilft, so zu tun, als wäre ich jemand, der ich nicht bin. Es hilft nicht, ruhig und freundlich zu tun, wenn ich eigentlich ärgerlich bin und Bedenken habe. Es ist nicht hilfreich, so zu tun, als wüßte ich Antworten, wenn ich sie nicht weiß. Es hilft nicht, den liebevollen Menschen zu spielen, wenn ich im Augenblick eigentlich feindlich gestimmt bin. Es hilft nicht, so zu tun, als wäre ich voller Sicherheit, wenn ich eigentlich ängstlich und unsicher bin. Es hilft nicht, so zu tun, als sei ich gesund, wenn ich mich krank fühle. Es ist für mich einfacher, mich als einen unvollkommenen Menschen zu akzeptieren, der keinesfalls zu jeder Zeit so handelt, wie er handeln möchte. Manchen mag diese Entwicklung befremdlich erscheinen, mir ist sie wertvoll. Denn: Wenn ich mich so akzeptiere, wie ich bin, dann ändere ich mich.

Carl R. Rogers

**morgens und abends zu lesen**

Der, den ich liebe
Hat mir gesagt
Daß er mich braucht.

Darum
Gebe ich auf mich acht
Sehe auf meinen Weg und
Fürchte von jedem Regentropfen
Daß er mich erschlagen könnte.

Bertolt Brecht

**ich sage: Zärtlichkeit**

Ich sage: Zärtlichkeit der Worte,
wenn du abends heimkommst,
von der Arbeit müde,
damit Worte dich empfangen,
die dir Zeit geben.
Denn man tötet in der Welt,
und jedes Blutbad macht uns älter.

Ich sage: Zärtlichkeit
und denke dabei auch
an Blätter, die sich aus der Knospe entfalten,
an Himmel, an Wasser in Sommertagen,
an den Druck von Händen.

Ich sage: Zärtlichkeit
und denke an Stunden der Freundschaft,
an jene Augenblicke,
die die Zeit der Zärtlichkeit künden,
die für alles Gute kommt,
diese ganz andere Luft,
die sich anschickt zu dauern.

Eugène Guillevic

**allein**

Einsamkeit, Herr,
dir kann ich das sagen;
denn du bist weit weg:
Ich bin einsam,
ganz elend einsam.
Ich muß immer an früher denken,
an vergangene Zeit,

da wollte ich allein sein.
Endlich heraus aus der Wohnung der Eltern,
nicht mehr das Zimmer teilen
mit dem kleinen Bruder,
der vorgezogen wird.
Endlich das eigene Zimmer,
das eigene Leben.
Keiner soll hineinreden.
Und nun:
Keiner redet mit mir,
keiner setzt sich zu mir.
Es kann an mir liegen, Herr,
vielleicht stoße ich Menschen ab,
bin nicht attraktiv,
nicht intelligent, nicht locker im Gespräch.
Wenn nur einer
auf mich einredete.
Es gibt so viele Menschen, Herr,
warum ist da keiner – für mich.
Einer, der mich braucht.
Ich brauche einen Menschen.
Ich bin einsam, Herr,
dir kann ich das sagen;
denn du bist ganz nah.

Joachim Schöne

**Morgengebet für einen Geliebten**

Gestern hat er noch
in meinem Arm geruht –
morgen, Herr, mußt du
ihn an dich ziehn.

Gestern drangen seine Worte
in mein Ohr –
morgen, Herr, darfst du ihn nicht
vor dir verstummen lassen.

Gestern las er Freud und Leid
aus meinem Blick –
morgen, Herr, halte du
seine Seele offen für das Leben.

Morgen, Herr, vollende du allein,
was gestern du in uns
zu zweit begonnen.

Franziska Stern

**die Welt ist schön…**

weil es Menschen gibt,
die dich annehmen;
die dich mögen;
die nicht immer gleich
mit dem Zeigefinger deuten,
wenn du mal anderer Meinung bist…

weil es Menschen gibt, die Gutes tun;
Menschen, die Güte ausstrahlen;
Menschen, die nie müde werden,
zum Guten anzustiften;
Menschen, die vorbehaltlos lieben…

weil es Menschen gibt,
die mit ihren Augen lieb-kosen,
die mit ihren Händen streicheln,
die mit ihrer Stimme zu verstehen geben,
daß sie es gut mit dir meinen…

weil es Menschen gibt,
die keine Angst haben vor einander;
die Vertrauen haben in einander;
die alle Vor-Wände wegschieben
und – maskenlos – einander Gutes wünschen.

Adalbert Ludwig Balling

**alles übersteigend**

Wenn ich mit Zungen
der Menschen und der Engel rede,
die Liebe aber nicht habe
– dröhnender Gong bin ich oder lärmende Zimbel.
Und wenn ich Prophetenrede habe
und weiß die Geheimnisse alle
und alle Erkenntnis,
und wenn ich allen Glauben habe
– zum Bergeversetzen –
die Liebe aber nicht habe
– so bin ich nichts.
Und wenn ich all mein Hab und Gut veralmose
und meinen Leib zum Verbrennen ausliefere,
die Liebe aber nicht habe
– so nützt es mir nichts.

Die Liebe ist langmütig.
Gütig waltet die Liebe,
nicht ehrneidig.
Die Liebe eifert nicht;
sie macht sich nicht wichtig.
Sie benimmt sich nicht mißfällig;
sie sucht nicht das Ihre.
Sie läßt sich nicht aufreizen;

sie rechnet das Übel nicht vor.
Sie freut sich nicht über das Unrecht;
doch sie freut sich mit an der Wahrheit.
Alles hält sie aus.
Alles glaubt sie;
alles hofft sie;
alles durchharrt sie.

Die Liebe geht nie zugrunde.
Prophetenreden aber – sie werden abgetan.
Oder verzückte Zungen – sie hören auf.
Oder Erkenntnis – sie wird abgetan.
Denn: Nur zu einem Teil erkennen wir;
nur zu einem Teil reden wir prophetisch.
Wenn aber das Vollkommene kommt,
wird das Teilstück abgetan.
Als ich unmündig war,
redete ich wie ein Unmündiger,
hatte den Sinn wie ein Unmündiger,
berechnete ich wie ein Unmündiger.
Als ich Mann geworden,
habe ich das Unmündig-Sein abgetan.
Noch blicken wir ja nur durch einen Spiegel
– in Rätselgestalt –
dann aber von Angesicht zu Angesicht.
Noch erkenne ich nur zum Teil,
dann aber werde ich voll erkennen,
wie ich selbst voll erkannt ward.
Jetzt also bleiben Glaube, Hoffnung, Liebe
– diese drei:
Ihrer Größtes aber ist die Liebe.

Erster Korintherbrief 13, 1–13

## *schuldig werden*

*Wir können nicht alles tun, was wir wollen und wünschen. Wir erleben alle Tage unsere Grenzen – es geht nicht, wie wir es gerne hätten.*
*Manchmal versuche ich es mit Gewalt, um jeden Preis. Vielleicht setze ich meinen Kopf durch, auf Kosten der andern. Manchmal muß ich zurückstecken; dann bin ich sauer, frustriert, zieh mich zurück, bin unausstehlich. Manchmal komme ich zu meinem Recht, ohne Rücksicht auf andere. Dann kann es sein, daß ich schuld bin am Unglück eines andern. Und was dann? Muß ich mein Unrecht eingestehen, wiedergutmachen, was ich an Schaden angerichtet habe? Wird mir der andere vergeben? Verzeihen?*
*Um Verzeihung bitten und Verzeihung gewähren – das führt über Grenzen hinaus.*

### heute noch

Heute noch miteinander reden. Zurückgehen, das Gespräch von neuem beginnen.
Morgen könnte einer von uns tot, stumm, blind, gelähmt sein.
Heute noch zurückgehen, noch einmal hören, sich überwinden, verzeihen, das Urteil über einen Menschen aufheben.
Heute noch, die Sonne wird über zwei Versöhnten untergehen.

Martin Gutl

## gegen Ausflüchte

Klebe mir, Gott, den Mund nicht zu
mit Ausflucht oder mit kindischem Trotzen,
öffne, der du die Stammelnden liebst,
ihn der geläufigen Rechtfertigung nicht,
laß mich sagen unter allen,
die schuldlos sich wähnen, die Gründe haben,
die hinter den Argumenten wie hinter Liguster,
der ständig nachwächst, dreist sich verstecken,
laß mich, ausgesetzt dem Gezeter,
den zeigefingrigen Pfeilen, auch wo ich sie fürchte,
heraustreten aus dem Gestrüpp,
laß mich nicht sagen: Gesellschaft,
nicht: Vater und Mutter, nicht: Verführung,
laß mich, wohl wissend,
dies alles ist zu bedenken,
laß mich sagen, Gott: Ich bin schuld.

Rudolf Otto Wiemer

## der Anfang

O Gott
immer wieder falle ich aufs neue
ich werde schuldig
den Menschen gegenüber
mir gegenüber
dir gegenüber
aber ich weiß
wenn ich falle
so falle ich
in deine Dunkelheit
zu neuem Aufstehen

in deine Schwachheit
zu neuem Erstarken
in dein Licht
zu neuem Verstehen
in deine Geborgenheit
zu neuer Liebe
in deine Barmherzigkeit
zu neuem Anfang
in deine Liebe
zu neuem Leben
denn du bist der Anfang
den ich jeden Tag machen kann
Amen.

Cornelius Bisinger

## *geboren werden – sterben – leben*

*Ich lebe in einer Welt mit Freude und Leid: einer Welt, die bestimmt ist von Geboren-Werden und Sterben, von Wachsen und Blühen und Gelingen und Scheitern und Vergehen und Neuanfangen. In diesen Rhythmus bin ich eingebunden, und ich nehme diese Wirklichkeit ernst. Trotz dieses Lebens und Sterbens und Vergehens glaube ich, daß das nicht alles ist. Ich ahne und erfahre, daß hinter allem und über allem einer ist, der das alles in seiner Hand hat. Diese Ahnung und Erfahrung teile ich mit anderen; Menschen anderer Zeiten und anderer Generationen haben die Erfahrung gemacht, daß trotz Wachsen und Vergehen hinter allem einer steht. Er trägt auch mein Leben. Ich glaube: Gott steht auf meiner Seite.*

**geburt**

ich wurde nicht gefragt
bei meiner zeugung
und die mich zeugten
wurden auch nicht gefragt
bei ihrer zeugung
niemand wurde gefragt
außer dem Einen

und der sagte
ja

ich wurde nicht gefragt
bei meiner geburt
und die mich gebar
wurde auch nicht gefragt
bei ihrer geburt
niemand wurde gefragt
außer dem Einen

und der sagte
ja

Kurt Marti

**Hoffnung**

Doch nicht nur zu Beginn der Schwangerschaft, wenn Frauen und Männer dieses neu gezeugte und empfangene Wesen in spontaner Freude als Geschenk begreifen oder sie es in einem mühevoll erarbeiteten Ja als Aufgabe erkennen und annehmen, nicht nur da werden Menschen auf den Glauben und auf Gott verwiesen. Ist doch die gewöhnlich zweite Reaktion auf die Entdek-

kung einer Schwangerschaft der unwillkürliche Gedanke: „Hoffentlich lebt dieses winzige Wesen wirklich! Hoffentlich ist es gesund! Hoffentlich verläuft die Schwangerschaft gut!“
Dieser Wunsch begleitet uns – als Sorge und als unwillkürliche Bitte – durch alle neun Monate hindurch. – Kein Wunder, daß man auch heute noch davon spricht, eine Frau sei „guter Hoffnung“, wenn sie ein Kind erwartet.
Es ist eine lange Zeit der Erwartung, und keine medizinische Untersuchung hebt die Spannung auf zwischen unserer Sorge und unserer Hoffnung.

Hermann Mezler

**deine Kinder**

Deine Kinder sind nicht deine Kinder. Sie kommen durch dich, aber nicht von dir, und obwohl sie bei dir sind, gehören sie dir nicht. Du kannst ihnen deine Liebe geben, aber nicht deine Gedanken, denn sie haben ihre eigenen Gedanken. Du kannst ihrem Körper ein Heim geben, aber nicht ihrer Seele, denn ihre Seele wohnt im Haus von morgen, das du nicht besuchen kannst, nicht einmal in deinen Träumen. Du kannst versuchen, ihnen gleich zu sein, aber suche nicht, sie dir gleich zu machen.
Denn das Leben geht nicht rückwärts und verweilt nicht beim Gestern. Du bist der Bogen, von dem deine Kinder als lebende Pfeile ausgeschickt werden.

Khalil Gibran

**Angst**

Die Füße waren schon kalt, obwohl die Zehen sich einzurollen und die spärliche Körperwärme zwischen Fußballen und Zehenkuppen zu konservieren versuchten. Auch sonst fror die Fünfjährige. Der Pyjama reichte nicht aus gegen die Kälte plötzlichen Aufgejagtwerdens aus dem warmen Bett. Verloren stand sie nun noch außerhalb Sichtweite ihres Zieles – gebremst auf der Flucht vor der einen Furcht, die hinten drängte, von der anderen Furcht, die ihr zur Brust hin entgegenwuchs. Hinter ihr die jähe Erkenntnis, daß sie irgendwann sterben wird, in die dunkle, feuchte Erde gelegt, wo es keine Sonne, kein Licht, keine Töne und Worte mehr geben wird und – am schlimmsten: niemanden zum Kuscheln, zum Berühren, Streicheln. Vor ihr die böse Ahnung, daß sie gleich zusammengeschimpft werden wird, wenn sie die Tür zum Wohnzimmer aufmacht, wo die Eltern mit ihrem Besuch sitzen. Um diese Zeit – hat sie eigentlich schon lang geschlafen, oder war sie eben erst eingeschlafen und gleich wieder vom Schrekken des plötzlichen Bewußtseins, daß ihr Leben im Tod steht, aufgescheucht worden? – um diese Zeit jedenfalls hat sie unten bei den Erwachsenen nichts mehr verloren, das weiß sie.

Auf der vorletzten Stufe bleibt sie stehen, hält sich mit einer Hand am Treppengeländer fest, wird geschüttelt vom Schluchzen, das ihr das Gefangensein im unfreundlichen Hausflur abpreßt. „Mutti!" – leis ruft sie es zuerst, dann lauter; schließlich durchreißt sie die vor ihr liegende Furcht damit, überwindet die tonlose Schreckstarre, dringt durch bis zu den Großen. Sie hört die Sprechgeräusche drinnen abbrechen, die Tür geht auf, die Mutter kommt zum Treppenabsatz: „Ja, was ist denn los?“ – „Ich hab’ so Angst vor dem Sterben!“ – „Geh, du bist ein Dummerl! Jetzt leg dich schön wieder ins Bett und schlaf! Gute Nacht!“

Erika Büchler

**Hoffnung lernen**

Der Krebs
hatte ihn schon äußerlich gezeichnet,
und es konnte sich nur noch
um Tage handeln
und dabei fiel mir auf,
daß wir immer nur sagten:
„Es“ kann sich nur noch um Tage handeln,
aber dieses „Es“ war der Tod.
Und so war mein Besuch
auf der Intensivstation
voller Angst, Unsicherheit,
Schrecken,
ohne Hoffnung;
tausend Ängste hatten
*meine* Hoffnung zerstört!
Und dann das Surren
und Piepsen
und Ticken.
*Wer lebt* da eigentlich noch?
Und er,
ER, der Sterbende,
faßte *meine* Hand,
die bleiche,
zittrige,

verschwitzte.
Und er,
ER, der Sterbende,
sagte zu *mir*:
Ich werde jetzt sterben,
aber es wird mich nicht töten.
Ja, ich glaube an das ewige Leben.

Herr, lehre mich
*hoffen*
wie dieser Sterbende.

Peter Boekholt

**jung geblieben**

Ich habe immer geglaubt,
mit achtzig wäre man alt,
aber jetzt bin ich anderer Ansicht.
Es gibt Zeiten,
in denen ich mich wie ein Junge fühle.
Solange man imstande ist,
zu bewundern und zu lieben,
solange ist man jung.
Und es gibt so viel zu bewundern und zu lieben.

Pablo Casals

*Mit vielen Runzeln*
*ist sie nicht alt geworden.*
*Sie schaut kritisch*
*ihr Gegenüber an –*
*ein wenig skeptisch,*
*aber nicht unfreundlich.*

**Interview**

Wenn er kommt, der Besucher,
der Neugierige, und dich fragt,
dann bekenne ihm,
daß du keine Briefmarken sammelst,
keine farbigen Aufnahmen machst,
keine Kakteen züchtest,
daß du kein Haus hast,
keinen Fernsehapparat,
keine Zimmerlinde.
Daß du nicht weißt,
warum du dich hinsetzt und schreibst,
unwillig, weil es dir kein Vergnügen macht.
Daß du den Sinn des Lebens
immer noch nicht herausgefunden hast,
obwohl du schon alt bist.
Daß du geliebt hast, aber unzureichend,
daß du gekämpft hast,
aber mit zaghaften Armen.
Daß du an vielen Orten zu Hause warst,
aber ein Heimatrecht hast an keinem.
Daß du dich nach dem Tode sehnst
und ihn fürchtest.
Daß du kein Beispiel geben kannst als dieses:
Immer noch offen.

Marie Luise Kaschnitz

**bevor ich sterbe**

Noch einmal sprechen
von der Wärme des Lebens
damit doch einige wissen:

Es ist nicht warm
aber es könnte warm sein

Bevor ich sterbe
noch einmal sprechen
von Liebe
damit doch einige sagen:
Das gab es
das muß es geben

Noch einmal sprechen
vom Glück der Hoffnung auf Glück
damit doch einige fragen:
Was war das?
Wann kommt es wieder?

Erich Fried

**Gott der Lebenden**

wenn ich gestorben bin
hat sie gewünscht
feiert nicht mich
und auch nicht den tod
feiert DEN
der ein gott von lebendigen ist

wenn ich gestorben bin
hat sie gewünscht
zieht euch nicht dunkel an
das wäre nicht christlich
kleidet euch hell
singt heitere lobgesänge

wenn ich gestorben bin
hat sie gewünscht

preiset das leben
das hart ist und schön
preiset DEN
der ein gott von lebendigen ist

Kurt Marti

**eine gnädige Sterbestunde**

Lieber Herr Gott Vater,
es ist doch dieses Leben
so voll Jammer, Unglück und Unsicherheit,
so voll Untreue und Bosheit,
daß es uns verdrießt zu leben
und wir uns selbst den Tod wünschen,
nur damit wir nichts leiden
oder aushalten müssen.

Aber du, lieber Vater,
kennst unsere Schwachheit.
Darum verleihe uns Geduld in allem Leiden,
laß uns die Mühseligkeit des Lebens gerne tragen
und geleite uns durch das mannigfaltige Übel
und alle Bosheit sicher hindurch.

Und wenn die Zeit kommt,
gib uns eine gnädige Sterbestunde,
daß wir vor dem Tod
nicht erschrecken noch verzagen,
sondern mit festem Glauben
unsere Seele in deine Hände befehlen.

Martin Luther (1483–1546)

**Sterbeleben**

Ich sterbe immerzu
und immeroffen
Ich sterbe immerfort
und immer hier
Ich sterbe immer einmal
und immer ein Mal

Ich sterbe immer wieder
Ich sterbe wie ich lebe
Ich lebe manchmal hinauf
und manchmal hinunter
Ich sterbe manchmal hinunter
und manchmal hinauf

Woran ich sterbe?
Am Haß
und an der Liebe
an der Gleichgültigkeit
an der Fülle
und an der Not

An der Leere einer Nacht
am Inhalt eines Tages
immer einmal an uns
und immer wieder an ihnen
Ich sterbe an dir
und ich sterbe an mir

Ich sterbe an einigen Kreuzen
Ich sterbe in einer Falle
Ich sterbe an der Arbeit
Ich sterbe am Weg
Ich sterbe am Zuvieltun
und am Zuwenigtun

Ich sterbe so lange
bis ich gestorben bin
Wer sagt
daß ich sterbe?
Ich sterbe nie
sondern lebe

Erich Fried

**Wiedersehen**

Wenn ich Dich
nach einer Zeit der langen Trennung
wieder in die Arme schließen
und Dir sagen darf
Schön, daß du wieder da bist
Ich bin glücklich
Ich bin voll Freude
Dann stehen wir
an der Schwelle zur Ewigkeit
Kosten wir ein wenig von Auferstehung
Die Auferstehung der Toten
ist unendlich unvorstellbar mehr davon
unendlich unvorstellbar mehr
von diesem Wiedersehen.

Manfred Langner

# III. ALS FRAU GEBOREN

Zärtlich – schutzbedürftig – anschmiegsam – unsicher – aufopfernd – ängstlich – schwach – demütig – bescheiden – zurückhaltend – hingebend – hilfsbereit – unselbständig – geduldig – sensibel – ansprechbar – begrenzt belastbar – oberflächlich – auf Äußeres fixiert – wenig initiativ – launisch – vom Zeitrhythmus ihres Körpers abhängig – mit Sinn fürs Detail – mit gering entwickelter Fähigkeit, große Zusammenhänge zu durchschauen – unfähig, ein Geheimnis zu bewahren – für Männer eine Versuchung...

Erfahrungen, verallgemeinert, erstarren zu Vorurteilen, die – aus Bequemlichkeit oder Gewohnheit? – als allgemeine Meinung anerkannt werden... Die „allgemeine Meinung" ihrerseits wird zur Grundlage für Urteil und Wertung – zum Stoff, aus dem man Tugendspiegel formuliert und Lasterkataloge. Die wiederum werden, vereinfacht, als Erziehungsgrundsätze in Praxis umgesetzt, zur Norm, die Menschen formt.
Dies gilt so lange, bis Betroffene, ihrer eigenen Wirklichkeit bewußt, zu zweifeln beginnen, bis sie nachfragen und entdecken, daß die Autorität, der sie sich beugten, auf brüchigen Fundamenten steht.

## *Rückfragen an die biblische Vergangenheit*

*Wer versucht, Gewordenes zu begreifen, Irrwege zu verstehen, der eigenen Position sicher zu werden, Zukunft zu planen, kann sich die Rückfrage nach den Anfängen der Überlieferungen, aus denen er lebt, nicht ersparen. Oft wird man – zur eigenen Überraschung – feststellen, daß gegen das ursprünglich Gemeinte weniger einzuwenden ist als gegen das, was unter dem Druck sich wandelnder gesellschaftlicher und sozialer Verhältnisse daraus geworden ist.*

**der Mensch ist einzig**

„Gott schuf den Menschen als sein Abbild; als Abbild Gottes schuf er ihn. Als Mann und Frau schuf er sie“ (Genesis 1,27).

Dieser Text wurzelt in einer Zeit, da man in Israel – nach der Rückkehr aus der babylonischen Fremde – die Erfahrungen eigener Geschichte neu bedachte. Die altüberlieferten Formeln des Bekennens und Erzählens reichten nicht mehr aus, um neugewonnene Einsichten über das Wesen Gottes und des Menschen so zur Sprache zu bringen, daß die Gegenwärtigen sich damit identifizieren und die Künftigen Weisung und Halt finden konnten.

Damals formulierten die Lehrer Israels einen Schöpfungsbericht (Genesis 1,1–2,4 a), der erklärt, wie Gottes Wirken die Ordnung stiftet für Zeit und Raum – Lebensraum für die Vielfalt der Geschöpfe.

Dem Menschen – Gottes Ebenbild – ist aufgetragen, diese Ordnung zu wahren und zu hüten: sich selbst und den Mitgeschöpfen das Leben zu sichern.

In diesem Zusammenhang steht – von Männern formuliert und als Grund-Satz des Glaubens an den Anfang der Bibel gestellt! – die Aussage, die der Frau und dem Mann gleiches Recht, gleiche Pflicht, gleiche Gottesnähe zusichert.

Sich als Frau – als Mann – begreifen, das heißt:
- die Eigenarten und Fähigkeiten der Frau – des Mannes – entdecken, entfalten und annehmen,
- das Aufeinander-verwiesen-Sein der Geschlechter als Möglichkeit der Selbstverwirklichung, des Sich-Hingebens, Sich-Empfangens und der Gottesnähe begreifen,
- wissen und bejahen, daß Mann und Frau einander partnerschaftlich zugeordnet sind,
- wissen und bejahen, daß Mann und Frau Gott gleich nahe sind.

„Gott segnete sie, und Gott sprach zu ihnen: Seid fruchtbar, und vermehrt euch, bevölkert die Erde, unterwerft sie euch, und herrscht über die Fische des Meeres, über die Vögel des Himmels und über alle Tiere, die sich auf dem Land regen" (Genesis 1,28).

Am Anfang der Schöpfung segnet Gott den Menschen: Mann und Frau. Als Gesegnete können sie Leben weitergeben und mit ihm ihr Wissen, ihre Erfahrung, ihre Liebe. Sie sind gemeinsam verantwortlich für die Erde und alles, was auf ihr lebt.

Den Schöpfungsauftrag erfüllen, das heißt:
- die Erde, und alles, was von und mit ihr lebt, kennenlernen,
- die Vielfalt des Lebens hüten und lieben,
- wissen, daß die Fähigkeit, einem Kind das Leben zu schenken, an das Geheimnis Gottes rührt,
- wissen, daß jedes Kind, das eigene wie das fremde, ein Recht auf Leben, Schutz, Selbstverwirklichung und Liebe hat.

## Gebet in der Hochzeitsnacht

Nachdem Tobias und Sara sich zurückgezogen und die Kammer geschlossen hatten, stand Tobias vom Bett auf und sagte zu ihr: Schwester, erhebe dich! Beten und flehen wir unsern Herrn an, daß er uns Erbarmen und Rettung erweise! Sie stand auf, und sie begannen zu beten und zu flehen, damit ihnen Rettung geschehe. Er begann zu reden: Gepriesen seist du, Gott unserer Väter, und gepriesen sei dein Name in allen künftigen Weltzeiten. Die Himmel und deine ganze Schöpfung sollen dich preisen auf alle Weltzeiten hin. Du hast Adam erschaffen. Du hast ihm Eva, seine Frau, als Hilfe und Stütze erschaffen. Aus beiden entstand das Menschengeschlecht. Und du sagtest: Es ist nicht gut, wenn der Mensch allein ist. Machen wir für ihn eine Hilfe, die ihm entspricht. Und nun: Nicht aus Fleischeslust nehme ich diese meine Schwester zur Frau, sondern aufgrund von Wahrhaftigkeit! Gewähre mir und ihr Erbarmen und laß uns zusammen alt werden! Und sie sagten gemeinsam: Amen. Und sie schliefen miteinander in dieser Nacht.

Tobit 8,4–9

## Männersorgen!

Sei nicht eifersüchtig auf die Frau,
die du liebst,
damit du ihr nicht schlechte Eigenschaften
beibringst – zu deinem Nachteil.
Und vertrau keiner Frau deinen Sinn an,
daß sie deine Macht nicht an sich reißt.

Laß dich nicht auf eine Frau
mit laschen Sitten ein,
daß du ihr nicht in die Fallen tappst.
Halte dich nicht auf mit einer Saitenspielerin,
daß du ihren Künsten nicht erliegst.
Verguck dich nicht in ein junges Mädchen,
daß du nicht in den Schaden hineingezogen wirst.
Vertraue keiner Dirne deinen Sinn an,
damit du deinen Besitz nicht verlierst.
Schau in den Straßen der Stadt
nicht um dich herum,
und schlendere nicht durch ihre leeren Gassen.
Wende dein Auge von einer schönen Frau,
verguck dich nicht an einer Schönheit,
die dir nicht gehört.
Viele sind an Frauenschönheit
in die Irre gegangen,
und an ihr entzündet sich
wie Feuer die Leidenschaft.
Mit einer verheirateten Frau
setz dich niemals zusammen,
und ergib dich bei Feiern mit ihr nicht dem Wein,
damit sich dein Sinn nicht zu ihr kehrt
und du mit deinem Geist
nicht ins Verderben rutschst.

Jesus Sirach 9,1–9

**Männerängste!**

Jede Wunde, bloß keine Wunde des Herzens;
jede Bösartigkeit,
bloß keine Bösartigkeit einer Frau.
Jedes Unglück, bloß kein Unglück aus Haß.

Jede Rache, bloß keine Rache von Feinden.
Es gibt kein schlimmeres Gift
als Gift der Schlangen.
Und es gibt keinen schlimmeren Zorn
als den einer Frau.
Lieber mit einem Löwen
oder Drachen die Wohnung teilen,
als in einer Wohnung
mit einer schlechten Frau zu sein.

Jesus Sirach 25,13–16

**ein Glücklicher bekennt**

Eine wackere Frau, wer kann sie finden?
Ihr Wert ist höher als der von Korallenperlen.
Auf sie verläßt sich das Herz ihres Mannes.
An Ausbeute fehlt es ihr nicht.
Sie erweist ihm Gutes und nicht Böses
alle Tage ihres Lebens.
Sie öffnet ihre Hand für den Hilfsbedürftigen,
sie streckt sie aus für den Armen.
Sie fürchtet für ihr Haus keinen Schnee,
denn all ihre Hausgenossen sind doppelt bekleidet.
Kraft und Würde ist ihre Kleidung;
sie kann lachen, wenn sie an spätere Tage denkt.
Wenn sie ihren Mund öffnet, dann um weise zu reden,
und von ihrer Zunge kommt freundliche Weisung.
Sie wacht über das, was in ihrem Hause vorgeht,
und ißt nicht umsonst ihr Brot.

aus dem Buch der Sprichwörter 31,10–27

*Ist sie müde? Ruht sie sich aus?*
*Eher besinnlich denkt sie nach*
*über die Fäden, die sie gesponnen –*
*Fäden der Zeit, Fäden des Lebens.*

## Frauentugend

Eine schweigsame Frau ist eine Gabe des Herrn,
ihr gut erzogener Sinn kann nicht bezahlt werden.
Gnade von Gnaden ist eine sittsame Frau,
und es gibt keinen Preis,
den man für enthaltsamen Sinn bezahlen könnte.
Eine aufgehende Sonne in des Herrn Höhe
ist die Schönheit einer guten Frau
in ihrem schmucken Haus.

Jesus Sirach 26,14–16

## Gebet einer Frau, die schwanger ist

Und Hanna betete mit folgenden Worten:
Mein Herz freut sich über Jahwe,
im Herrn ist mein Antlitz erhoben.
Mein Mund ist weit offen gegen meine Feinde,
denn ich habe mich gefreut über deine Rettung.
Da ist kein Heiliger gleich Jahwe, niemand außer dir!
Kein Felsen wie unser Gott.
Die Gesättigten verdingen sich für Brot,
und die Hungrigen werden wieder dick.
Die Unfruchtbare gebiert sieben Kinder,
und die Kinderreiche verkümmert.
Jahwe gibt Tod und gibt Leben;
er läßt zur Unterwelt gehen und führt herauf.
Jahwe gibt Armut, er gibt Reichtum;
er macht niedrig, er erhöht.
Den Schwachen holt er aus dem Staub
und den Armen vom Misthaufen weg,
um sie bei den Geehrten sitzen zu lassen
und ihnen Ehrenplätze zuzuweisen.

Denn Jahwes sind die Fundamente der Erde,
auf sie hat er das Land gesetzt.
Die Schritte seiner Frommen behütet er,
aber die Frevler vergehen in der Finsternis.
Denn: Nicht durch Gewalt
kann ein Mensch etwas ausrichten.

aus dem Ersten Buch Samuel 2,1–9

## Judit betet im Angesicht der Feinde

Herr! Schenk meiner Witwenhand die Kraft, das Gedachte zu vollenden. Schlag mit der List meiner Lippen den Knecht nebst dem Herrscher, und den Herrscher nebst dem Diener! Zerschlag ihre Überheblichkeit durch die Hand einer Frau. Deine Macht besteht nicht durch irgendwelche Menge, noch deine Herrschaft durch kräftige Leute, sondern: Du bist der Gott der Niedrigen, die Hilfe der Geringen, Stützer der Schwachen, Beistand der Verzweifelten, Retter der Hoffnungslosen. Ja, ja! Du Gott meines Vaters und Gott des Erbbesitzes Israels, Herrscher der Himmel und der Erde, Erschaffer der Wasser, König deiner ganzen Schöpfung, erhöre mein Gebet!

Judit 9,9–12

## nicht nur den Männern ins Stammbuch

Im Talmud sind Einsichten und Antworten gesammelt, die sich den großen Lehrern Israels als tragfähig erwiesen. Sie werden von Generation zu Generation weitergegeben: Lebensmaß und Hilfe.

*der ganze Mensch*
Rabbi Elasar sagt: Wer keine Frau hat, ist doch kein

Mensch; denn es heißt: Als Mann und Frau erschuf er sie... und er nannte sie Mensch.

Jebamot 63 a

*Friede im Zelt*

Unsere Meister lehrten: Über den, der seine Frau wie sich selbst liebt, sie mehr ehrt als sich selbst, der seine Söhne und Töchter auf rechtem Weg führt und sie gleich bei ihrer Geschlechtsreife verheiratet – über den sagt die Schrift: Du wirst erfahren, daß dein Zelt in Frieden bleibt.

Jebamot 62 b

*die große Verheißung*

Die Verheißung, die der Heilige – gelobt sei er! – gegeben hat, ist für die Frauen größer als für die Männer; denn es heißt: Ihr sorglosen Frauen, hört meine Stimme; ihr Töchter der Verheißung, hört auf mein Wort! Raw sagte zu Rabbi Chija: Wodurch verdienen die Frauen das? Dadurch, daß sie ihre Söhne in die Synagoge schicken, damit sie die Bibel lernen, und ihre Männer ins Lehrhaus, damit sie die Mischna lernen; und daß sie auf ihre Männer warten, bis sie vom Lehrhaus zurückkommen.

Berachot 17 a

*die Hauptsache*

Rabbi Chija wurde ständig von seiner Frau gepiesackt. Doch wenn er nur etwas für sie fand, pflegte er es in sein Schweißtuch zu wickeln und ihr zu bringen. Raw sagte zu ihm: Aber der Herr wird doch von ihr gepiesackt! Der erwiderte ihm: Es reicht, wenn sie unsere Kinder großziehen und uns vor der Sünde retten.

Jebamot 63 b

*ein Übermaß an Ehrung*
Raw Awira pflegte folgende Auslegung zu geben (im Namen von Raw Ammi und manchmal im Namen von Raw Assi): Was ist die Bedeutung von dem, was geschrieben steht: Wohl dem Mann, der gütig und zum Helfen bereit ist; der das Seine ordnet, wie es recht ist? Ein Mensch soll immer weniger essen und trinken, als er kann; er soll sich kleiden, so wie er kann; er soll seine Frau und seine Kinder mehr ehren, als er kann, denn sie sind von ihm abhängig, und er ist abhängig von dem, der sprach und die Welt ward.

Chullin 84 b

**Sabbatgebet der Hausfrau**

*zu Beginn des Sabbat:*
Gelobt seist du, Adonai, unser Gott,
König der Welt,
der uns mit seinen Geboten geheiligt
und uns befohlen hat, das Sabbatlicht anzuzünden.

*beim Anzünden der Kerzen:*
Sei es dein Wille, mein und meiner Väter Gott,
mir und allen meinen Angehörigen Gnade zu erweisen
und uns und ganz Israel
ein langes und gutes Leben zu bescheren.
Gedenke unser im Guten und in Segen,
und schicke uns Erlösung und Gnade;
segne uns mit großem Segen,

baue unsere Häuser fertig
und siedle deinen Geist bei uns an.
Laß meine Söhne und deren Söhne
weise und klug werden,
Gott lieben, den Herrn fürchten,
die Wahrheit sagen und heiliger Samen sein,
an Gott hängen und die Welt mit der Tora,
guten Taten und Anbetung des Schöpfers erleuchten.
Höre meine Bitte zu dieser Zeit,
wegen Sara und Rebekka und Rachel und Lea,
unseren Müttern.
Erleuchte unser Licht,
auf daß es nicht erlösche für immer und ewig,
und erleuchte uns dein Antlitz,
auf daß wir erlöst werden. Amen!

## *Orientierung im Heute*

*Frauen sind nicht mehr bereit, sich fraglos in eine Rolle zu fügen, in der sie sich nicht angenommen und erfüllt erfahren. Sie hinterfragen überlieferte Normen und Wertungen, die sie beengen und festlegen. Sie wollen Verantwortung übernehmen; mitentscheiden, wenn es um das Glück des eigenen Lebens, um Sinn und Zukunft des Menschseins geht...*
*Sie berufen sich auf Grund-Texte, die ihnen Würde, Freiheit und Gleichwertigkeit zusichern. Sie wenden sich gegen vielerlei Beengungen, Abwertungen, Verdrängungen, die ihnen eine Gesellschaft zumutet, in der lange Zeit einzig die Männer das Sagen hatten.*
*Frauen machen sich auf den Weg. Sie vertrauen darauf, daß ihre Partner die Herausforderung annehmen.*

**bedenkenswert**

Ohne Frau könnte der Mann
nicht Mann heißen.
Ohne Mann könnte die Frau
nicht Frau genannt werden.
Hildegard von Bingen

Es gibt nicht die Würde des Mannes
oder die Würde der Frau:
Es gibt nur die Würde des Menschen,
die gelebt werden will von Mann und Frau.

**grundgesetzlich ...**

Nach dem Grundgesetz gilt, daß Frauen und Männer dieselben Rechte haben: das Recht auf Selbstverwirklichung, das Recht auf Bildung, gleiche Chancen, freie Berufswahl. Das Grundgesetz sichert der Frau die Gleichberechtigung zu – ihre Verwirklichung in der Praxis kann es nicht garantieren. Der Protest vieler Frauen macht auf Benachteiligung und Mißverhältnisse aufmerksam. Angeklagt ist nicht nur eine von Männern geleitete Kirche, sondern auch eine Gesellschaft, die sich von den überkommenen, von Männern geprägten Strukturen nicht lösen will.

**Bitte um Charme**

Warum soll ich am Rande stehen, Herr? Ich bin eine Frau, und ich bin das gern. Mit allen Vorzügen, die ich habe, und mit allen Mängeln. Ich muß nicht alles können und alles einsehen. Aber das, was ich kann, das will ich auch einsetzen, einbringen in meine Lebenswelt. Manchmal fehlt mir der Mut. Manchmal lasse ich mich in die Ecke drängen. Dann tut es gut, mich zu erinnern, daß du mich so gewollt hast. Dann ist es wichtig, daß ich lerne, mich auseinanderzusetzen. Dann brauche ich Standfestigkeit. Die möchte ich haben und dabei meinen Charme nicht verlieren. Schenk mir davon, so viel ich brauche.

**Zahlen und Fakten**

50 % aller Frauen im erwerbsfähigen Alter wollen Beruf und Ehe verbinden.
Über 50 % der deutschen Männer sind der Ansicht, daß Haus- und Familienarbeit Sache der Frau ist.
Viele Frauen arbeiten in untergeordneten Positionen und verdienen im Schnitt ein Drittel weniger als die Männer.
„Dazuverdienerinnen" sind in der Regel abhängig vom Einkommen des Mannes.
Etwa zweieinhalb Millionen Frauen, die über 60 Jahre alt sind, leben in Armut, das heißt: von der Sozialhilfe oder von Renten, die kaum höher sind als die Sozialhilfe.
Unter den Alleinerziehenden sind 84 % Frauen. In Großstädten sind ungefähr 25 % aller Familien betroffen. Insgesamt etwa eine Million, bei steigender Tendenz.
Nur vier von zehn alleinerziehenden Müttern erhalten regelmäßig, pünktlich und vollständig Unterhaltszahlungen.

**typisch?**

Selbständig – unselbständig / stark – schwach / aktiv – passiv / leistungsfähig – rasch müde / intelligent – eher naiv / wagemutig – ängstlich / befehlen – ausführen / überlegen – untergeordnet / nüchtern – gefühlsbetont / sachlich – unsachlich / herrschen – dienen / realistisch – idealistisch / aufgeklärt – fromm / Chef – Mitarbeiterin...

Wenn ich diese Liste anschaue, bin ich schnell dabei zu sortieren. Was gilt als „typisch männlich“, was als „typisch weiblich“? Welche Eigenschaften sind mir wichtig, welche hätte ich gern? Auf welche Eigenschaften hin wurde ich von meinen Eltern erzogen? Habe ich sie mir zu eigen gemacht? Sie abgelegt? Neue erworben? Wie eigentlich möchte ich sein? Und mein Partner, was sagt der? Meine Kollegen? – Ich möchte ich selber sein – so wie ich sein könnte, mit meinen besten Eigenschaften und Fähigkeiten – so wie Gott mich will.

**männlich – weiblich – menschlich?**

Die ideale Frau – der ideale Mann – sie werden nicht geboren, sondern erzogen. Überlieferung, gesellschaftlicher Druck, mächtige Anpassungsmechanismen sorgen dafür, daß in Kinderstuben und Schulen erfolgversprechendes Verhalten eingeübt wird. Daß dabei manch ein Talent nicht entwickelt, manch eine Gabe verschüttet, manch ein Sohn oder eine Tochter im Menschsein blockiert wird, wird oft übersehen.

Sie darf weinen
– Er muß Schmerz ertragen.

Sie darf zeigen, wenn sie Angst hat.
– Er muß mutig sein.
Sie muß aufräumen.
– Er darf seine Sachen liegenlassen.
Sie soll anschmiegsam sein.
– Er darf nicht zugeben, daß er Zärtlichkeit braucht.
Sie darf klein und zierlich bleiben.
– Er muß groß und stark werden.
Sie darf schüchtern sein.
– Er muß sich durchsetzen.
Sie darf träumen.
– Er muß ein gutes Zeugnis nach Hause bringen.
Sie muß Häusliches üben.
– Er darf Fußball spielen.
Sie soll eine Frau werden.
– Er wird ein Mann.

**Erziehung hat Folgen**

Frauen in Vor- oder Empfangszimmern wirken einladend. Im Chefsessel erwartet man einen Mann.
In Krankenhäusern erwartet man Schwestern. Sind Männer schlechtere Pfleger?
Männer gehören auf den Bau. Eine Frau in Malerjeans, auf Gerüsten kletternd, wirkt irgendwie schockierend.
Frauen arbeiten am Fließband oder im Akkord. Männer stehen als Vorarbeiter oder Techniker zur Verfügung.
Frauen gehören in die Küche. Ein Mann ist allenfalls Hobbykoch.
Frauen sind für pädagogische Berufe geeignet. Naturwissenschaft – das ist die Domäne des Mannes.
Frauen können Kleinarbeit übernehmen. Männer sorgen dafür, daß der Überblick nicht verlorengeht.

Wo Frauen arbeiten, braucht man einen männlichen Vorgesetzten, damit keine Reibungen entstehen.
Wo Männer arbeiten, braucht man einen männlichen Vorgesetzten, denn eine Frau würde nur schwer respektiert...

Stimmt das immer noch? Vielleicht habe ich manchmal auch Vorteile durch mein Frau-Sein – und warum eigentlich nicht?
Lieber Gott, warum muß das so ein Konkurrenzkampf sein! Wenn ich ehrlich bin, muß ich eingestehen, daß ich nicht immer sehr kollegial bin zu Meinesgleichen. Was sollen denn diese Eifersüchteleien! Für andere Frauen eintreten? Das mag ich nicht. Theoretisch vielleicht, aber wenn es praktisch wird...

**eine ideale Tochter?**

Sie ist gehorsam, so wurde sie von Anfang an erzogen; hat kein Bedürfnis, zu widersprechen oder zu kritisieren. Sie ist bereit, alles hinzunehmen, was Erwachsene ihr sagen oder antun. In der Schule allgemein und im Fach Religion im besonderen gehört sie zu denen im ersten Drittel.
Sie liebt die Eltern, wie es sich gehört, und ebenso die Lehrerin, Jesus, die Kinderzeitschriften und alle Geschichten, die auf dem Lehrplan stehen.
Sie fühlt sich wohl in der Familie, denkt nicht daran auszubrechen; ist dankbar, wie es von ihr erwartet wird. Für sich selbst erhofft sie nichts anderes als Ehe und Familie, Mutterschaft und: wenn möglich, als erstes Kind einen Sohn...

**Frauen – Frauen**

Sie besuchen Alte,
sie betreuen Kranke,
sie bereiten Kinder
auf die Erste Kommunion
und die Firmung vor.
Sie sammeln für die Caritas,
sie bedienen beim Pfarrfest,
sie dienen zu allem –
wenn Not am Mann ist.

Petrus Ceelen

**eine, die für viele spricht**

Señora Susana, eine Fabrikarbeiterin (Peru), berichtet: Ich begann in der Fabrik zu arbeiten, als der Lohn meines Mannes nicht ausreichte, um die neunköpfige Familie zu ernähren und das Schulgeld für die Kinder zu bezahlen. Zur Zeit arbeite ich an der Maschine, wo Salz, Tomatensoße oder andere scharfe Soßen dem Fisch beigefügt werden. Scharfe Soßen fülle ich mit der Hand ein; diese brennen besonders schlimm auf der Haut. Wenn ich nach Hause komme, lege ich meine Hände einige Zeit in kaltes Wasser, weil ich es vor Schmerzen kaum aushalten kann. In den ersten Tagen dieser Arbeit wollte ich vor Schmerz laut aufschreien. Ich kann meinen Arbeitsplatz keine Minute verlassen. Selbst wenn ich die doppelte Stundenzahl ableisten muß, bekomme ich keine Pause, um etwas zu essen. Wenn die Maschine einmal läuft, wird sie nicht eher abgestellt, bis der gesamte Fisch verarbeitet ist. Die Nachtarbeit ist besonders schlimm. Oft ist es sehr kalt, und wir stehen immer mit den Füßen im Wasser. Die Frauen, die den Fisch säubern, sind von Kopf bis Fuß naß, und ihre Hände zeigen Verletzungen durch die Fischknochen auf. Man hat uns schon vor Jahren Handschuhe und Stiefel versprochen, aber bis heute leben wir nur von diesem Versprechen.

**der anderen Last**

Menschen nutzen einander aus. Einer lebt auf Kosten des andern. Jeder schaut, daß er gut über die Runden kommt, und wer sich nicht wehrt, ist selber schuld. Das ist das „Gesetz“ dieser Welt. Mein Gott, warum kann es nicht anders sein! Und je schwächer einer ist, desto mehr wird er auf die Seite gedrängt. Und wenn dieser eine gar eine Frau ist! Mein Gott, warum stehen wir nicht zusammen – warum helfen wir einander nicht – warum reden wir nur von Solidarität – warum lernen wir so wenig aus deinen Weisungen? Es muß ja wohl auch gelten: „Eine trage der anderen Last.“ Laß mich, dies lernend, das Gesetz Christi erfüllen.

**Protest einer kritischen Frau**

Eine frau muß sich unterordnen können
eine frau wird niemals so erfolgreich sein
wie ein mann
eine frau muß bescheiden sein
eine frau soll nicht auffallen
eine frau ist pünktlich, fleißig, ehrlich, sauber,
häuslich, ordentlich, anständig
eine frau darf nicht mit einem mann schlafen,
wenn sie nicht mit ihm verheiratet ist

eine frau soll nicht prüde sein
eine frau soll nicht geil sein
eine frau soll nicht frigide sein
eine frau soll zwei kinder haben
eine frau darf kein kind bekommen,
wenn sie nicht verheiratet ist
eine frau darf nicht abtreiben
über unanständige Dinge darf eine frau
nicht sprechen
eine frau soll sich nicht so anstellen,
wenn die männer mal ein witzchen machen
eine frau soll keine emanze sein
eine frau soll schick sein
eine frau soll gepflegt sein
eine frau hat die menstruation,
sie kann schwanger werden,
sie kommt in die wechseljahre,
darüber spricht man am besten nicht.
Alexandra Albrand

● Stimmen diese Sätze, oder ärgere ich mich darüber? Gibt es Aussagen, die mir besonders nahe gehen? Hat die Verfasserin nicht doch übertrieben? Was würde ich ihr sagen, wenn ich mit ihr reden könnte? Wie alt mag sie sein? 1941 geboren, liest man im Buch. Wenn ich selber solche Sätze schreiben würde – wie sähen sie aus? Welche würde ich streichen? Welche unterstreichen? Welche dazuformulieren?

*Als „kluge Jungfrauen“*
*stehen sie am Kirchenportal.*
*Mag ihre Klugheit ausreichen,*
*um weiterhin dort zu stehen?*

● Herr, ich bitte dich für alle, die unter Vorurteilen leiden – für alle, die aufbegehren müssen – für alle, die solchen Protest nicht verstehen – für alle, die ihn nicht hören wollen – für alle, die andere unterdrücken – für alle, die sich für besser halten – für alle, die nicht leben können, wie sie möchten – für alle Frauen, die ihr Leben als Qual empfinden. Herr, erbarme dich unser aller.

**das Leben vertan**

als sie mit zwanzig
ein kind erwartete
wurde ihr heirat
befohlen

als sie geheiratet hatte
wurde ihr verzicht
auf alle studienpläne
befohlen

als sie mit vierzig
noch einmal zu leben versuchte
wurde ihr anstand und tugend
befohlen

als sie mit fünfzig
verbraucht und enttäuscht war
zog ihr mann
zu einer jüngeren frau

liebe gemeinde
wir befehlen zu viel
wir gehorchen zu viel
wir leben wenig.

Kurt Marti

# IV. UNSERE SCHWESTERN IN DER BIBEL

Es gibt Stücke in der Bibel, die (fast) jede kennt. Wir berufen uns gern auf sie; denn sie entsprechen unseren Vorstellungen und Erwartungen. Es gibt aber auch andere Stücke, die (fast) unbekannt sind. Wir lassen sie gern aus; denn sie sind uns schwer verständlich, fremd, vielleicht sogar anstößig. Doch manch ein Licht kann einem gerade dann aufgehen, wenn man sich an diesen widerspenstigen Überlieferungen nicht vorbeidrückt.
Wer sind diese Frauen? Können sie uns Heutigen helfen, wenn wir fragen, wer wir sind und wohin Gott uns auf den Weg schicken will? Leben sie nicht in allzuferner Vergangenheit? Und wenn das schon von den neutestamentlichen Frauen gilt, wieviel mehr von denen des Alten Testaments?
Und dennoch: Wer sich auf die Geschichte(n) biblischer Frauen einläßt, kann manches entdecken, was auch uns in die Zukunft weist.

## *Frauen, die wissen, was sie wollen*

*Die Frauen in biblischen Zeiten sind nicht nur in der Ecke gestanden: im Haus (oder gar im Zelt) und am Herd (oder gar an der offenen Feuerstelle). Auch nicht im übertragenen Sinn. Selbstverständlich herrschten damals andere gesellschaftliche Verhältnisse; doch bei näherem Zusehen fällt auf, daß für viele immer wieder die gleiche Überschrift paßt: „eine Frau, die weiß, was sie will“ oder: „eine Frau, die an ihr Ziel kommt“.*

**eine Frau ohne Namen (Genesis 39)**

Sie ist vielen seit Kindertagen bekannt, eine Frau, die nicht aus Israel stammt. Daß sie in der Bibel keinen Namen hat, dieses Schicksal teilt sie mit anderen, deren Geschichte wir kennen; uns vorgestellt nur als Frau eines Mannes. Doch ärgern wir uns nicht! Bis in unsere Tage wurde bei der Eheschließung der Name der Frau getilgt zugunsten des Namens des Mannes. So sehr scheinen sich die Zeiten nicht zu ändern!
Die vornehme Dame, um die es hier geht, versucht ein Techtelmechtel mit dem fremden Haussklaven, den ihr Mann hergebracht hat. Der junge Josef hat es ihr angetan. Potifars Weib wird so zur Symbolfigur aller raffinierten Frauen, die – wenn sie ihr Ziel nicht erreichen – sich bitterlich rächen. Josef landet ihretwegen im Gefängnis. So wird die Rache dieser zurückgewiesenen Frau zum Auslöser wichtiger Ereignisse – auch wenn ihre eigene weitere Geschichte im Dunkel bleibt.

**was mir auffällt**

Wenn ich die ganze Episode lese, fällt mir auf: Die Ägypterin redet nicht von Gott. Von Josef heißt es, daß Jahwe mit ihm ist, daß er vor Gott nicht unrecht tun will. Und die Frau? Wird von ihr nur erzählt als der Gegenspielerin? Der Verführerin? Mögen biblische Männerschreiber auch daran gedacht haben – mir ist wichtig, wie die Bibel mit solcher (gewiß nicht außergewöhnlichen!) Szene umgeht; sie wird einfach berichtet.

Es heißt nicht: „Die Frau war böse." – sie bringt ganz einfach ihre Rache ans Ziel (wenn auch nicht ihre Liebe). Und die Geschehnisse nehmen ihren Lauf. Über die Frau wird nicht mehr geredet. Aber sie spielte für kurze Zeit eine wichtige Rolle, wenn auch ganz anders, als sie wollte. Gefallen tut mir das nicht – aber es macht mich nachdenklich...

**Isebel, Königin in Samaria**
**(Erstes Buch der Könige 16,31; 19,1–2)**

In den Königsbüchern lesen wir von der imposanten Auseinandersetzung zwischen einem Propheten und einer Frau. Sie ist keine der Töchter Israels und dennoch Königin des Nordreichs, Frau von König Ahab, eine Königstochter aus dem heidnischen Sidon. Isebel weiß, was sie will, nämlich ganz einfach: die Macht. Und der schwache König ist ihr voll ergeben. Gegenspieler Isebels ist nur einer: der Prophet Elija. Der Machtkampf spiegelt sich in den ersten Versen im 19. Kapitel des Ersten Buches der Könige. Der Prophet wird vor die Königin zitiert.
An dieser Stelle bringt die griechische Übersetzung des Alten Testaments einen interessanten interpretierenden Zusatz. Isebel soll bei der Vorladung dem Propheten die Drohung ins Gesicht geschleudert haben: „Bist du Elija, bin ich Isebel!" Auch wenn das ein späterer, die Szene deutender Einschub ist, so unterstreicht er doch ganz deutlich die Klugheit dieser Frau, die ihren Gegner sehr wohl einzuschätzen weiß. Andererseits sagt dieser Ausruf aber auch, daß es Isebel nicht an Selbstbewußtsein mangelt. Sie weiß, was sie will.

**woran ich Spaß habe**

Die Frau gefällt mir. Mag sie Heidin, Ausländerin oder sonst was sein – sie weiß, wer sie ist; sie gibt nicht auf; sie ist auch nicht so dumm, daß sie ihren Gegner unterschätzt... Mit beiden Füßen auf dem Boden stehen; abschätzen können, was möglich ist; seinen Mann stehen – nein: „seine Frau stehen" – nein, müßte es dann nicht heißen: „ihre" Frau stehen!

**Tamar, die nicht aufgibt (Genesis 38)**

Ob Sie wohl die Geschichte von Tamar kennen? Auch von ihr kann man sagen: Sie geht mit Raffinesse zu Werke. Sie arbeitet mit allen Mitteln, die ihr zu Gebote stehen. Tamar ist kinderlos, als ihr Mann stirbt; also wäre nach damaligem Recht die Familie ihres Mannes verpflichtet, ihr zu Nachkommen zu verhelfen. Doch Juda, ihr Schwiegervater, bringt sie um dieses Recht. Da greift sie zu grober List. Als Dirne verkleidet, setzt sie sich an den Wegrand und verführt ihren Schwiegervater – allerdings nicht, ohne sich von ihm ein Pfand geben zu lassen. So muß das Familienoberhaupt Juda die von Tamar geborenen Söhne – Zwillinge sind es – anerkennen.
Wäre es nicht besser, „so eine" totzuschweigen? Das Neue Testament ist anderer Ansicht. Diese Tamar ist nämlich nicht irgendwer: Sie steht bei Matthäus im ersten Kapitel im Stammbaum Jesu des Messias, also auf der ersten Seite des Neuen Testaments. Mit solchem Frauenschicksal macht Gott seine Geschichte. Und wie man dem heiligen Buch entnehmen kann: Er steht dazu!

### was ich bitten könnte

Ich bitte dich, Herr, für alle Frauen in verzweifelten Situationen. Für alle, die nicht aus noch ein wissen. Für alle, denen die Umwelt ihr Recht versagt. Für alle, die niemand finden, der solidarisch mit ihnen ist. Für alle, die sich allein durchsetzen müssen. Für alle, die allein stehen...
Komm ihnen zu Hilfe, schick ihnen einen deiner Boten, auch wenn sie ihn als solchen nicht erkennen.

## Rahab, die mit den Kundschaftern kollaboriert (Josua 2)

Die eben vorgestellte Tamar steht nicht allein. In dem merkwürdigen Text bei Matthäus im ersten Kapitel begegnen uns noch andere Frauennamen – Frauen, die sich alle nicht so gut ausnehmen im Heiligenhimmel der guten Gesellschaft. Hatte Tamar sich nur als Dirne verkleidet, so hören wir dann von einer anderen, und die ist gleich Dirne von Beruf: Rahab. Sie hat in Jericho die Kundschafter Israels bewahrt – wir würden heute sagen – vor dem „Geheimdienst“. Sie, die Fremde, bekehrt sich zum Gott Israels und hat auf diese Weise ein Anrecht bekommen im Stammbaum der heiligen Geschichte. Und das, obwohl sie Ausländerin ist!
Es fällt überhaupt auf, daß es nicht nur im Stammbaum Jesu die Frauen sind, die den engen, zu engen Rahmen der Volksgeschichte Israels aufsprengen. Frauen sind es, die, über Israel hinaus, den Völkern ihren angestammten Platz verschaffen in Gottes Geschichte mit der Welt. Sie sind die Garanten, daß alle Völker hineingehören in Gottes Plan.

*Das Portrait einer Toten,*
*in Wachs gemalt.*
*Jahrhunderte – nein:*
*schon Jahrtausende alt.*
*Ein hübsches Gesicht.*
*Wer stand ihr zur Seite?*
*Wen hat sie geliebt?*
*Wer hat ihren Tod beweint?*
*Ich schaue sie gerne an.*

**worüber ich nachdenken muß**

Lernen, zu unterscheiden, was wichtig ist – keine voreiligen Urteile fällen – Menschen nicht in vorgegebene Rollen hineinzwängen – auf das achten, was andere Positives, Hilfreiches tun – verstehen, daß Glaube den Vorrang hat vor bestimmten Moralvorstellungen...

## Batseba, die Königin (Zweites Buch Samuel 11,1–12,24; Erstes Buch der Könige 1,11–31)

Batseba ist Königin in Jerusalem. Auf etwas krummen Touren ist sie es geworden. Stichworte genügen: Ehebruch Davids; anschließende Ermordung von Batsebas Mann Urija; ein Kind, das nur sieben Tage alt wird; ein König, der Bußpsalmen singt. Die Samuel- und Königsbücher berichten uns wenig Konkretes von dieser Frau, die das Leben von König David geteilt hat. Offensichtlich wird auch sie zunächst nur benutzt – auch das ist Frauenschicksal.
Doch bei näherem Zusehen bekommt man mehr und mehr den Eindruck, als habe Batseba mit sanfter Gewalt jeweils das erreicht, was sie wollte. Unsere Moralvorstellungen können uns hinderlich sein in der Beurteilung dieser Frauen. Sie lebten in anderen gesellschaftlichen Zusammenhängen – und in diesem Rahmen, in dieser ihrer jeweiligen Zeit haben sie das getan, was ihnen notwendig erschien (und was sie tun konnten). – Übrigens: Auch Batseba steht (als „Frau des Urija") im Stammbaum Jesu bei Matthäus!
Ganz deutlich zutage tritt die Entschiedenheit Batsebas, als David alt geworden ist: wie sie ihren Sohn Salo-

mo in Erinnerung bringt, ihm zur Macht verhilft und wie sie anschließend seine Gegner – nicht im offenen Angriff, sondern auf sehr diskret zurückhaltende, aber zielstrebige Weise – aus dem Feld räumt. So hat sie mit den Mitteln, die ihr zu Gebote standen, erreicht, was sie wollte.

### was mich nachdenklich macht

Was für ein kleinliches Gottesbild wir uns doch gemacht haben – wie sehr uns die Ohren verstopft sind – wie blind unsere Augen geworden sind! Da werden uns im ersten Kapitel der Frohen Botschaft reichlich unbekannte Frauengestalten vorgestellt, und wir fragen nach ihrem Tugendausweis beziehungsweise nach dem, was wir so darunter verstehen.
Im heiligen Buch aber wird uns gesagt, daß Gott mit den Menschen, so wie sie sind, seine Geschichte macht. Er nimmt sie ernst in ihren Verstrickungen und ihren komplizierten und so alltäglichen Situationen. Und durch diese Frauen in der heiligen Geschichte, die zum großen Teil auch noch Ausländerinnen sind, sagt er zugleich, daß alle einbezogen sind in seinen Plan. Hier zeigt sich mir ein menschlicher Gott, der nichts ausspart, was unser Leben ausmacht.

### Rut und Noomi (Buch Rut)

Wenn man von lieblichen Frauengestalten im Alten Testament redet, kommt einem Rut in den Sinn. Sie gehört ebenfalls zu den Frauen, die uns im Stammbaum Jesu bei Matthäus begegnen. Ausländerin, wie Tamar und Rahab; sie stammt aus Moab und folgt ihrer Schwie-

germutter Noomi zurück nach Betlehem. So wird sie zur Stammutter des davidischen Königshauses.
Obwohl es ein biblisches Buch gibt, das ihren Namen trägt, ist die Zentralfigur der Geschichte nicht Rut, sondern Noomi, die Schwiegermutter. Sie, die kinderlos Gebliebene, verfolgt mit Zielstrebigkeit das, was sie will. Nachdem Rut ihrer Schwiegermutter gefolgt ist – beide kinderlose Witwen – will Noomi auch, daß Rut unter die Haube kommt und ihr – der Noomi! – Nachkommen geboren werden. Es lohnt sich unter dieser Rücksicht, sich das kleine Buch Rut anzuschauen. Es heißt da am Schluß: „Noomi nahm das Kind, drückte es an ihre Brust und wurde seine Wärterin. Die Nachbarinnen sagten: Der Noomi ist ein Sohn geboren. Und sie gaben ihm den Namen Obed. Er ist der Vater Isais, des Vaters Davids.“ Interessanterweise wird in dieser Genealogie Rut überhaupt nicht mehr genannt.
Frauen, die übergangen werden, Frauen die benützt werden – Frauen, die wissen, was sie wollen – Frauen, die ihr Ziel verfolgen...

**wie ich bitten könnte**

Der Herr segne uns und behüte uns an dem Platz, an den wir gestellt sind, geschoben worden sind. Er lasse sein Angesicht über uns leuchten und sei uns gnädig, wenn uns unsere Geschichte davonzulaufen scheint. Der Herr erhebe sein Angesicht und zeige es uns, auch wenn die Dinge an uns vorbeirauschen, und schenke uns seinen Frieden, der heilt, wo uns Wunden geschlagen sind.

**Hagar, die Magd (Genesis 16; 21; 25)**

Wie war das doch mit Hagar, der Sklavin von Abrahams Frau Sara? Sie teilt die Tragödie alttestamentlicher Frauen: kinderlos dem Tod entgegenzugehen. Ein größeres Mißgeschick konnte niemandem widerfahren. Also schlägt Sara selber vor, daß Hagar dem Abraham einen Sohn gebären soll. Ismael ist der Heißerwartete, und Sara will ihn – nach damaligem Recht – als ihren eigenen Sohn akzeptieren. Doch da wird sie selber schwanger und bringt den Isaak zur Welt. Und dann geschieht, was Lauf der Welt ist: Die Eifersucht der beiden Frauen ist groß. Für Sara ist diese Hagar samt ihrem Sohn ein Dorn im Auge. Und Abraham – in der Bibel hochgepriesen als Vater der Glaubenden – er ist wachsweich in den Händen seiner Frau. Deshalb versucht er, die Verantwortung auf sie abzuschieben. Sara soll selber entscheiden. Das Drama endet mit der Verstoßung Hagars samt ihrem Sohn.
Diese Geschichte hat jedoch einen interessanten Schluß. Wie auch anderswo in der Bibel stellt sich Gott nicht auf die Seite der Mächtigen, auf die Seite derer, die alles besitzen (die darauffolgende Geschichte ist die vom Isaak-Opfer!). Gott hält seine Hand schützend über alle Verstoßenen, so auch hier über Hagar und ihren in der Wüste dürstenden Sohn Ismael. Ist es da verwunderlich, wenn ganze Völkerschaften, nämlich die Araber, sich auf den Abraham-Sohn berufen?

**was ich beten könnte**

Der Herr segne und behüte uns vor Zwietracht und Eifersucht. Er lasse sein Angesicht über uns leuchten, damit uns auch in verrückten Situationen ein Licht aufgeht und wir uns nicht gegen den Vorteil anderer entscheiden. Der Herr erhebe sein Angesicht über uns und besonders über alle, die durch uns an den Rand gedrängt und ausgegrenzt werden. Er gebe uns seinen Frieden.

**Rebekka – lieblich und hart zugleich (Genesis 24)**

Über Saras Sohn geht die heilige Geschichte weiter. Da wird mit rührenden Worten erzählt, wie für den Abraham-Sohn Isaak eine Frau gesucht wird. Nicht eine von den Töchtern Kanaans soll es sein: Sie soll aus dem Abraham-Clan stammen. In epischer Breite wird uns erzählt, wie Rebekka gesucht und gefunden wird. Und als sie beim Kameltränken am Brunnen erkannt – vom Knecht aus der Ferne hergebracht – zu Isaak geführt wird, da heißt es: „Er nahm sie zu sich, und sie wurde seine Frau. Isaak gewann sie lieb und tröstete sich so über den Tod seiner Mutter."
Sie ist sympathisch, diese Tiere und Menschen tränkende Rebekka. Doch ob sie so nachgiebig und so anpassungsfähig ist, wie sie uns scheint? Gleich ein Kapitel später erfahren wir von der Geburt ihrer Zwillinge: Esau und Jakob. Gott hat sie wissen lassen, daß Jakob der Wichtigere, der erwählte Stammvater sein werde und nicht der erstgeborene Esau. Also glaubt Rebekka, hier nachhelfen zu müssen. Sie verhätschelt ihren Jakob und tut alles, um ihn nach vorne zu schieben. Auch sie weiß, was sie will! Allerdings muß sie ihre Zielstrebigkeit bitter bezahlen: Sie verliert ihren heißgeliebten Sohn. Er muß fliehen, und sie sieht ihn nie wieder.

**worüber ich nachdenken sollte**

Kinder verwöhnen – Lieblinge bevorzugen – ihnen mit krummen Touren helfen – andere benachteiligen – glauben, dem Handeln Gottes „nachhelfen“ zu müssen – charmant sein, wenn der Einsatz nicht zu groß ist – in der Liebe zu den einen, Härte gegen andere zeigen – erkennen, daß manches Unheil ein selbstverschuldetes Unheil ist...
Herr, hol mich aus meiner Blindheit heraus, und öffne mir rechtzeitig die Augen, auch wenn es hart ist.

## Delila – die Frau als Verhängnis (Richter 16,4–31)

Simson, der Held, der Gottgeweihte, von dem das Richterbuch erzählt, ist stark wie kein anderer. Er hat ungeheure körperliche und geistige Kräfte; sagenhaft Abenteuerliches wird von ihm berichtet. Er läßt sich in tolldreiste Situationen verstricken und findet allemal einen Ausweg, bis eine Frau, Delila, ihm zum Verhängnis wird. Delila läßt sich von den Feinden – den Philistern – überreden, zu erkunden, worin denn Simsons übermenschliche Kraft, worin sein Geheimnis besteht. Doch alle List Delilas ist zunächst vergebens. Simson verschweigt ihr, daß er vom Mutterleib an ein Gottgeweihter ist. Zeichen dafür sind seine langen Haare, an die noch kein Schermesser gekommen ist. Delila aber läßt nicht locker: „Wie kannst du sagen, du habest mich lieb, wo du mir doch dein Herz verbirgst?“ – eine über Jahrtausende hinweg gleichbleibende Argumentation. Da wird Simson schließlich weich. Ergebnis: Im Schlaf wird er gebunden, es werden ihm die Locken geschnitten, und die Philister blenden ihn.

Diese Geschichte ist in ihrer Anschaulichkeit kaum zu überbieten: wie eine Frau den Mann binden kann – wie sie ihn blind macht, schon bevor ihm die Augen ausgestochen werden. Daß Delila ihren Simson an die Philister verrät, scheint nicht einmal das Wesentliche an der Geschichte, sondern: daß sie ihn mit Haut und Haar will. Sie begehrt nicht nur die leibliche Potenz des Liebhabers, sie will auch die geistige Potenz des Mannes in ihre Gewalt bringen. Eine Frau, die weiß, was sie will, und die das, was sie will, auch in die Tat umsetzt. – Und der Mann? Er verliert über den Einfluß dieser Frau sogar seinen gottgewollten Auftrag aus dem Blick: verhängnisvoller Einfluß einer Frau.

**wenn ich mich selber prüfe**

Ich kann den Kopf schütteln über diesen Simson, der einer Frau auf den Leim geht. Ich kann mich entrüsten über eine Frau wie Delila. Doch wenn ich mich selber prüfe, entdecke ich hier bekannte Züge. Einen Menschen „auffressen“, ihn „haben“ wollen, ihm sein Eigensein nicht lassen, nicht lockerlassen, bis er preisgibt, was er eigentlich nicht wollte – lieber Gott, es kommt mir vor, als schaue ich in einen Spiegel! Wen muß ich loslassen – sich selber überlassen? Aufhören zu verfolgen mit meiner Fürsorge, meiner Neugierde, meiner Indiskretion?

**Frau Lot (Genesis 19,17–26)**

Frau Lot, eine Frau, die zum Typ geworden ist für Menschen, die scheitern. Im Hintergrund steht die Geschichte vom fürbittenden Abraham: Als Gott ihn wis-

sen läßt, er werde die Städte Sodom und Gomorra vernichten, da legt Abraham Fürbitte ein. Nicht nur grundsätzlich, sondern ganz besonders für die Stadt Sodom, denn dort wohnt sein Neffe Lot samt Familie. Und dann erfahren wir, wie es mit der Stadt weitergeht: Es wird – trotz Abrahams Fürbitte – nicht die ganze Stadt verschont; aber es kommen – vielleicht aufgrund von Abrahams Fürbitte – die Gerechten nicht mit den Ungerechten um; vielmehr rettet Gott die Gerechten, bevor das Strafgericht niedergeht. Doch diese Rettung ist an eine Bedingung geknüpft: Die Geretteten müssen bereit sein, sich Gottes Wort zu beugen und vorwärts zu schauen auf den unbekannten Weg, den sie geführt werden. Das scheint nicht ganz leicht zu sein.
Warum schaut Lots Frau zurück? Aus purem Ungehorsam? Weil sie der Vergangenheit nachtrauert? Weil sie Mitleid hat? Es gibt offensichtlich auch eine Form falscher Solidarität. Oder will diese Frau das Schauspiel der Vernichtung mit Schadenfreude verfolgen? Oder schaut sie zurück, weil die Ungewißheit unbequem ist? Auch Lots Frau hat schließlich Gott erkannt, doch dann war es zu spät. Es gibt ein Sich-um-die-Welt-Kümmern, das dem Willen und Planen Gottes im Weg steht – eine harte Lektion, die es von Frau Lot zu lernen gilt.

**wenn ich ehrlich bin...**

...wird mir hier angst: Lots Frau hat ihre Chance verpaßt, wahrscheinlich aus sehr weiblichen Motiven, die ich bei mir auch entdecke. Ich stelle fest, daß diese biblischen Geschichten zum Weiterfragen, Weiterdenken einladen. Offene Fragen ziehen mich in die Geschichte hinein, fordern mich auf, selber eine Antwort zu geben.

Ich entdecke mich selber, werde entlarvt. Bin ich solidarisch wie Abraham, der Fürbitte einlegt, oder solidarisch wie Lots Frau – mit von Neugierde getriebener Anteilnahme?
Herr, laß mich offen sein für dich und offen für die andern, damit ich nicht wie zur Salzsäule erstarrt herumstehe im Leben.

## *Frauen, die Gott eine Chance geben*

*Wenn man sich umschaut in den biblischen Büchern, dann ist es faszinierend, wie Gott immer wieder die gesellschaftliche Situation, in die die Frauen gestellt sind, aufnimmt. Die Frauen werden in Ereignisse verstrickt, in denen sie aus der ihnen zugewachsenen Rolle etwas machen können. Man gewinnt den Eindruck, im Notprogramm des lieben Gottes wird voll mit der starken Seite der Frauen gerechnet, nämlich mit der den Frauen eigenen Fähigkeit, Probleme pragmatisch zu lösen; denn mit pragmatischen Lösungen vermögen Frauen gar manchen gordischen Knoten aus der Welt zu schaffen. Deswegen gehören Frauen auch zu Gottes „schneller Truppe“ – falls sie sich dazu bereitfinden.*

### Simsons Mutter, die Frau des Manoach (Richter 13)

Zwei Männer sind es, von deren Namen her diese namenlose Frau bestimmt wird: von ihrem Mann Manoach und von ihrem Sohn Simson. Das mag uns mißfallen; doch schauen wir sie selber an und entdecken wir, welche Züge sie trägt. Sie ist vom Unheil gezeichnet,

denn sie hat keine Kinder. Da sagt ihr eines Tages der Bote Gottes das Glück eines Sohnes an. Merkwürdiges wird da berichtet: Der Erwartete soll ganz Gott geweiht sein. Als Manoach davon erfährt, ist er skeptisch: Soll er glauben, was seine Frau da sagt? Bote Gottes? Weiberphantasterei! Das hält an, bis der Bote Gottes zum zweiten Mal erscheint. Und dann? Der Mann erschrickt und fürchtet den Tod. Männerreaktion?
Seine Frau aber bleibt ganz gelassen: Wenn Gott gewollt hätte, daß sie sterben, dann wären sie schon tot – das ist ihre Argumentation. Diese Frau versteht mit dem Wunderbaren pragmatisch umzugehen. Sie gerät weder in Verzückung noch in Verzweiflung; sie tut etwas ganz anderes: Sie sorgt, daß sie schwanger wird. Während Manoach sich dem Tod nahe fühlt, glaubt diese Frau, daß erst einmal das Leben dran ist. Solche Erdverbundenheit, dem Praktischen zugewandt, trägt diese Frau, selbst wenn ein Engel erscheint. Sie hat keine Angst; sie ist bereit, dem Leben Raum zu geben.

**was mir einfällt**

Nicht in Verzückung geraten und nicht in Verzweiflung fallen – mit Gottes Boten umgehen wie mit täglichen Hausgenossen – tun, was im Moment erforderlich ist – nicht räsonieren und nicht lamentieren – dem Leben Raum geben und nicht der Angst: das alles möchte ich in meinem Alltag lernen, Herr.

**die Hexe von En-Dor (Erstes Buch Samuel 28,3–25)**

Die Frau, von der die Rede ist, spielt ihre Rolle in einer Tragödie. Sie ist eine Frau mit besonderen Gaben. Genau gesagt: eine Totenbeschwörerin. Sie lebt zur Zeit von König Saul, jenem glücklosen ersten König in Israel. Sein Schicksal ist schon besiegelt. Gott hat ihm die Führungsschwäche nicht verziehen; er hat ihn als König verworfen. David steht schon bereit, das Heft in die Hand zu nehmen. Samuel, der letzte Richter, ist gestorben; sein Rat steht dem verzweifelten König nicht mehr zur Verfügung. Saul gilt zwar noch als König, aber er ist von allen guten Geistern verlassen. Die Feinde stehen vor der Tür; wer soll den einsam gewordenen König beraten?

Nun hat er zwar alle Wahrsager, vor allem die Totenbeschwörer, im ganzen Land verfolgen lassen. Doch jetzt berichtet man ihm, in En-Dor halte sich eine Frau verborgen, mit Macht über die Totengeister. Zu ihr geht der König, verkleidet, daß sie ihm wahrsage. Die Frau von En-Dor, sie bringt ihm den Geist Samuels herbei. Und was sagt dieser dem von den Philistern bedrohten König? Er sagt ihm und seinen Söhnen Niederlage und Tod voraus: „Gott ist dir zum Feind geworden." Da stürzt Saul zu Boden, entsetzt und ganz von Kraft.

Die Totenbeschwörerin hat ihren Auftrag erfüllt. Was ist das für eine Frau? Man stellt sie sich vielleicht dämonisch vor. Was wird sie jetzt tun? Sie nimmt wahr, wie entkräftet der König ist; sie sieht, was notwendig ist. Hat sie ihm bislang gehorcht und getan, was er wollte, so soll der König jetzt ihr gehorchen. Sie überredet ihn, etwas zu essen, schlachtet ein Kalb und backt Brot. Obwohl sie eine Begabung hat, mit der gewiß nicht leicht zu leben ist, obwohl sie das Vorausgesagte nicht ändern kann – jetzt überredet sie nüchtern und fürsorglich den verzweifelten Saul zum Essen: „Damit du bei Kräften bist, wenn du deine Straße ziehst." Sie weiß, was für

eine Straße das sein wird, und niemand kann es dem König abnehmen, sie zu gehen.
Doch die Frau übergibt ihn nicht vorschnell dem Tod. Auch wenn sie machtlose Zeugin war, die dem König die Augen geöffnet hat, so tut sie doch, was Aufgabe eines Gastgebers ist: Sie stärkt den Gast für seinen schweren Weg. Der mütterliche Realismus dieser furchterregenden Frau ist tragisch und bewegend zugleich.

**wenn es mir die Sprache verschlägt...**

... und meine Kommentare oberflächlich werden, dann laß mich stumm werden, Herr. Laß mich bei dir Ruhe finden angesichts von Unerklärlichem und Tragischem, von Angst und Verzweiflung. Wenn ich nicht mehr weiter weiß, weil ich das Unheil kommen sehe, dann laß mich nüchtern bleiben. Gib mir das rechte Wort, um zu sagen, was ansteht. Und laß mich dann zupacken und tun, was notwendig ist: einem Ohnmächtigen aufhelfen, einen Resignierten trösten, einem Todgeweihten beistehen...

## Judit, eine Frau, die zu lieben schwerfällt (Buch Judit)

Dieses Urteil ist sicher nicht einmalig. Obwohl in dem nach ihr benannten Buch viel geschichtlicher Hintergrund gezeichnet wird, weiß kein Mensch, ob diese Frau je lebte. Fast möchte man sagen: Um so schlimmer! Es wird uns also in der Heiligen Schrift eine Symbolfigur gezeichnet (ein Heiligenbild?): das Bild einer Frau, die einen betrunkenen Feldherrn brutal enthauptet und

deswegen groß gefeiert wird. Das Buch schließt mit einem Lobpsalm und dem Bericht über das weitere lange und gesegnete Leben der Judit und über ihren Tod.
Sie wird durchgehend als fromm und gesetzestreu beschrieben. Judit vertraut auf ihren Gott auch in der Stunde größter Gefahr. Das feindliche Heer hat eine Stadt in Israel belagert – wer wird den Sieg davontragen? Lassen wir die grausige Szene beiseite: Enthauptung durch das Schwert, und gar noch durch eine Frau, das ist nicht ganz unser Geschmack und Stil. Doch davon abgesehen, was da berichtet wird, ist höchst erstaunlich – emanzipatorisch. Eine Frau (nicht die das Kriegshandwerk gewohnten Männer) führt den Sieg herbei. Durch ihre Unerschrockenheit, durch ihre Treue zum Gesetz (man läßt sie nämlich im Lager der Feinde ungehindert passieren, weil man glaubt, sie gehe zu einer frommen Verrichtung), durch Gesetzestreue also bringt sie die Rettung.
Und wieder begegnet uns das Bild einer Frau, die in der Situation, in der sie steht, zupackt.

**wenn ich andere nicht mag**

Mir klar werden, weshalb ich andere ablehne – mir Rechenschaft geben, wie weit meine Zurückhaltung echt ist oder nur „dem guten Ton“ entspricht – eingestehen, daß mir manches unsympathisch ist – meine Antipathien nicht ins Kraut schießen lassen – unterscheiden lernen zwischen meinem Geschmack und meiner Überzeugung: Nur um des letzteren willen lohnt sich eine Auseinandersetzung, und die muß nicht mit harten Bandagen ausgetragen werden.

**Ester, die sich mit Charme durchsetzt (Buch Ester)**

Wesentlich charmanter als Judit ist eine andere Frau, die einem biblischen Buch den Namen gab: Auch ihre Geschichte ist eine Beispielgeschichte, trotz allem historischen Beiwerk, das vorgibt, die Geschichte spiele am persischen Königshof. Ester versteht es, den König zu betören; er macht sie zu seiner ersten Frau. Und als solcher gelingt es ihr, das Komplott des Günstlings Haman, der alle Juden vernichten will, zu entlarven. – Ein Tag im jüdischen Festkalender erinnert heute noch an den Sieg der Juden über ihre Feinde (das Purimfest).
Die Geschichte der schönen Frau hat stark völkischen Akzent, und merkwürdigerweise fehlt im hebräischen Text jeder theologische Akzent. Das war auch schon dem griechischen Übersetzer des Buches Ester ein Ärgernis. Die psalmenartigen Gebete, die wir im Esterbuch finden, sind seine Zutat.
Hier hat das Buch Ester in der Liturgie eine neue Dimension bekommen. Bei der Seligsprechung der Jüdin und Karmelitin Edith Stein wurde als Lesung ein Abschnitt aus dem Gebet der Ester (Kapitel 4) gelesen. Es steht jetzt im Meßformular für Edith Stein. Dort heißt es: „Herr, unser König, du bist der einzige. Hilf mir! Denn ich bin allein und habe keinen Helfer außer dir; die Gefahr steht greifbar vor mir. Von Kindheit an habe ich in meiner Familie und meinem Stamm gehört, daß du, Herr, Israel aus allen Völkern erwählt hast…"
Dieser Text, gesprochen auf Edith Stein hin, zeigt, wie aktuell biblische Texte sein können, wie nahe uns Gestalten aus der Bibel rücken können; vor allem dann, wenn man weiß, daß Edith Stein diesen Psalm in ihren letzten Wochen viel gebetet hat.

Dieses Bild einer Ester, die in ihrer Bedrohung zu Gott ruft, kann das Bild der charmanten Frau auf dem Königsthron verdrängen.

### wie ich hier beten könnte

Der Herr segne uns und behüte uns; er stehe uns bei, denn er allein ist unser Helfer, und wir haben keinen außer ihm. Er lasse sein Angesicht über uns leuchten, wenn Dunkelheit uns ängstigt und Finsternis uns schreckt. Er sei uns gnädig und rette uns aus allem, was uns bedroht. Der Herr erhebe sein Angesicht und wende sich uns zu, denn wir haben keinen außer ihm. Er schenke uns seinen Frieden.

### die Frau, die auf die Pauke haut (Exodus 15,19–21)

Mirjam – die Widerständige; die, die sich widersetzt, so wird der Name gedeutet; Künderin („Prophetin" sagen wir) wird sie genannt, also eine von jenen, die Gottes Wort in seinem Auftrag in eine bestimmte Situation hinein sprechen und so die Situation gültig deuten.
Aus Kindertagen ist uns die Schwester des Mose bekannt, die sich bei der Geschichte mit dem Binsenkorb als mutig erweist. Sie bewacht ihren im Schilf ausgesetzten Bruder. Und als die Tochter des Pharao entdeckt, was da verborgen bleiben soll, läuft Mirjam nicht angsterfüllt um ihr Leben, vielmehr fängt sie unerschrocken Verhandlungen mit der Königstochter an.
In dieser Vorgeschichte hat die Schwester des Mose nur die Kulissen geschoben; im wörtlichen Sinn auf die Pauke gehauen hat sie nach der großen Rettung. Als die schwerbewaffneten Wagenlenker des Pharao samt

allen Insignien von Gewalt und Macht elendiglich im Sumpf steckenblieben und umkamen, als das ganze Waffengerassel in den Sumpf gefallen und lahmgelegt war, da heißt es von Mirjam, daß sie die Pauke nahm und alle Frauen mit Paukenschlag und Tanz hinter ihr her zogen. Und Mirjam sang ihnen vor. Und dann kommt in der Bibel das dreizeilige Lied, wohl der in der Sprachform älteste Text des Alten Testaments: Mirjam weiß, wem der Dank gebührt. Und sie war offenbar eine Frau, der es gelang, auch andere zu begeistern: Alle Frauen zogen hinter ihr her.
Und Mose? Und Aaron? Und all die Männer? Das darf nicht wahr sein, dachten sich die die heilige Geschichte überliefernden Männer. Sicher hat zumindest Mose – vorher natürlich! – auch ein Danklied gesungen. Und natürlich nicht nur drei Zeilen lang. Was also finden wir in unserem biblischen Text? Dem Mirjam-Lied voraus steht das Lied des Mose – 18 Verse lang. Ein schönes Danklied, gut erdacht und flugs vor das Mirjam-Lied gestellt, damit die Welt – die Männerwelt – wieder in Ordnung ist. Und woher man das weiß? Man merkt es auch hier an der Sprache: So wurde in Israel Jahrhunderte später geredet. Man kann das mit Ärger oder auch mit Schmunzeln registrieren – Hauptsache, es gibt Frauen, die im rechten Augenblick auf die Pauke hauen, damit die Männer kapieren, wo es langgeht. Hauptsache, es gibt jemand, der sorgt, daß die Perspektive stimmt.

### was ich bedenken müßte

Auf die Pauke hauen – das ist kein Kunststück. Und es ist schneller getan, als manchmal gut ist. Doch auf die Pauke zu hauen zu Gottes Ehre, um andere aufzuwekken, damit sie nicht vergessen, wem zu danken ist – das kommt nicht so oft vor. Wann und wo hätte ich das tun können? Tun sollen und habe es nicht getan? Wen könnte ich anstecken mit meinem Gottes-Lob? Bin ich überhaupt ansteckend, wenn es um Gottes Ehre geht?

## Eva, der erste Mensch, der betet (Genesis 2,22–24; 3,20 und 4,1)

Es heißt im biblischen Text, daß Gott die Frau dem Mann als Hilfe zuführt. Das hebräische Wort „Hilfe" ist hier nicht im Sinn von Unterordnung zu verstehen; es wird in der Bibel oft auf Gott bezogen gebraucht: Gott ist dem Menschen eine Hilfe.
Als Adam die Frau sieht, da sagt er: „Sie ist Bein von meinem Bein und Fleisch von meinem Fleisch. Sie sei gerufen Ischa, denn vom Isch ist sie genommen." Dieser Adam kennt sich nicht vor Freude: Die ist ja ein Stück von mir – die ist von mir! Er bezieht seine Ischa auf sich. Und der, der sie ihm zugeführt hat? Von Gott ist nicht die Rede. Der Mann – hebräisch „der Isch" – bezieht die Welt und was in ihr ist und entsteht und neu wird, auf sich. Das wird auch deutlich in der spontanen Benennung des Geschöpfs, das Gott ihm zuführt: Ischa soll sie heißen, denn vom Isch ist sie genommen. Und diese Ischa? Sie bekommt später auch einen Namen, der mehr ist als eine Abhängigkeitsbezeichnung. Adam nennt sie Chawwa – Eva (wie wir gewohnt sind, den Namen zu übertragen), und das heißt: Leben, denn sie wurde Mutter alles Lebendigen.
Und wie verhält sie sich, als da ein neues Lebewesen auf diese Welt kommt, aus ihr genommen („Bein von ihrem Bein und Fleisch von ihrem Fleisch" – wie sie

mit gutem Recht zitieren könnte)? Man könnte ihr nichts vorwerfen, wenn sie sagen würde: Mit Adams Hilfe habe ich einen Menschen zur Welt gebracht. Doch das sagt sie keineswegs! Sie definiert sich und ihre Welt nicht vom Mann her. Eva sagt aber auch nicht: O, wie toll bin ich doch! Ich habe ein Kind zur Welt gebracht! Daß es ein Sohn und keine Tochter ist, das hat nicht seinen Grund in der orientalischen Männerwirtschaft. Hier muß es ein Sohn sein – nein, es heißt gar nicht: „Sohn", es heißt: „Isch". Die Ischa hat einen Isch hervorgebracht! Der Isch die Ischa (so hatte es vorher geheißen); die Ischa den Isch (so heißt es jetzt).
Und da spricht Eva das gewichtige Wort: „Erworben habe ich mit Ihm – also mit Jahwes Hilfe – einen Isch, einen Mann." Eva bringt den neuen Menschen mit Gott in Verbindung. Sie deutet ihr Leben von Gott her. Das muß wohl ihr Adam von ihr lernen: die Welt nicht menschen- oder gar männer-zentriert zu sehen, sondern von Gott her und auf ihn hin Leben und Welt zu deuten.

**was ich mir ins Herz schreiben muß**

Wenn ich ganz naiv beim ersten Vers der Bibel zu lesen beginne, um aufzusuchen, wann gesagt wird, daß ein Mensch sich an Gott orientiert, daß er auf Gott hin denkt, daß er von ihm her das Leben sieht, dann stoße ich auf eine Frau. Die Frau ist die erste, die betet. Sie weiß, wem sie alles verdankt. Wenn wir Frauen die Orientierung verlieren, dann ist alles verloren.

## *Frauen, die mit Jesus gehen*

*Nicht nur die Frauen, deren Geschichte uns im Alten Testament erzählt wird, sind selbstbewußte Figuren. Frauen, die nicht aufgeben, begegnen uns auch im Neuen Testament. Man muß sich nur Zeit und Muße nehmen, sie zu finden. Man muß sie hervorholen aus den Ecken und Nischen, in die sie vor der Übermacht der Männer geflüchtet oder wohin sie von ihnen gestellt worden sind.*
*Eines ist sicher: Frauen sind Jesus gefolgt; sie gehörten zu seinen Jüngern ebenso wie die Männer. Und das in einer Zeit, da das keineswegs selbstverständlich war. Und Jesus ist mit ihnen so freundschaftlich umgegangen, daß dies aus der Überlieferung auch von einer männerbestimmten Gemeinde nicht wegzudiskutieren war.*

### Maria, die sich nicht frustrieren läßt (Johannes 2,1–12)

Wenn man von neutestamentlichen Frauen redet, ist es naheliegend, sich zuerst an die Mutter Jesu zu erinnern. Auch Maria gehörte offensichtlich zu jenen Frauen, die wissen, was sie wollen, und die ihr Ziel zu erreichen versuchen. Das zeigt sich ganz deutlich in der Geschichte, die uns Johannes von der Hochzeit zu Kana überliefert. Maria wendet sich bittstellend an ihren Sohn, als sich Not zeigt – keine lebensbedrohende, eher peinliche Not. Der Wein ist aus. Sie will andere vor der Bloßstellung bewahren. Sie weiß, woher Hilfe kommen kann. Und auch dann, als ihr in Jesu Antwort ein rauher Wind, harte Ablehnung entgegenkommt, gibt sie nicht auf: „Tut, was er euch sagt“ – das ist ihre Devise.

Und solch sachgerechte, situationsbezogene Handlungs- und Verhaltensweise, die nicht so schnell aufgibt, provoziert nicht nur das Weinwunder, sondern zugleich das Offenbarwerden von Jesu Herrlichkeit. Und – für Frauen ist, was dann berichtet wird, besonders wichtig – das Durchhaltevermögen einer Frau führt auch dazu, daß die Jünger zum Glauben kommen.

**worum ich bitten könnte**

Herr, ich bitte dich für alle, auf die mit Fingern gezeigt wird. Für alle, die keinen Fürsprecher haben. Für alle, die schnell aufgeben. Für alle, die nicht glauben können, daß Gott auf wunderbare Weise in unser Leben eingreift. Für alle, denen noch nicht aufgegangen ist, wer Jesus ist. Für alle, die es wissen müßten, was es mit Glauben und Wunder und Gottes Herrlichkeit auf sich hat, und sich offensichtlich doch nicht darauf verlassen wollen. Für mich selber, Herr, damit mir deine Herrlichkeit aufscheint und mein Glaube wächst. Herr, hilf meinem Unglauben.

## Marta, die unbequeme Schwester (Lukas 10,38–42)

Die Geschichte von Maria und Marta ist bekannt, die Geschichte von den Schwestern, in deren Haus Jesus aus und ein ging. „Marta“ – ihr Name schon sagt es – ist „Herrin“ des Hauses; sie waltet ihres Amtes. Ihre offensichtlich jüngere Schwester sitzt Jesus zu Füßen. Die Antwort Jesu – die der kritisierenden Marta zum Schutze von Maria gegeben wird – ist von vielen Auslegern interpretiert und strapaziert worden. Maria habe den guten Teil erwählt, der ihr nicht genommen werden soll.

Warum eigentlich fährt Jesus die tüchtige Marta so an? Hier geht es wohl nicht um ein Abwägen, was gut oder was besser ist. Es heißt, wenn man den Text genau anschaut: Was Maria macht, ist gut, nämlich für diese Maria gut. Sie hat den Teil erwählt, der gut für sie ist. Und Marta? Soll sie doch ihren Teil tun! Warum aber fängt sie zu quengeln an? Mit ihrem Vorwurf will sie wohl die Aufmerksamkeit auf sich lenken: Da, schau her, wie tüchtig ich bin!
Es ist ein durchgehender Zug im Evangelium, daß Jesus immer dann hart reagiert, wenn einer der Fragenden auf andere mit dem Finger zeigt. Hier geht es nicht um ein Entweder – Oder. Hier geht es vielmehr darum, einer jeden ihren Platz zu lassen. Und das ist nicht leicht, wenn man eine Marta als Schwester hat!

### was mir auffällt

Woher eigentlich kommt dieser langweilige Firnis, der über diesen Frauenbildern üblicherweise liegt? Schaut man sie genauer an, wird der Realismus, der hier verhandelt wird, geradezu handgreiflich. Und ich weiß auch, weswegen mir diese Geschichte immer wieder aufstößt: Ich sehe mich nämlich eher in der Rolle der Marta. Eine Maria kann einem auch ganz schön auf die Nerven fallen. Und das wird man ja wohl noch sagen dürfen!

### die Frau am Jakobsbrunnen (Johannes 4,1–42)

Sie war eigentlich gekommen, um Wasser zu holen, und zwar in der Mittagszeit. Da hat man es eilig; jeder will schnell wieder zurück in den schützenden Schatten.

Dennoch läßt sich die Frau von dem fremden Rabbi in ein Gespräch verwickeln. Es ist eine verrückte Situation: Die Frau, von Alltagssorgen bewegt, zum Brunnen gekommen, um Wasser zu schöpfen, wird von Jesus in ein Gespräch über das lebendige Wasser verstrickt. Und sie, die zunächst nicht versteht, wovon er redet, ihn vielmehr immer wieder auf den Boden der Realität zurückholen will, die aber geduldig zuhört, sie – eine Frau, Ausländerin dazu – ist für Jesus Gesprächspartner über die wahre Anbetung Gottes. Dabei sagt dieser fremde Rabbi ihr so ganz nebenbei auf den Kopf zu, daß sie in reichlich verworrenen Verhältnissen lebt. Eine Dame, über die man in der guten Gesellschaft die Nase rümpft; um ihre Männer aufzuzählen, reichen die Finger einer Hand nicht aus. Aber offenbar ist das nicht das Wichtigste – wichtig ist, daß diese Frau, inmitten ihres Alltags, erkennt, wer Jesus eigentlich ist. Sie eilt in das Dorf und sagt ihren Landsleuten: Ist er vielleicht der Messias?!
Die Szene wird besonders brisant, weil auch in dieser Geschichte es nicht die Jünger sind, die erkennen, was eigentlich gespielt wird, sondern eine – im buchstäblichen Sinn – hergelaufene Frau. Als nämlich die Jünger mit der Reiseverpflegung aus dem Ort zurückkommen und die Situation reichlich merkwürdig finden, reden sie ihren Jesus mit „Rabbi" an – das läßt aufhorchen. Denn das heißt: Während die Jüngergruppe in Jesus den Rabbi sieht – einen Wanderrabbi, wie es auch andere gab – erkennt die mißgläubige Ausländerin in ihrem Gesprächspartner den Messias. Und die Samariter laufen hinaus und kommen zum Glauben an Jesus, auf das Zeugnis der Frau hin.

**worüber ich in Wut gerate**

Ich kann es zwar nicht gut leiden, wenn Frauen unentwegt ihr Klagelied singen, wenn sie pausenlos sich in den Vordergrund schieben und immer wieder aufs neue ihre Rechte einfordern – aber wenn „Mann" so tut, als sei es selbstverständlich, daß Frauen im zweiten Glied stehen (und in der Kirche ohnehin!), dann werde ich wütend. Als ob Männer alles besser könnten! Geduldiges Zuhören, auch wenn und gerade wenn man noch nicht alles kapiert – nicht aufgrund vorgefaßter Besserwisserei Vorurteile zementieren und sich höchlichst verwundern, wenn mal etwas anders läuft als „üblich": das können wir Frauen besser. Warum läßt man uns dann nicht?

**die Syrophönizierin, die für ihre Tochter bittet (Markus 7,24–30)**

Noch eine Frau, die eigentlich nicht „dazugehört"! Jesus ist in den Norden ausgewichen, über die Grenze in das Gebiet von Tyrus. Er will seine Ruhe haben. Doch man erfährt von ihm – offensichtlich kennt man ihn – und sogleich kommt eine Frau, die den fremden Wunderheiler für ihre kranke Tochter bittet. Es heißt ausdrücklich von dieser Frau, daß sie nicht zu Israel gehört – wieder eine von diesen Ausländerinnen, Heidinnen, wie wir sagen!
Jesus weist sie trotz ihrer bedingungslosen Hinwendung zurück: Er sei „zuerst" zu den „Kindern" (also zu Israel) gesandt. Kinder haben Vorrang vor den „Hündlein". Die sollen sich nicht auf Kosten der Kinder sättigen. Man hätte an Stelle der Frau Lust, auf dem Absatz

kehrtzumachen. Anders die Frau! Die harte Abfuhr ficht sie nicht an. Es geht ihr um die Heilung ihrer Tochter, also gibt sie sich bewußt mit dem letzten Platz zufrieden – Hauptsache, sie erreicht ihr Ziel.
Kein Streit um Ehre, keine Empörung über die Zurücksetzung, vielmehr: abermalige Bitte. Und dieser Bitte entzieht sich Jesus nicht. Die Beharrlichkeit der Frau, die sieht, was jetzt dran ist (fern aller Theorie): sie provoziert das heilende Wort.
Es ist übrigens beachtlich, wie mit einem Satz die Eigenart der Frau charakterisiert wird. Auch wenn sie ihren Stolz wegschieben kann, so ist sie doch nicht unterwürfig. Schlagfertig münzt sie das abweisende Wort Jesu zu ihren Gunsten um. Und „um dieses Wortes willen" erfüllt Jesus ihre Bitte, so wird uns überliefert.

### was ich lernen muß

Gott handelt, wenn der Glaube der Menschen unumstößlich ist. Vielleicht könnte das Antwort sein, warum Gott uns sein Handeln verborgen hält. Blindes Vertrauen – ohne Rücksicht auf mich selber – gepaart mit Klugheit, mit Situationstüchtigkeit und dem Willen, anderen zu helfen: das ist es, was ich lernen muß.

### die Frau, die Jesus aufrichtet (Lukas 13,10–17)

An irgendeinem Sabbat, so erzählt der Evangelist Lukas, geht Jesus – wie üblich – in die Synagoge. Dort ist eine niedergebeugte Frau; sie kann sich seit achtzehn Jahren nicht mehr aufrichten. Und dieser Frau, von der es heißt, ein Dämon plage sie, wendet Jesus sich zu, legt ihr die Hände auf ihren gekrümmten Rücken und rich-

tet sie auf. Und die Frau weiß, wem sie die Hilfe verdankt: Sie preist Gott, heißt es im Text.
Einer Frau sich zuwenden? – Einer, die vom Bösen gezeichnet ist? – Und das in der Synagoge? – Auch noch am Sabbat? Der Synagogenvorsteher ist empört! Im Namen von Gottes Gebot wendet er sich gegen Jesus. Wie wird er sich rechtfertigen? Doch Jesus stellt sich auf die Seite der Frau. Sie ist eine „Tochter Abrahams", sagt er. Soll sie nicht am Sabbat, am Gott geheiligten Tag, von ihrer Fessel befreit werden dürfen – wenn es sogar üblich (und erlaubt) ist, sich um Haustiere zu kümmern!?
Hier geht es um mehr als nur um Selbstrechtfertigung. Jesus ergreift Partei für die Frau, indem er sie eine „Tochter Abrahams" nennt. Nicht nur die Männer sind Söhne Abrahams (und die Frauen gehören so nebenbei auch zu Abrahams gesegneten Nachkommen), auch den Frauen gilt dieser Segen, und zwar direkt, ihnen, die Töchter Abrahams sind. – Wir können wohl gar nicht mehr ermessen, wie hart das in den Ohren der damaligen Synagogenmänner geklungen hat.

**was ich jetzt beten könnte**

Der Herr segne uns und behüte uns vor allen, die uns in die Ecke stellen wollen. Er lasse sein Angesicht über uns leuchten, wenn dunkle Aussichtslosigkeit uns umgibt. Er lege seine Hand auf uns, wenn wir niedergedrückt sind, und richte uns auf. Der Herr sei uns gnädig und auch allen, die uns übelwollen, und er mache uns alle zusammen heil. Der Herr erhebe sein Angesicht über uns und gebe uns – den aufgerichteten Frauen und den auf das Gesetz fixierten Männern – seinen Frieden.

## Jesus und die Sünderin (Lukas 7,36–50)

Um es gleich vorweg zu sagen: Es handelt sich nicht um Maria von Magdala. Die Frau, von der Lukas berichtet, ist zu Berühmtheit gelangt, weil man sie mit der Begleiterin Jesu (die erst im nächsten Kapitel bei Lukas vorgestellt wird) identifizierte und sie so zur großen „Büßerin“ machte, deren Spuren die christliche Überlieferungs- und Kunstgeschichte durchzieht. Wer immer die Frau war, die bei einem vornehmen Gastmahl Jesu Füße salbte, ihr Name scheint – wie der vieler Frauen – in Vergessenheit geraten zu sein. Unvergessen ist ihre ungewöhnliche Tat; Lukas widmet ihr mehr Raum als manchem, was uns in der Jesus-Überlieferung so wichtig ist! Man stelle sich die Situation vor: Da ist ein von den offiziellen Glaubenshütern mit Skepsis betrachteter, von der Menge geschätzter Prediger von einem der hohen Herren zu einem Dinner geladen. Und mitten hinein stürzt eine allerseits bekannte Dame, heult und überschüttet den ohnehin kritisch betrachteten Gast mit wohlriechendem teurem Parfüm, und, in Ermangelung von anderem, nimmt sie ihre Haare zum Abtupfen. Und der geladene Außenseiter-Theologe, von dem man noch nicht weiß, ob man ihm den Prozeß machen soll, läßt das geschehen. Und nicht nur das! Er erzählt zur Rechtfertigung der Frau auch noch eine Geschichte, sagt, an der ihm gezeigten Liebe werde klar, daß ihr viele Sünden vergeben seien. „Dein Glaube hat dich gerettet“, sagt Jesus zu ihr. Und ausdrücklich spricht Jesus der Frau Vergebung zu und entläßt sie mit dem Friedensgruß. – Was ist das für ein Mensch, daß er sogar Sünden vergibt? – Kein Wunder, daß die Gäste, die Zeugen dieser Szene wurden, ins Fragen kamen.

**worüber ich nachdenken muß**

Jesus nimmt die liebevolle Zuwendung dieser unbekannten (und doch stadtbekannten) Frau an – in Gegenwart von Männern, die ihn ohnehin kritisch beobachten. – Jesus redet von Liebe-Erfahren und Sündenvergebung. – Er redet vom Glauben, der rettet – und ich habe den Eindruck, er setzt ganz andere Maßstäbe als wir...

**die Jüngerinnen Jesu (Lukas 8,1–3)**

Frauen sind ebenso wie Männer in die Nachfolge gerufen; sie gehen nicht nur im Troß der Männer mit. Am deutlichsten schreibt das Lukas. Er nennt auch einige Namen von den sonst namenlosen Frauen. Wir erfahren, daß sie Jesus gefolgt sind und ihm mit ihrem Vermögen dienten. Das heißt: Frauen haben das Ganze finanziert – gar nicht so unwichtig, was sie da taten! Bei der Kreuzigung werden sie von allen vier Evangelisten wieder genannt, einige sogar mit Namen. Diese Frauen haben ihrem Herrn die Treue gehalten bis zum Tod und darüber hinaus. Und weil sie ihrem Herrn die Treue hielten auch in der dunklen Stunde des Todes, deshalb geht auch den Frauen als ersten die Ostersonne auf. Sie erfahren, daß ihr Herr lebt. Die furchtsamen Jünger, die sich hinter verschlossenen Türen verschanzt haben, sie bleiben länger in der Karfreitagsnacht der Trauer und Ungewißheit.
Karfreitagsstunden gibt es in der Kirche immer wieder. Und dann sollten wir Frauen, wie unsere Schwestern aus dem Neuen Testament, zur Stelle sein und tun, was getan werden muß, auch wenn furchtsame Kirchenmänner sich hinter Kirchenmauern verschanzen.

*Gelassen über den Dingen stehen,*
*Rat suchen – nachdenken.*

**was mir klargeworden ist**

Im Umkreis von Jesus haben Frauen eine Rolle gespielt. Jesus ging so selbstverständlich und unkompliziert mit ihnen um, daß ihr Andenken auch in einer von Männern geprägten Umwelt nicht auszumerzen war. Diese Frauen zeigen immer wieder in vielen Facetten, wie Gott weibliche Eigenart in seinen Plan einbezieht. Sie zeigen, wie Gott im Alltag der Menschen handelt, wenn sich diese Menschen nur von ihm in Dienst nehmen lassen und mit all ihren Fähigkeiten zupacken. Echte Weiblichkeit zählt bei Gott.

## Maria von Magdala (Johannes 20,1–18)

Sie, die jahrhundertelang das Symbolbild der reizvollen, zur Sünde verführenden Frau war, die Buße tut – und das am besten ein Leben lang – ist in Wirklichkeit das Symbolbild der Jüngerin.

Es wird in den Evangelien deutlich, daß Maria von Magdala zu jenen Frauen gehörte, die Jesus nachfolgten, weil er sie heil gemacht hatte – an Leib und Seele. Es ist interessant, daß von Frauen nicht berichtet wird, daß sie Jesus folgen aufgrund einer ausdrücklichen Berufung. Männer werden berufen, weil mit einem Auftrag ausgestattet. Frauen folgen Jesus, weil sie von ihm fasziniert sind, weil sie ihn lieben. Sie erkennen den, der sie heil macht. Und daraufhin sind sie bereit, ihm zu dienen mit allem, was sie haben.

Die erste von diesen Frauen – immer an erster Stelle genannt – ist Maria von Magdala. Offensichtlich war ihre Beziehung zu Jesus sehr intensiv. Das zeigt sich besonders eindrucksvoll am Ostermorgen. Maria vermißt

Jesu Leichnam und ist untröstlich. Ihre Tränen verwehren ihr das richtige Sehen – Tränen können blind machen. Erst als Jesus sie anspricht, wird ihr klar, wen sie vor sich hat. Und dann möchte sie ihn festhalten, wie Frauen das gerne tun. Doch die Abwehr Jesu ist eindeutig. Jetzt muß Maria von Magdala ihren eigentlichen Auftrag wahrnehmen. Ist sie bislang aufgrund personaler Beziehung gefolgt, so muß sie jetzt lernen, daß sie gesendet wird: „Geh hin und verkünde den Brüdern."
Es ist interessant zu entdecken, daß der Weg der Berufung von Männern und Frauen offensichtlich verschieden sein kann. Männer werden berufen und bekommen den Auftrag (und sie erliegen auch den Gefahren solcher Beauftragung: Sie streiten sich um Ämter). Frauen folgen Jesus, weil sie von ihm fasziniert sind (ihnen droht eine andere Gefahr: Sie wollen ihn für sich haben): „Halte mich nicht fest", sagt Jesus zu Maria von Magdala. Am Ende aber des verschieden verlaufenden Berufungsweges von Männern und Frauen steht für beide der Auftrag: „Geht hin und verkündet."

**wie ich hier bitten und danken kann**

Der Herr segne und behüte uns. Er mache uns stark auf dem Weg, auf den er uns ruft. Er mache uns sensibel für unsere eigenen Fähigkeiten und sensibel für die der andern. Dazu lasse der Herr sein Angesicht über uns leuchten, und im Aufschein seiner wärmenden und faszinierenden Herrlichkeit lasse er uns erfahren und erkennen, was jeder und jedem von uns zu tun aufgetragen ist. Der Herr erhebe sein Angesicht über uns und schenke uns allen seinen Frieden – den Frieden, der über den Tod hinausreicht und Leben gibt.

# V. GOTT – UNSER GOTT

Wer Gott sucht, muß oft in tiefe Brunnen steigen und durch finstere Schluchten gehen. Ihn suchen heißt: beschwerliche Wanderungen unternehmen, weite Wege gehen, auch solche, die wie Umwege aussehen. Dennoch, es gibt die Erfahrung von vielen, daß er sich finden läßt. Alfred Delp, der Jesuit, der 1945 im Widerstand gegen das Naziregime hingerichtet wurde, drückt seine Hoffnung, daß die Suche nach Gott gelingen kann, so aus: „Es ist nicht so, daß ein suchender Gott auf einen wegmüden Menschenwanderer wartet; sie sind beide unterwegs aufeinander zu."
Es gibt aber auch die andere Erfahrung, die des Tastens und Suchens, des Wartens und der Einsamkeit. Wie kann man Gottes Allmacht und Güte preisen angesichts eines Jahrhunderts, dessen Leiden unermeßlich sind? Vielleicht können wir Christen aus biblischer Erfahrung lernen: „Ich lasse dich nicht, du segnest mich denn" – so lesen wir in der Jakobsgeschichte. Und von einem jüdischen Flüchtling ist uns ein Text überliefert, der mit dem Satz endet: „Ich glaube an Gott, auch wenn er schweigt."

## *Voraussetzungen*

*Wir können nicht aussagen, wer Gott ist. Er bleibt uns verborgen – ein Geheimnis. Und doch leben wir mit ihm. Wir reden ihn an, fragen nach seinem Willen, klagen, wenn er schweigt.*
*Die Überlieferung der Bibel ermutigt uns dazu. Sie re-*

*det von Gott als einem, der auf menschliche Weise spricht und handelt, der zürnt, straft, verzeiht und lohnt. Die Bibel erzählt, daß Gott Verheißungen gibt, daß er aber auch seine Entscheidungen revidiert. Menschen können ihn enttäuschen; die Bibel erzählt auch Geschichten von Gottes Zorn.*
*Die biblischen Zeugen rufen ihn mit vielen Namen an: Vater – König – Hirt – Barmherziger – Herr; Namen, die der Erfahrung des menschlichen Miteinander entsprechen. Solche Namen sind wie Funksignale, tastende Versuche, um Dialog zu ermöglichen zwischen oben und unten – innen und außen – zwischen dem Jetzt und dem Noch-Nicht.*

**er sieht**

„Hast du die Augen eines Sterblichen, siehst du, wie Menschen sehen?" (Ijob 10,4).
Er sieht das Glück, das wir für uns selber behalten, und das Unglück, das wir anklagend und hilflos vor seine Augen halten. Er sieht die Frau, die, von der Last ihrer Jahre gekrümmt, versucht, das steife Knie zu beugen. Er sieht, wenn Hände sich falten zum Gebet, sich öffnen zum Geben; wenn Finger sich ineinanderkrampfen; wenn leere Hände Erfüllung suchen und Halt. Er sieht – denn er ist da.

**er hört**

„Sollte der nicht hören, der das Ohr gepflanzt hat?" (Psalm 94,9).
Gott hört, auch wenn er nicht eingreift, auch wenn er schweigt. Er hört das Klagen der Kreatur, der er den

Keim Hoffnung gegeben. Er hört das Gestammel derer, die ihre Not vor ihn bringen, weil sich kein anderer findet, der ihnen zuhören will. Er hört den Schrei, das Murmeln, den Fluch und die Lästerung; Lob und Dank, Lachen und Freude; Versprechen, Gelübde, Bekenntnisse. Er hört den letzten Atemzug der Sterbenden, den ersten Schrei aller, die geboren werden.

**er hält**

„Ich habe dich eingezeichnet in meine Hände" (Jesaja 49,16).
Seine Hand schützt und rettet; wer sie ergreift, ist geborgen – so lese ich im biblischen Zeugnis. Doch: Wenn er da ist, wenn seine Hand stark ist – könnte er dann nicht die Ertrinkenden heraus-, die Müden zurückreißen? Könnte er nicht die Fallenden halten, die Stürzenden auffangen? Er, der einst mit erhobenem Arm und ausgestreckter Hand sein Volk in die Freiheit führte – könnte er nicht Panzern und Bomben Einhalt gebieten... Gefangene befreien... Unterdrückten zu ihrem Recht verhelfen... Irrende auf den Weg bringen...
Wenn seine Hand nicht zu kurz ist zum Helfen, wenn er nicht müde wird oder matt – warum läßt er uns seine Hilfe so selten spüren? Warum greift er nicht nach den vielen Händen, die sich suchend nach ihm ausstrecken? Warum läßt er seine Menschheit nicht aufatmen unter dem Segen seiner Hand?
Mit dem jüdischen Flüchtling versuche ich zu sagen: „Ich glaube an die Sonne, auch wenn sie nicht scheint. Ich glaube an die Liebe, auch wenn ich sie nicht fühle. Ich glaube an Gott, auch wenn er schweigt."

**er liebt**

„Mit ewiger Liebe liebe ich dich, darum bewahre ich dir die Treue" (Jeremia 31,3).
Er liebt, er hält die Treue – und das seit Anbeginn der Schöpfung. Seine Geduld mit dem störrischen Partner Mensch ist grenzenlos. Diese Liebe ist das Geheimnis seines Wesens. Denn wer wäre so oft mißverstanden, zurückgewiesen, abgelehnt worden wie dieser Gott mit seiner Liebe? Welch andere Liebe hätte Jahrtausende einer Geschichte des Verrats durchgehalten? Und: Auf welche Liebe könnten Menschen ihr Leben setzen, von den Urvätern Israels angefangen über Jesus und die unzählbar Vielen, die dieser Liebe verfallen sind? Mag sie zu Zeiten hart sein, rätselhaft verborgen – sie bleibt nicht nur der Grund, in dem die Weltgeschichte wurzelt, sie ist auch das Ja, das jedem Menschen angeboten ist.

**er ist da für uns**

„Höre, Israel! Jahwe, unser Gott, Jahwe ist einzig. Darum liebe deinen Gott: mit deinem ganzen Herzen, mit ganzer Seele und mit all deiner Kraft" (Deuteronomium 6,4–5).
Jahwe, der Name, dem Mose gesagt aus dem lohenden Busch, ist gültig auf Weltzeit hin. Der Name ist Zusage und Verheißung: Jahwe, das heißt „Ich-bin-da". Mit deinem Namen hast du uns dein Wort – dich selbst – gegeben, damit wir bekennen: „Ich-bin-da, unser Gott, Ich-bin-da ist einzig." Es gibt keinen, der von sich sagen kann: Ich bin da, wenn einer zu mir ruft.

### wenn es ihn nicht gäbe

Nehmen wir an: Das Wort „Gott“ soll verschwunden sein, spurlos und ohne Rest, ohne daß noch eine übriggelassene Lücke sichtbar ist, ohne daß es durch ein anderes Wort, das uns in derselben Weise anruft, ersetzt wird, ohne daß durch dieses Wort auch nur wenigstens eine, die Frage schlechthin gestellt würde, wenn man schon nicht dieses Wort als Antwort geben oder hören will. Was ist dann, wenn man dies ernst nimmt?

Karl Rahner

### er trägt die Last aller

Gott: Es ist das beladenste aller Menschenworte! Keines ist so besudelt, so zerfetzt worden. Gerade deshalb darf ich nicht darauf verzichten. Die Geschlechter der Menschen haben die Last ihres geängstigten Lebens auf dieses Wort gewälzt und es zu Boden gedrückt: Es liegt im Staub und trägt ihrer aller Last.

Martin Buber

## *Annäherungen*

*Menschen können dich rufen und bitten, sie können dich ehren und deine Worte achten. Sie können deine Wege gehen…*
*Sie können dich auch mißachten, dich verraten und verleugnen. Sie können dich vergessen, verdrängen, zum Sündenbock machen und in die Wüste schicken…*
*Sie können auch Geduld mit dir haben, Erfahrungen mit dir machen, gut von dir reden, dich loben…*

*Sie können darauf setzen, daß es bei dir immer eine Chance gibt, umzukehren; sie können darauf vertrauen, daß du auf sie wartest...*
*Sie können dich klein machen, bis du an Menschenformat angepaßt bist. Sie können dich aber auch nicht „haben" wie einen Besitz, nicht berechnen nach Vorteil und Nachteil, nicht festschreiben wie eine Formel, die sich nicht ändert...*
*Sie können dich Gott sein lassen, dir trauen, sich lieben lassen – dich lieben... – Und was mache ich?*

**Suchwege**

Du bist Gott:
du könntest
deinen Willen durchsetzen
deine Ordnung
zur alleinigen Wirklichkeit
machen
Menschen schaffen, die
dir dienen auf Knopfdruck.

Du bist Gott:
du kannst
zuhören, wie wir deinen Namen
stotternd buchstabieren und
zögernd begreifen, daß du
uns meinst.

Du kannst
warten, bis wir
die Freiheit entdecken
und im Herzschlag der Freiheit
Dich.

**wie lang noch?**

In der Wüste wandernd
aus der Tiefe schreiend
such ich dich:
den lebendigen Gott

Nichts sehend
als das Antlitz des Universums
nichts hörend
als die Stimme des Abgrunds –
bis jetzt und hier
„in Finsternis und Todesschatten"
Wie lang noch?

Fridolin Stier

**für dich spricht…**

Manches
spricht
für dich.

Vieles
spricht
gegen dich.

Trotz allem
Für und Wider
komme ich nicht
los von dir.

Das spricht
wieder für dich.

Petrus Ceelen

**das Versteckspiel**

Rabbi Baruchs Enkel, der Knabe Jechiel, spielte einst mit einem andern Knaben Verstecken. Er verbarg sich gut und wartete, daß ihn sein Gefährte suche. Als er lange gewartet hatte, kam er aus dem Versteck; aber der andere war nirgends zu sehen. Nun merkte Jechiel, daß jener ihn von Anfang an nicht gesucht hatte. Darüber mußte er weinen, kam weinend in die Stube seines Großvaters gelaufen und beklagte sich über den bösen Spielgenossen. Da flossen Rabbi Baruch die Augen über, und er sagte: „So spricht Gott auch: ‚Ich verberge mich, aber keiner will mich suchen.'"

Chassidische Geschichte

**Anfragen**

Gott, deine Gebote beginnen zurückhaltend: „Du sollst." Vielleicht sind sie darum so leicht überhörbar. Du müßtest unsere Sprache kennen, Gott, dann könntest du dir Gehör verschaffen. Du hast die Freiheit nicht nur, du bist frei. Darum redest du vom Können und Sollen. In deinem Wörterbuch fehlen Worte, die für uns Wirklichkeit sind.
Kannst du verstehen, Gott, was es heißt: „Du mußt"?
Hast du jemals „keine andere Wahl" gehabt?
Weißt du, wie es ist, die eigene Unfreiheit zu spüren?
Hast du jemals rechnen und sparen müssen?
Hast du jemals geizen müssen mit deiner Zeit?
Hast du bei ungeliebter Arbeit ausharren müssen?
Hast du jemals einsehen müssen: Das kann ich nicht?
Weißt du, wie man in einer zu kleinen Wohnung lebt?
Weißt du, was Lebensstandard ist?

Weißt du, was Lohn oder Schulden sind?
Zahlst du Versicherungsbeiträge, Sozialabgaben, Kirchensteuern?
Weißt du, was Arbeitslosigkeit oder Rente ist?
Weißt du, wie schwer es sein kann, Wünsche zu begraben?
Hast du dich jemals „anpassen“ oder „abfinden“ müssen?
Weißt du, wie es ist, abhängig zu sein?
Weißt du, was Vorschriften sind, Gesetze, Ämter, der Tarifvertrag, der Dienstweg?
Weißt du, was Jahresurlaub ist, genau nach Arbeitstagen abgezählt?
Gott, unser Leben ist von Worten und Wirklichkeiten bestimmt, die du nicht kennst. Verstehst du uns?

**du, den ich suche**

Was liebe ich, wenn ich meinen Gott liebe?
Ich fragte die Erde, und sie erwiderte: „Ich bin es nicht.“ Und alles, was auf ihr ist, legte mir das gleiche Bekenntnis ab.
Ich fragte das Meer mit seinen Tiefen und die kriechenden Tiere, und sie gaben mir zur Antwort: „Wir sind nicht dein Gott; suche ihn über uns!“ Die wehenden Winde fragte ich, und der ganze Luftraum mit seinen Bewohnern sprach: „Wir sind nicht Gott.“
Ich fragte den Himmel, die Sonne, den Mond und die Sterne: „Auch wir sind nicht Gott, den du suchst“, gaben sie zur Antwort.
Da sagte ich zu all diesen Dingen, die mich umgeben: „Sprecht mir von meinem Gott! Da ihr es nicht seid, sagt mir etwas über ihn.“ Und sie riefen mit lauter

Stimme: „Er hat uns erschaffen." Meine Fragen waren mein Nachdenken, ihre Antwort war ihre Schönheit. Dann wandte ich mich mir selbst zu und stellte mir die Frage: „Wer bist nun du?"
Und ich gab mir zur Antwort: „Ein Mensch!" Einen Leib habe ich und eine Seele, der eine außen, die andre innen. Welches von beiden sollte ich fragen nach meinem Gott? Mit dem Leib hatte ich ihn schon gesucht von der Erde bis zum Himmel, soweit ich meine Augen als meine Boten aussenden konnte.
Also will ich ihn fragen mit dem inneren Menschen; denn ihm als ihrem Herrn und Richter überbrachten alle Boten des Leibes die Antworten des Himmels, der Erde und aller Dinge, die darin sind; sie sprachen: „Wir sind nicht Gott. – Er hat uns erschaffen!"

Augustinus

*Am Morgen,*
*wenn ich in den Spiegel schaue,*
*sehe ich mich, wie ich bin –*
*noch ohne Schminke*
*und nicht zurechtgemacht.*
*Manchmal ärgert mich mein Spiegelbild.*
*Ob ich mit so einer Frau,*
*wie sie mir da entgegenschaut,*
*gut auskäme?*
*Ob ich ihr eine Chance gäbe?*
*Ob ich hart mit ihr umginge?*
*Anderen den Mut nicht nehmen,*
*andere leben lassen,*
*andere so sehen,*
*wie ich gerne gesehen würde…*

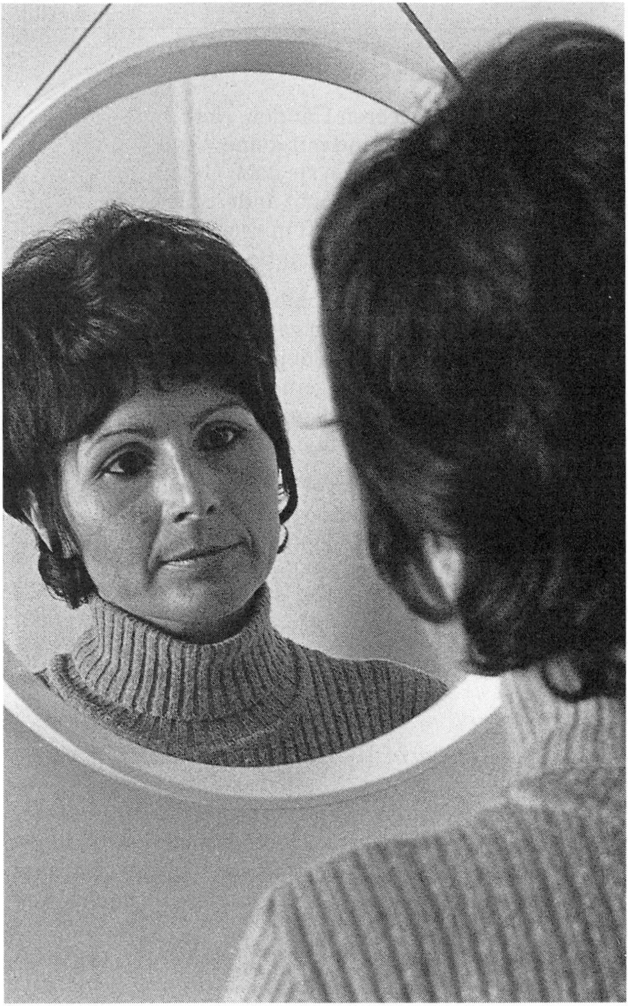

**das Wort, das tröstet**

Ich steh vor dir mit leeren Händen, Herr;
fremd wie dein Name sind mir deine Wege.
Seit Menschen leben, rufen sie nach Gott;
mein Los ist Tod, hast du nicht andern Segen?
Bist du der Gott, der Zukunft mir verheißt?
Ich möchte glauben, komm mir doch entgegen.

Von Zweifeln ist mein Leben übermannt,
mein Unvermögen hält mich ganz gefangen.
Hast du mit Namen mich in deine Hand,
in dein Erbarmen fest mich eingeschrieben?
Nimmst du mich auf in dein gelobtes Land?
Werd ich dich noch mit neuen Augen sehen?

Sprich du das Wort, das tröstet und befreit
und das mich führt in deinen großen Frieden.
Schließ auf das Land, das keine Grenzen kennt,
und laß mich unter deinen Söhnen leben.
Sei du mein täglich Brot, so wahr du lebst.
Du bist mein Atem, wenn ich zu dir bete.

Huub Oosterhuis

## *Erfahrungen zum Weitersagen*

*Glaube gründet in der Begegnung mit Gott, er findet seinen Ausdruck im Gebet. Glaube kann überspringen durch das Zeugnis eines Betroffenen, der das, was ihm widerfuhr, mit anderen teilt – damit er sich auch ihnen wahr erweise.*
*Das Hinhören auf Begegnungsgeschichten, das Mit- und Nachsprechen von Gebeten, in denen Erfahrung*

*zum Wort geronnen ist, kann Vertrauen stiften, Glaubensgrund werden.*
*Gott braucht Menschen, die ihn bezeugen vor ihren Brüdern und Schwestern.*

**Elija – der ihm begegnete**

Der Herr sprach:
Komm heraus!
Stell dich auf den Berg
vor Jahwes Angesicht!
Da – Jahwe geht vorüber:
Vor Jahwes Angesicht
ein starker und gewaltiger Wind,
Berge spaltend, Felsen brechend.
Jahwe nicht in dem Wind!
Und nach dem Wind ein Erdbeben.
Jahwe nicht im Erdbeben!
Und nach dem Erdbeben – Feuer.
Jahwe nicht im Feuer!
Aber nach dem Feuer –
eine Stimme schwebender Stille.

Erstes Buch der Könige 19,11–12

**eine (Ordens-)Frau**

LASSEN
los-lassen
und ver-lassen
alles
was mich hindert zu DIR

ein-lassen
auf das Wort
das DU zu mir sprichst
und mich
ver-lassen
auf das Licht
durch das DU mich leitest
dann erfahre ich:
ich kann mich
DEINER LIEBE
über-lassen

ge-lassen

Theresia Winkelhöfer

**ein Prophet, der verfolgt wurde**

Betört hast du mich, Jahwe,
ich ließ mich betören,
stark warst du mir,
übergewaltig.
Ich ward zum Gelächter all Tag,
alles spottet meiner.
Denn, allmal ich rede,
muß schreien,
muß rufen ich
Unbill! Gewalt!
Ja, das Wort Jahwes mir ward
zu Schimpf und Schmäh
all Tag.
Sprech ich:
Ich denke sein nicht mehr,
ich red' nicht mehr mit seinem Namen –

da wirds im Herzen mir
wie brennend Feuer,
mir ins Gebein gezwängt,
zu schwach bin ich, es auszuhalten,
ich kann es nicht ertragen.

Jeremia 20,7–9

**einer, der geweckt wurde**

ich bin aufgewacht
als du den stein
ins rollen brachtest

ich bin aufgestanden
als du mich riefst

ich bin herausgekommen
als ich das licht sah

jetzt suche ich dich
und kann dich
nicht finden

warum hast du
mich geweckt

Wilhelm Bruners

**ein Geschlagener**

Nackt bin ich kommen
vom Schoß meiner Mutter,
nackt kehr ich zurück dorthin.
Jahwe gibt, Jahwe nimmt,
gesegnet sei der Name Jahwe.

Ijob 1,21

*Ein Bild des Jammers:*
*der Sohn tot im Arm der Mutter.*
*Ein Bild der Zuflucht*
*für alle Geschlagenen dieser Welt.*

**eine Mutter zu ihrem zu Tode gequälten Sohn**

Mein Sohn, erbarme dich meiner,
die dich im Schoß neun Monate getragen,
dich drei Jahre gestillt, dich ernährt,
dich herangeführt an deine jetzige Größe
und versorgt!
Ich bitte dich, mein Kind:
Schau gegen den Himmel und auf die Erde,
betrachte alles, was darin ist, und nimm wahr,
daß Gott das nicht aus dem Vorhandenen erschaffen
und daß das Menschengeschlecht
auf dieselbe Weise entsteht.
Fürchte dich nicht vor diesem Schlächter,
sondern – deiner Brüder würdig geworden –
nimm den Tod an,
damit ich dich zusammen mit deinen Brüdern
zur Zeit des göttlichen Erbarmens wieder erhalte.

Zweites Buch der Makkabäer 7,27–29

**ein Sünder**

Gott, sei mir gnädig in deiner Güte,
in der Fülle deiner Barmherzigkeit
tilge meine Vergehen.
Wisch weg meine ganze Schuld,
und von meiner Sünde läutere mich.
Denn ich weiß um meine Vergehen,
und meine Sünde ist mir stets gegenwärtig.
Gegen dich – nur gegen dich! – habe ich gesündigt
und getan, was schlecht ist in deinen Augen.
So mögest du gerecht sein in deinen Urteilen,
tadellos in deinen Gerichtsentscheiden!

Denn in Schuld bin ich hervorgebracht
und in Begierde hat mich
meine Mutter empfangen.

Psalm 51,3–7

**einer, der nicht losläßt**

Mein Rabbi hat mir oft eine Geschichte erzählt von einem Juden, der mit Frau und Kind der spanischen Inquisition entflohen ist und über das stürmische Meer in einem kleinen Boot zu einer steinigen Insel trieb. Es kam ein Blitz und erschlug die Frau. Es kam ein Sturm und schleuderte sein Kind ins Meer. Allein, elend wie ein Stein, nackt und barfuß, geschlagen vom Sturm und geängstigt von Donner und Blitz, mit verwirrtem Haar und die Hände zu Gott erhoben, ist der Jude seinen Weg weitergegangen auf der wüsten Felseninsel und hat zu Gott gesagt:

„Gott von Israel – ich bin hierher geflohen, um dir ungestört dienen zu können, um deine Gebote zu erfüllen und deinen Namen zu heiligen: Du aber hast alles getan, damit ich nicht an dich glaube. Solltest du meinen, es wird dir gelingen, mich von meinem Weg abzubringen, so sage ich dir, mein Gott und Gott meiner Väter: Es wird dir nicht gelingen. Du kannst mich schlagen, mir das Beste und Teuerste nehmen, das ich auf der Welt habe. Du kannst mich zu Tode peinigen – ich werde immer an dich glauben. Ich werde dich immer liebhaben – dir selbst zum Trotz."

Zvi Kolitz

**ein Altgewordener**

Wirf mich nicht weg in dem Augenblick,
da ich alt bin;
beim Schwinden meiner Kraft verlaß mich nicht.
Denn meine Feinde reden über mich,
und die, die über meine Seele wachen,
haben sich miteinander verständigt.
Sie behaupten: Gott hat ihn verlassen,
macht Jagd auf ihn und faßt ihn,
denn niemand kann ihn retten!
Gott, entferne dich nicht von mir,
mein Gott, eil mir zu Hilfe!

Psalm 71,9–12

**ein verlorener Sohn**

Aufstehen will ich, zu meinem Vater gehen und ihm sagen: Vater! Ich habe gesündigt gegen den Himmel und vor dir. Ich bin nicht mehr wert, dein Sohn zu heißen.

Lukas 15,18–19

Verlorener Sohn, der du im Himmel bist,
Sohn, den Vertrauen gerettet hat
und der Tausenden Verlorener
als Beispiel dient,
junger Mensch, der du das Grauen
der Ferne erlebt hast,
die Leere der Sünde,
das Heimweh nach dem Vaterhaus,
hilf mir, in dieser Nachtwache
voller Ängste
beten für die verlorenen Eltern,

deren Sünde es ist, das Gleichnis Christi
ins Gegenteil zu verkehren
und in sich das Bild des ewigen Vaters zu tilgen.

Dom Helder Camara

**ein Heimgekehrter**

Vater, wenn ich zu dir heimkehre,
hältst du mein Buch
in deinen Händen.

Dann wirst du mir
den Titel eröffnen,
den du meiner Geschichte
gegeben hast.

Dann werde ich mein Leben
mit ganz anderen,
mit deinen Augen sehen.
Dann werde ich
auch die schwierigsten Kapitel
vollends verstehen.

Dann werde ich
manche dunkle Seite
endlich begreifen.

Dann werde ich erkennen,
daß du auch auf krummen Zeilen
gerade schreibst.

Vater, wenn ich zu dir heimkehre,
hältst du mein Buch
in deinen Händen.

Petrus Ceelen

**ein Todkranker**

Jahwe, du mein Gott!
Um Rettung schrie ich am Tage,
in der Nacht in deiner Gegenwart!
Laß mein Gebet vor dein Antlitz kommen!
Neig dein Ohr meinem Wimmern!
Denn des Übels bin ich satt,
mein Leben streift schon die Unterwelt.
Man hält mich für einen, der ins Grab sinkt,
bin geworden wie ein Mensch ohne Kraft.
Mein Auge schmachtet vor Leiden.
Ich habe dich, Jahwe, jeden Tag gerufen,
meine Hände zu dir gehoben!

Psalm 88,2–5.10

**drei junge Männer im Feuerofen**

Gepriesen seist du, Herr, Gott unsrer Väter!
Gelobt, hochbejauchzt auf die Weltzeiten hin!
Und gepriesen der heilige Name deiner Herrlichkeit!
Und hochgelobt und hochbejauchzt
auf alle Weltzeiten hin!
Ihr Menschensöhne, preist den Herrn.
Singt ihm und jauchzt ihm hoch
auf die Weltzeiten hin.
Ihr Israeliten, preist den Herrn.
Singt ihm und jauchzt ihm hoch
auf die Weltzeiten hin.
Ihr Priester, preist den Herrn.
Singt ihm und jauchzt ihm hoch
auf die Weltzeiten hin.
Ihr seine Diener, preist den Herrn.

Singt ihm und jauchzt ihm hoch
auf die Weltzeiten hin.
Ihr Geister und Seelen der Gerechten,
preist den Herrn.
Singt ihm und jauchzt ihm hoch
auf die Weltzeiten hin.
Ihr Heiligen und von Herzen Niedrigen,
preist den Herrn.
Singt ihm und jauchzt ihm hoch
auf die Weltzeiten hin.
Bekennt den Herrn, denn er ist gütig,
denn auf die Weltzeiten hin
währt seine Barmherzigkeit.

Daniel 3,52.82–87.89

**der einzig geliebte Sohn**

Vater! Gekommen ist die Stunde: Verherrliche du den Sohn, auf daß der Sohn dich verherrliche…
Ich verherrliche dich auf Erden, das Werk vollendend, das du mir zu tun gegeben. Und jetzt: Verherrliche du mich, Vater, bei dir mit jener Herrlichkeit, die vor dem Sein der Welt ich bei dir hatte…
Ich bitte für sie – und nicht für die Welt bitte ich, sondern für sie, die du mir gegeben – weil sie dein sind…
Ich bitte nicht, daß du sie herausholst aus der Welt, sondern sie bewahrst vor dem Bösen…
Wie du mich in die Welt gesandt hast, so habe auch ich sie in die Welt gesandt. Und für sie heilige ich mich selbst, auf daß auch sie seien in Wahrheit Geheiligte.

Johannes 17,1.4–5.9.15.18–19

**ER über sich selbst**

Als jung war Israel,
hab ich ihn liebgewonnen,
hab aus Ägypten meinen Sohn gerufen.
Ich hab – Efrajim hab *ich* auf die Füße gestellt,
gefaßt an den Armen,
doch sie merkten es nicht,
da ich locker sie hielt.
Mit Menschenbanden zog ich sie,
mit Stricken der Liebe,
und ward ihnen
wie die den Säugling an die Wange heben,
ich neigte mich ihm zu
und nährte ihn.
Wie könnte ich dich hingeben, Efrajim,
wie dich verraten, Israel?

Hosea 11, 1.3–4.8 a

Fürchte dich nicht: *Ich* bin mit dir!
Blicke nicht um: Ich bin dein Gott!
Ich stärke dich, ich helfe dir auch,
ich halte dich auch
mit meiner heilbereitenden Rechten.
Denn ich, der Herr, bin dein Gott,
der festfaßt deine Rechte.
Er, der zu dir spricht:
Fürchte dich nicht, ich helfe dir.
Fürchte dich nicht, Würmlein Jakob,
ihr Menschlein Israels!
Ich helfe dir, ist der Spruch des Herrn,
und dein Erlöser ist der Heilige Israels.

Jesaja 41, 10.13–14

Und nun, so spricht der Herr, dein Schöpfer,
Jakob, dein Bildner, Israel:
Fürchte dich nicht, denn ich habe dich ausgelöst,
gerufen dich beim Namen: Mein bist du.
Ziehst durch das Wasser du hin: Ich bin mit dir,
durch die Ströme: sie überfluten dich nicht;
gehst du ins Feuer, du wirst nicht versengt,
und Flamme brennt dich nicht an.
Denn ich, der Herr, dein Gott,
der Heilige Israels, ich bin dein Befreier.

Jesaja 43,1–3

## *bitten: mit- und füreinander*

*Den Alltag ertragen – an anderen nicht vorbeigehen – Katastrophen nicht wegdiskutieren – Schmerzen zu lindern suchen. Und wenn es einem andern schlechtgeht, dann hilft nur: dableiben, mitleiden und dies zum Gebet werden lassen, im Vertrauen auf den, der „unsere Krankheit getragen" hat. Alle Not der Liebe Gottes überlassen – ihm alles in die Hände legen und darauf setzen, daß er uns nicht im Stich läßt, auch wenn alles dagegenspricht. Darauf kommt's an. Und dann für alle beten, denen es schlechtgeht, die nicht mehr mögen, die am Verzweifeln sind, die nicht wissen, wie es weitergehen soll. Und vielleicht mit ihnen beten…*

### sei uns Helfer und Stütze

Wir bitten dich, Herr,
sei uns Helfer und Stütze!

Rette die von uns, die in Not sind.
Richte die Gestrauchelten auf.
Zeig dich den Bittenden.
Mach die Kranken gesund.
Die Verirrten deines Volkes bring zur Umkehr.
Mach die Hungernden satt.
Kauf unsere Gefangenen los.
Laß die Erkrankten aufstehen.
Tröste die Kleinmütigen.

Mögen alle Völker erkennen,
daß du der einzige Gott bist,
daß Jesus der Messias dein Knecht ist,
daß wir „dein Volk sind
und die Schafe deiner Weide".

Erster Klemensbrief 59,4 (Ende 1. Jh.)

**zeige dich eindeutiger**

Gott, du lebst in allem Lebendigen.
Wir können dich finden in den Menschen
und in deiner Welt.
Warum bist du so leicht zu übersehen, Gott?
Warum wehrst du dich nicht,
wenn wir dir ausweichen,
an dir vorübergehen,
dich nicht sehen wollen?
Warum zeigst du dich nicht eindeutiger,
wenn wir dich suchen,
mit offenen Augen und bereitem Herzen?
Warum gibst du dich so selten zu erkennen,
wenn wir glauben, dich gefunden zu haben?

**um Einsicht und Phantasie**

Gott, du hast uns die Erde gegeben. Uns hast du verantwortlich gemacht für alle und alles, was auf ihr lebt. Wir sind auf dem besten Weg, deine und unsere Erde zu verderben.
Schenk uns Einsicht, Phantasie und Erfindungsgabe. Gib uns Mut, unsere Fehler zu sehen und zu korrigieren. Gib uns Entschlossenheit, damit wir fähig werden, uns zu ändern.
Bleib uns nah, damit es uns gelingt, eine Welt zu bauen, die deine und unsere Heimat bleiben kann. Eine Welt, in der wir glücklich sein können. Eine Welt, die du liebst.

**bahne uns den Weg**

O Gott, Vater aller Menschen,
du bittest jeden von uns,
Liebe dorthin zu tragen,
wo Arme erniedrigt werden,
Freude dorthin,
wo die Kirche entmutigt ist,
und Versöhnung dorthin,
wo Menschen voneinander getrennt sind:
der Vater vom Sohn,
die Mutter von der Tochter,
der Mann von seiner Frau,
der Glaubende von dem,
der nicht glauben kann,
der Christ von seinem nichtgeliebten
christlichen Bruder.
Wir bitten dich, bahne uns diesen Weg
der Liebe, Freude und Versöhnung,

damit der verwundete Leib Christi, deine Kirche,
Ferment der Gemeinschaft für die Armen der Erde
und für die ganze Menschenfamilie sei.

Mutter Teresa und Bruder Roger Schutz

**ein Wunsch**

Eine schlichte Wasserlache
möchte ich sein –
und den Himmel spiegeln.

Dom Helder Camara

## *aufgehoben*

*Die Betrübten finden Zuflucht bei ihm, die Trauernden Trost, die Sünder Vergebung. Die Fröhlichen erfahren seine Nähe; er wohnt bei den Geborgenen, wird Teilhaber am Glück derer, die zur Fülle des Menschseins gefunden haben. Er verschließt sich den Klagen und Bitten nicht, nimmt selbst die leisesten Seufzer wahr, leidet mit den Geschlagenen. Er hört den Dank und den Lobgesang. Er spricht die Sprache der Liebenden, und er versteht auch jene, die schweigen.*

**weil es dich gibt**

Weil es dich gibt
ist die Erde
im Himmel geborgen

aufgehoben
weil es dich gibt

ist meine Angst
inmitten
der Schrecken

was immer geschieht
mag geschehen
weil es dich gibt

Heinz-Albert Heindrichs

**über uns und in uns**

Du, der über uns ist,
du, der in uns ist,
daß alle dich sehen – auch in mir!
Daß ich den Weg bereite für dich,
daß ich danke für alles, was mir widerfuhr,
daß ich dabei nicht vergesse der anderen Not –
behalte mich in deiner Liebe,
so wie du willst,
daß andere bleiben in der meinen.
Gib mir einen reinen Sinn, daß ich dich erblicke,
einen demütigen Sinn, daß ich dich höre,
einen liebenden Sinn, daß ich dir diene,
einen gläubigen Sinn, daß ich in dir bleibe.

Dag Hammarskjöld

**wer ist dir gleich**

Du stützest die Fallenden, du heilst die Kranken,
du löst die Gebundenen.
Du bewahrst deine Treue
und bewährst sie an denen, die im Staub schlafen.
Wer ist dir gleich, Herr der Kräfte?

Wer ist dir gleich, Herr der Welt,
der tötet und lebendig macht,
der ins Leben ruft und sprießen läßt das Heil?

aus dem jüdischen Achtzehnbittengebet

**Marias Preislied**

Meine Seele preist die Größe des Herrn,
und mein Geist jubelt über Gott, meinen Retter.
Denn auf die Niedrigkeit seiner Magd hat er geschaut.
Siehe, von nun an preisen mich selig
alle Geschlechter.
Denn der Mächtige hat Großes an mir getan,
und sein Name ist heilig.
Er erbarmt sich von Geschlecht zu Geschlecht
über alle, die ihn fürchten.
Er vollbringt mit seinem Arm machtvolle Taten:
er zerstreut, die im Herzen voll Hochmut sind;
er stürzt die Mächtigen vom Thron
und erhöht die Niedrigen.
Die Hungernden beschenkt er mit seinen Gaben
und läßt die Reichen leer ausgehen.
Er nimmt sich seines Knechtes Israel an
und denkt an sein Erbarmen,
das er unsern Vätern verheißen hat,
Abraham und seinen Nachkommen auf ewig.

Lukas 1,46–55 (liturgische Fassung)

**gepriesen bist du**

Gepriesen bist du, Gott, mein Vater!
Vater und Mutter der Unterdrückten!
Gott Abrahams, Isaaks und Jakobs!

*Hat sie so ausgesehen,*
*die junge Maria,*
*die das Magnifikat singt?*
*Sie singt das Protestlied*
*für alle Unterdrückten,*
*das Protestlied für einen Gott,*
*der auf der Seite*
*der Schwachen und Kleinen steht.*

Freiheit ist dein heiliger Name.
Recht und Gerechtigkeit
sind die Strahlen deiner Augen,
die Bewegung deiner Schöpferhände.
All ihr Völker, Arbeiter und Unterdrückte –
feiert mit Feuerwerk und Freudengesängen,
mit Volkstänzen und Siegespsalmen
den heiligen Namen des Herrn,
unseres Gottes!

Im kleinsten Sandkorn,
im leisesten Pulsieren des Lebens,
in der zerbrechlichen Organisation
der Kleinen und Schwachen,
in der Bewegung
der gerade erst erwachenden Geschichte
bist du der Gott
des Durchzugs durch das Rote Meer!
Der wachende und dienende Gott,
ein Gott, der Gemeinschaft stiftet
und am Leben der Menschen teilnimmt!

Du bist Gott, der Befreier! –
Arbeitende Hände, die die Geschichte machen,
bitten dich um Kraft und Einsicht,
um auf die Bahn der Freiheit zu gelangen
und der Hoffnung zum Durchbruch zu verhelfen.

Zu deiner Ehre bauen wir
an „einem neuen Himmel und einer neuen Erde"
ohne Unterdrücker und Unterdrückte,
auf alle Zeit, von Geschlecht zu Geschlecht.
Amen. Halleluja.

P. Josimo, Brasilien

**wie eine Mutter…**

Vergißt denn eine Mutter ihren Säugling,
zeigt sie nicht ihre Liebe dem Kind ihres Leibes?
Und selbst wenn sie es vergäße –
ich werde dich nicht vergessen.
Ich habe dich eingeschrieben auf meinen Händen,
deine Mauern sind mir stets gegenwärtig.

Jesaja 49, 15–16

**neu gelernt**

Im Urlaub habe ich
neu gelernt,
das Vater-unser zu beten.
Früher sagte man uns:
Beim Beten falten wir die Hände.
Am besten schließt du die Augen,
da wird man weniger abgelenkt.
Jetzt bete ich anders,
dann und wann wenigstens.
Ich sitze im Wald,
die Arme auf den Rollstuhl-Lehnen,
die Hände nach oben geöffnet.
Und offen sind auch die Augen.
Ich sehe den Wald
und frage: Wann stirbt er?
Ich höre die Vögel
und frage: Wie viele Arten schon rotteten wir aus?
Geheiligt werde dein Name,
führe uns nicht in Versuchung –
die alten Sätze
bete ich wie zum ersten Mal.

Oder ich sitze in der alten Kirche,
wieder mit offenen Händen
und geöffneten Augen.
Ich sehe die Säulen
und denke an die Mütter,
die Jahrhunderte vor mir hier beteten,
voller Angst um das Leben ihrer Soldaten-Söhne.
Ich sehe die Grab-Platten
und denke an die Bischöfe,
die dein Reich auf den Lippen
und im Kopfe allzuoft ihre Macht hatten.
Erlöse uns von dem Bösen,
dein Reich komme –
die alten Sätze bete ich wie zum ersten Mal.
Dann wieder sitze ich an der Straße,
offen die Hände, die Augen,
vor mir unser Quartier,
auf der Terrasse die Familie,
mit Lesen und Stricken beschäftigt.
Ich sehe die Tochter
und denke an ihre Sorge um den Studien-Platz.
Ich sehe meine Frau,
was alles blieben wir einander schuldig?
Unser tägliches Brot gib uns heute;
vergib uns unsere Schuld,
wie auch wir vergeben unseren Schuldigern –
die alten Sätze
bete ich wie zum ersten Mal.
Herr, ich bin froh:
Dein altes Gebet
habe ich noch einmal
ganz neu für mich entdeckt.

Ulrich Bach

**das Lied „Du"**

Wo ich gehe – du!
Wo ich stehe – du!
Nur du, wieder du, immer du!
Ergeht's mir gut – du!
Wenn's weh mir tut – du!
Nur du, wieder du, immer du!
Du, du, du!
Himmel – du, Erde – du,
oben – du, unten – du,
wohin ich mich wende, an jedem Ende
nur du, wieder du, immer du!
Du, du, du!

Martin Buber

# VI. ALLES HAT SEINE ZEIT

Wir teilen die Luft und das Wasser;
die Sonne und den Wind.
Wir teilen den Tag und die Nacht;
Sommer- und Winterzeit, Saat und Ernte...
Wir teilen die Ängste unserer Zeit,
das Zittern um unser Leben.

Wir teilen das Wissen um Hungersnot,
um sterbende Kinder in der „anderen“ Welt...
Wir teilen das Wissen um Einsamkeit,
Elend und Todesangst, gleich um die Ecke,
in den Heimen und Kliniken jedweder Stadt...

Vielleicht sollten wir auch
unsere Gedanken teilen und den guten Willen,
unsere Träume teilen und unsere Gebete...
Vielleicht würden wir dann
Schwestern.

## *Tage – Wochen – Jahre*

*Im Buch der Psalmen kann man in der Lutherübersetzung lesen: „Wir bringen unsere Jahre zu wie ein Geschwätz“ (Psalm 90, 9). In anderen Übersetzungen wird das kaum noch verständliche Wort wiedergegeben mit: „wie einen Seufzer“. Beides scheint angemessen. Dahinplätschern ohne Tiefgang, ohne daß etwas hängenbleibt von dem, was gesagt ist – geht so unser Leben dahin? Oder ist es vielmehr ein Aufstöhnen, Seufzen ob der Last, die wir auf unseren Schultern spüren – auch das trifft unser Leben. Doch im alten Kirchenlied heißt es: „Was hilft es, daß wir alle Morgen beseufzen unser Ungemach?“ Nur oberflächlich dahinleben – das will eigentlich keiner. Beseufzen und dahinplätschern lassen – das ist keine Alternative. Wie aber geht unser Leben dahin – die Tage – die Wochen – die Jahre? Und was ist der Jahre Gewinn?*

**All-Tag**

Heute.
Ein Tag unter vielen.
Nichts Neues zu erwarten.
Alles wie gehabt...

Und ich bitte dich:
Schick mir nicht mehr Ärger
als ich überspielen kann
nicht mehr Versagen
als ich wegstecken kann
nicht mehr Ungeduld
als meine Geduld erträgt...
Gib mir ein wenig Freude
damit mir das Lachen nicht vergeht
und soviel Erfolg
daß ich das Danken nicht verlerne.

Heute
gib uns das Brot
das wir brauchen,
- einen Menschen,
- ein Wort,
- ein Zeichen,
- ein Lied,

damit wir werden,
was andere brauchen:
Heute.

**Vorsätze am Morgen**

Ich will heute allen Mürrischen und Unzufriedenen, die mir begegnen, ein Lächeln schenken.
Wenigstens dem ersten Menschen, der mich um etwas bittet, will ich geben, was er braucht.
Ich will mich nicht hetzen lassen, Geduld mit mir selber haben, nicht nervös werden, auch wenn die Arbeit nicht so rasch von der Hand geht.
Eine halbe Stunde soll mir ganz allein gehören: lesen, nachdenken, zur Besinnung kommen.
Ich will nicht hart oder vorschnell urteilen, sondern versuchen, dem anderen gerecht zu werden.
Die großen und kleinen Mißerfolge dieses Tages will ich hinnehmen und mit Humor bestehen.
Ich will die Freude dieses neuen Tages so lang als möglich bewahren und mit denen teilen, die mit mir leben.

**in Liebe**

Morgens aufwachen,
mich räkeln,
den Lokalteil der Zeitung studieren,
mit dem Fahrrad in Windeseile zum Bahnhof.
Alles ist neu, weil ich weiß,
daß es dich gibt.

Am Schreibtisch brüten,
über die Zukunft der Kirche diskutieren,

mich von der Geschäftigkeit der Stadt
treiben lassen,
die Erschöpfung nach getaner Arbeit,
Pullis mit Phantasiemuster stricken.
Es ist neu, weil es dich gibt.

Wie Schwäne gleitend,
die Ruhe des Waldes in mich aufsaugen,
Geschichten aus den Gesichtern der Menschen lesen,
einen riesigen Berg Wäsche bügeln.
Es ist schön, weil ich weiß,
daß es dich gibt.
Es ist schön, daß es dich gibt.

Angelika Meissner

**geborgen sein**

Herr, welch ein Segen ist es,
nach Hause kommen zu dürfen,
die Füße unter den Tisch zu setzen
und das Mahl zu genießen,
das uns bereitet wurde.

Herr, welch ein Segen ist es,
eine Wohnung zu haben,
in der ich mich wohl fühle,
in der es warm und gemütlich ist
und in der ich sein darf, wie ich bin.

Herr, welch ein Segen ist es,
geborgen zu sein,
eine Familie zu haben
und füreinander einzustehen,
auch wenn wir uns manchmal

auf die Nerven gehen.
Du schenkst uns Schutz,
Freude und Wohlergehen.
Tausend Dank sei dir!

Komm, Herr, sei bei uns,
wohne mit uns.
Halte die Balance des Friedens
und des Verstehens,
der Rücksichtnahme
und der gegenseitigen Achtung.

Komm, Herr, sei bei uns,
und wohne mit uns.

Anneliese Reuschel

**um Selbstvertrauen**

Heute habe ich das Gefühl,
innerlich zerrissen zu sein.

Ich stehe vor einem Berg von Aufgaben,
die ich bewältigen muß;
doch ich kann mich auf nichts konzentrieren.

So viele Erwartungen fühle ich auf mich gerichtet;
doch ich weiß gar nicht,
was ich selbst eigentlich will.

Da sind Menschen,
die große Hoffnungen auf mich setzen;
doch ich selbst habe kein Vertrauen zu mir.

Ich komme nun zu dir, Gott,
du meine Ruhe, meine Mitte, meine Hoffnung.

Angelika Meissner

**dreißig**

Mein Gott,
schon beginnt
mir die Zeit davonzurennen.
So vieles noch zu tun,
so vieles noch zu erfahren,
noch lange nicht ausgelernt
und bei weitem noch
keine Heimat gefunden.
Schon stoße ich
an harte Grenzen,
schon frage ich mich,
wo ich wohl einmal
begraben werden soll.

Erika Büchler

**fünfzig**

Es ist ein Tag, an dem ich meine Grenzen bedenke. Auch wenn ich mich körperlich noch wohl fühle und die Menschen meinem Aussehen weniger Jahre zubilligen, so weiß ich doch: Ich gehöre nicht mehr zu den Jungen. Mein beruflicher Stand wird sich nicht mehr steigern; die Kinder sind selbständig geworden. Ich fühle, daß nicht viel Neues mehr auf mich zukommt.
Aber ich bin auch noch nicht alt! Ich gehöre nicht zu denen, die sich als Frau nicht mehr spüren; ich bin noch lange keine alte Frau, entrückt von Bedürfnissen. Ich mag noch nicht denken, wie es in zehn, zwanzig Jahren sein wird mit mir. Nicht mehr jung? Noch nicht alt?
Herr, ich halte vor dich hin die Waagschalen meines Lebens. Ich danke dir für alles, was mit mir geschehen ist,

das Geglückte und das Erlittene. Es hat meinem Leben eine unverwechselbare Form gegeben. Laß mich nicht bitter werden bei dem Gedanken an all das, was ich nicht erreichen konnte und was mir versagt bleiben wird. Und lege Hoffnung in mein Herz, damit ich den nächsten Reifungsschritten getrost Raum gebe. Und gib mir die Chance, Älterwerden nicht als unerträgliche Last zu empfinden. Laß mich meinen Ort finden, jeden Tag neu.

Martha Sonntag

**fünfundsechzig**

Eine magische Zahl – manche fürchten sich davor – manche vertuschen ein Leben lang, wie alt sie sind – jetzt aber kommt es auf den Tisch – letzter Termin „zum Aufhören“ – raus aus dem Beruf, falls man „drin“ war – Frauen fällt es vielleicht weniger schwer als Männern – aber es wird halt offenbar, wie alt man ist!

Ist das nicht verrückt? Warum eigentlich ist es so wichtig, daß keiner weiß, wie alt ich bin? Ich hab' daraus nie ein Hehl gemacht. Im übrigen gibt es manche, die sind an Jahren halb so alt wie ich, und sie kommen mir vor, wie meine eigene Großmutter nie war. Ich bin so alt, wie ich bin, und so jung, wie ich mich fühle.

Und dennoch – die Zahl meiner Jahre, die vor mir liegt, schrumpft. Wie viele sind es? Doch, ist das wichtig? Solange ich lebe, möchte ich *leben* und möchte froh sein, daß ich leben darf. Und ich wünsch' mir, hinzunehmen, was kommt und wie es kommt. Und ich wünsch' mir, denen, die mir lieb sind, nicht auf die Nerven zu fallen. Lieber Gott, mach's mir und ihnen gnädig!

*Die Schwester schaut lachend heraus,*
*schaut aus der Tür,*
*schaut mir ins Gesicht,*
*ein bißchen verschmitzt.*

**am Abend**

Lege die Hand, Gott, unter mein Haupt,
laß dein Licht leuchten über mich.
Der Segen deiner Engel schütze mich
vom Scheitel bis zur Sohle.

Gedenke nicht der Unzahl meiner Sünden,
richte mich nicht nach dem,
was ich an diesem Tag getan.
Vergiß mich nicht,
wenn du die Deinen zählst.

aus einem irischen Segenswunsch

**Wunschgedanken schlafloser Nächte**

Wie lang die Stunden werden, wenn man wach liegt in der Nacht! Wie nahe die dunklen Gedanken sind: Angst, Mutlosigkeit, Trauer, Einsamkeit!
Wünsche steigen aus der Dunkelheit:
Einmal wieder schlafen können, wie die Kinder schlafen in fraglosem Vertrauen…
Die Jahre zurückdrehen können, einen schönen Tag noch einmal erleben…
Noch einmal die Berge im Abendlicht sehen, die Sonne auf dem See, den Bach und den Wald…
Den Streit und die Zwistigkeiten vergangener Tage auslöschen können…

*Die Schwester scheint wohl zu wissen,*
*was jenseits ihres Zaunes passiert.*
*Doch sie betrachtet mit Wohlwollen*
*die Welt da draußen.*

Einmal gesprochene Worte zurücknehmen können, als wären sie nie gesagt…
Das Ticken der Uhr anhalten, ihre Zeiger drehen, die langen Nachtstunden verkürzen können…
Gott, du kennst die Wunschgedanken schlafloser Nächte. Schenk mir das Licht des kommenden Tags.

**bewahre uns**

Herr, bewahre uns in dieser Nacht.
Ich bitte dich für alle, die mit mir in diesem Haus leben: Bewahre uns in deiner Liebe.
Ich bitte dich für alle, die in dieser Stadt leben, für die Gesunden und die Kranken, für die Glücklichen und die Trauernden, für die Einsamen und Verzweifelten: Bewahre uns in deiner Liebe.
Ich bitte dich für alle, die in dieser Nacht keinen Schlaf finden werden: Bewahre uns in deiner Liebe.
Ich bitte dich für alle, die du in dieser Nacht in dein Leben rufst, und für die Kinder, die geboren werden: Bewahre uns in deiner Liebe.
Du hast uns das Leben geschenkt. Du liebst die Lebendigen: Bewahre uns in deiner Liebe.

## *jede auf ihre Art*

*Frau – Schwester – Partnerin – Retterin – Chefin – Mutter – Konkurrentin – Arbeiterin – Liebende – Zeitgenossin – Tochter – Hausfrau – Pflegerin – Gottes Bild – Mitmensch – Tante – Verlassene – Hoffende – Fürbitterin – Leidende – Großmutter – Sünderin – Kollegin – Geliebte – Nachbarin – Dirne – Mitarbeiterin – Mittlerin –*

*Enkelin – Versöhnerin – Hexe – Verführerin – Kontrolleurin – Helferin – Frau…*

Vor seinem Ende sagte Rabbi Sussja: In der kommenden Welt wird man mich nicht fragen: „Warum bist du nicht Mose gewesen?" Man wird mich fragen: „Warum bist du nicht Rabbi Sussja gewesen?"

Chassidische Geschichte

**am Anfang des Lebens**

Ich bin jung.
Mir stehen alle Türen offen.

Ich habe Möglichkeiten,
von denen andere nur träumen können.
Ich könnte um die halbe Welt reisen.
Ich könnte meine kreativen Fähigkeiten entfalten.
Ich könnte ein Studium
oder eine Ausbildung beginnen.
Ich könnte in der Dritten Welt
an einem Projekt mitarbeiten.
Ich könnte heiraten und Mutter werden.

Oft bin ich froh und dankbar über die Chancen,
die das Leben mir bietet.

Manchmal aber bin ich völlig verzweifelt.
Weil ich mich entscheiden muß.
Weil ich nicht weiß, welcher Weg mein Weg ist.

Gott, ich bitte dich um einen langen Atem,
damit ich nichts überstürze und stolpere.
Ich bitte dich um ehrliche Menschen,
die mir Begleiter sind.

Ich bitte dich um wache Sinne,
damit ich im rechten Moment
den ersten Schritt in die richtige Richtung tue.

Angelika Meissner

**die Jugend von heute**

Die Jugend von heute
weiß alles besser,
will alles verändern,
kann alles besser –
glaubt sie, sagen die Erwachsenen.
Das war schon immer so!

Eines ist sicher richtig:
Mit dem Erheben des Zeigefingers allein –
damit ist noch nichts getan.
Darum fügen wir auch all unseren Ideen
und Verbesserungsvorschlägen hinzu:

Meßt uns an unseren Worten!
Schaut, ob sie mit unserem Handeln übereinstimmen,
übt Kritik, wenn es nicht der Fall ist.
Wo wir – „die Jugend von heute" –
uns aber ernsthaft einsetzen,
wo wir Zeit, Arbeit und uns selbst opfern,
um etwas zu erreichen,
da geht doch bitte auch unsere Wege mit.

Birgit Sünger

**allein**

Mir ist kein Mann begegnet, der mir Partner und Lebensgefährte geworden wäre. Du weißt, wie gern

ich Kinder gehabt hätte; wie gern ich für sie sorgen würde.
Hast du mir diesen einsamen Weg zubestimmt?
Ich arbeite in einem Beruf, der meine ganze Kraft fordert. Von Jahr zu Jahr wird er mir mehr zur drückenden Last. Meine Abende sind einsam, meine Sonntage sind still. Ich merke, wie das Alleinsein mich von Jahr zu Jahr empfindsamer macht. Die anderen haben es nicht leicht mit mir.
Ich bitte dich, Herr, gib mir Kraft, mit meinem Leben fertig zu werden. Gib mir Augen, zu sehen, wo einer in Not ist; Ohren, die hören, wo einer des Trostes bedarf. Laß mich den eigenen Kummer vergessen, das Mitleid mit mir selbst überwinden. Laß mich Menschen begegnen, die gleich mir darauf warten, daß einer sie finde in ihrer Einsamkeit.

**gelebtes Leben**

„während 39 jahren
war sie uns
eine zuverlässige mitarbeiterin"
(schreibt die direktion des textilunternehmens)

während 39 jahren
tag um tag
am mechanischen webstuhl
die ohren voll lärm
die lunge voll staub
in holzpantinen auf naßkaltem boden

und dennoch
lebte sie fröhlich
war ohne bitterkeit

betreute ihre familie
und sang sopran
im gemischten chor

mich machte ein solches leben
nach einem monat schon
fertig

doch ihr
hatte selbst
der euphemismus
„MIT-arbeiterin“
niemals ein bitteres lachen
entlockt

mir ist das so unbegreiflich
wie brot vom himmel
wie wein aus wasser
wie leben aus tod

Kurt Marti

**alleinerziehende Mütter**

Nicht wenige Frauen und Männer leben allein mit ihren Kindern, sind allein für die Erziehung verantwortlich. Ihre Probleme bedürfen keiner Erklärung. Ihre Klagen sind Anklagen gegen eine allzu gleichgültige Umwelt: Wir werden selten in bestehende Familiengruppen eingeladen... Man begegnet uns voller Mißtrauen, sagen vor allem die unverheirateten oder geschiedenen Mütter. Die intakten Familien wollen unter sich bleiben; die Frauen werden eifersüchtig, die Männer betrachten uns oft als leichte Beute.
Kaum jemand kommt auf die Idee, uns einzuladen. Un-

sere Wochenenden werden oft zum Problem. Unsere Kinder werden in Vollfamilien selten als Freunde akzeptiert...
Manches Vorurteil früherer Zeit mag überwunden, manche rechtliche Benachteiligung beseitigt sein; doch die alleinerziehenden Mütter und Väter warten immer noch darauf, daß man sie annimmt.

**ich liebe meine Kinder**

Herr, ich würde es nicht ertragen, noch einen Tag mehr Mutter zu sein, wenn ich für all meine Fehler Rechenschaft ablegen müßte; denn ich bin voller Fehler.
Meine Liebe ist stärker als meine Weisheit, und ich liebe meine Kinder.
Ich weiß, daß ihre kleinen klugen Augen mich bis auf den Grund meiner Seele durchschauen und daß sie mich nachahmen.
Hilf mir, in meinen tiefsten Absichten gut zu sein, gut in all meinen Wünschen.
Mache mich zu dem, was ich meinen Kindern wünsche, mit einem Herzen, das stark, wahr und groß ist.
Hilf mir, daß mich die kleinen Dinge nicht beunruhigen.

afrikanische Mutter

**an meine Mutter (1)**

Ich danke Dir für die Liebe und die Geborgenheit, die Du mir seit meiner Geburt Tag für Tag schenkst.
Ich danke Dir für meine schöne Kindheit in einer gesunden Familie. Ich danke Dir für alles, was Du für mich getan hast, und daß Dir meine Erziehung wichtig

war. Dadurch hast Du mich erkennen lassen, was der Sinn des Lebens ist.
Ich wünsche mir, daß ich für meine Kinder eine genauso gute Mutter sein werde, wie Du es für mich bist.
Bitte, verzeih mir, daß ich oft ungerecht zu Dir war!
Auch wenn meine Kindheit einmal vorbei ist und ich selber vielleicht einmal Mutter bin, werde ich immer Dein Kind und Du immer meine Mutter sein!
Ich habe Dich gern, und ich werde Dich immer gern haben, denn Du wirst immer meine Heimat bleiben, in der ich mich geborgen fühle! *Deine Tochter Brigitte*

Brigitte Cordes

**an meine Mutter (2)**

Mutter, Du glaubst es vielleicht nicht – ich denke oft an Dich. Ich denke an die Enttäuschung, die ich Dir bereite: Du warst mir eine gute Mutter. Ich aber war Dir keine Tochter, wie Du sie erträumst und meinst verdient zu haben. Ich ging und gehe eigene Wege. Von Mal zu Mal, wenn wir uns wiedersehen, entdecke ich den Schmerz in Deinen Augen. Ich höre die Nebentöne in dem, was Du sagst. Und weil ich Dich kenne und liebhabe, weiß ich, was Du erwartest.
Ich aber kann nicht rückwärts leben: meinen Beruf aufgeben, meine Freunde; zu Dir ziehen in eine Wohnung, in der Dir jede Kleinigkeit lieb ist – und darum unveränderlich; bei Dir sitzen an einsamen Abenden; essen, was Du magst; Dich pflegen...
Versteh mich, Mutter: Du hast mich zum Leben geboren; Dir verdanke ich einen Gutteil der Wünsche und Fähigkeiten, die ich jetzt entfalte...
Versteh mich und laß mich bleiben *Deine Tochter*

**Mütter**

Mütter gebären
und Mütter verschlingen
Mütter sind zärtlich
und stehn ihren Mann
Mütter lehren das Laufen
und wickeln dich ein.

Mütter backen das Brot
und sind zäh wie Leder
Mütter gehören zum schwachen Geschlecht
und sind hart im Nehmen
Mütter sind nahe am Wasser gebaut
und sind wie der Fels in der Brandung.

Mütter sind Feuer und Flamme
und tröstendes Pflaster
Mütter spinnen die Fäden
und schneiden die Haare
Mütter wissen um jedes Geheimnis
und finden blind den toten Punkt.

Mütter bedecken mit Küssen
und erklären den Krieg
Mütter bauen die Nester
und kennen die Schliche
Mütter sind Gärten der Liebe
und zertreten die Schlange.

Mütter hemmen die Männer
und fallen auf jeden Sohn herein
Mütter sind Mütter

Und ohne sie könnte kein Mann
so etwas schreiben. Kurt Weigel

**entfremdet**

Wir sind lange zusammen, mein Mann und ich. Wir haben die Freude geteilt, Krankheit und Sorge. Drei Kinder haben wir heranwachsen sehen. Unsere Wohnung war voller Leben, unsere Mahlzeiten waren fröhlich. Nun sind die Kinder eigene Wege gegangen. Selten finden sie zurück. Wir sitzen allein am Tisch: mein Mann und ich. Die Wohnung ist zu groß für uns. Wir haben uns nichts mehr zu sagen. Wie sollen wir die Entfremdung überwinden? Wie sollen wir herauskommen aus der Einsamkeit? Wie können wir neue Wege finden? Wir suchen…

**was eine Großmutter denkt**

Kinder großziehen, sie heranwachsen sehen, zuschauen, wie sie einem entwachsen – das ist schön und herb zugleich, anstrengend und befreiend. Und doch auch eine Last. Wie werden sie mit dem Leben fertig? Was erreichen sie von dem, was ich gerne hätte? Trotz all unserer Sorgen sind sie das geworden, was sie geworden sind. – Herr, nimm sie in deinen Schutz.

Enkel heranwachsen sehen, sie nicht großziehen müssen. Sich daran freuen, wie sie wachsen und gedeihen. Entdecken, wie sie uns und ihren Eltern gleichen, wie sie so anders sind, als man erwartet hat, wie sie so ähnlich sind dem, was zu unseren Eigenarten gehört. En-

*Alle Fürsorge dieser Welt*
*spiegelt das Gesicht dieser Frau.*
*Mit aller Fürsorge dieser Welt*
*hält sie das Kind im Arm.*

kelkinder zu haben, für sie mitsorgen zu dürfen, ohne alle Last der oft überzogenen Verantwortung, das ist erfrischend. – Herr, nimm sie an, meine Enkelkinder. Führe sie, wohin du sie führen willst. Mach sie offen für deine Welt. Und – wenn es dir gefällt – laß sie mir zur Freude sein.

**Advent**

Ich glaube nicht mehr,
daß etwas anders wird:
erst ein Vierteljahr Ehe –
und dauernd Streit.
  Eine Kerze brennt.

Versuche zu reden –
Vorwürfe, Verteidigung,
Gegenrede;
Zerwürfnis und Schmerz.
  Zwei Kerzen brennen.

Liebe als Wort,
dessen Grundlagen
auch im dauernden Aufzählen
von Leistungen
für den anderen
nicht mehr gefunden werden.
  Drei Kerzen brennen.

„Machst du mit mir
eine Adventsmeditation?"
„Das wird kaum möglich sein!
Ich habe eine Menge Arbeit!"
  Vier Kerzen brennen.

Advent – Ankunft – von was?
Kommt überhaupt noch was?
Oder folgt auf vier Wochen Verheißung
wieder ein Jahr schwarzer Stummheit?

Erika Büchler

**Wissen um den Tod**

Das ist es,
was das Sterben so schwer macht,
zu denken,
daß es mich danach nicht mehr gibt,
daß der Vogel singt,
und ich höre es nicht,
daß der Baum blüht,
und ich sehe es nicht,
daß die Erde duftet,
und ich rieche es nicht,
daß alles noch da ist,
nur ich nicht mehr.

Das ist es,
was das Sterben so hart macht,
zu spüren,
daß meine Gedanken
und meine Träume
und alle meine Geschichten
mit mir verschwinden
und daß dann die Wasser
des unaufhörlich flutenden Lebens
über mich hingehn
und meine Spuren verwischen,
als wäre ich nie gewesen.

Das ist es,
was das Sterben so leicht macht,
zu wissen,
daß es die andere Welt gibt,
die neue Welt,
die uns versprochen ist,
die Welt ohne Leid und Schmerzen,
ohne Trauer und Tränen,
wo ewige Freude
und immerwährender Friede herrscht,
eine Welt, die Raum hat
für alle, die nach ihr verlangen.

Das ist es,
was das Sterben so groß macht,
zu glauben,
daß alles wahr ist,
was die Verheißungen sagen,
daß ich getrost
in all meiner Schwere
ins Unbekannte hineinwandern darf
und daß ich dann selber
im Chor der seligen Engel
in alle Ewigkeit singe.

Maria Lohuus

**laßt uns gehen**

Pilger und Fremdlinge sind wir
ohne bleibende Stätte,
aber Pilger, mit deren Schuld,
die sie treibt,
auch das Erbarmen Gottes geht.

Pilger eines einzigen Zieles,
die in Liebe eins sind
durch das eine Brot ewigen Lebens.
Lasset uns gehen, heute und immerdar,
unverdrossen alle Straßen dieses Lebens,
die ebenen und die rauhen,
die seligen und die blutigen,
der Herr ist dabei,
das Ziel und die Kraft des Weges ist da.

Karl Rahner

## *werden, was wir sein können*

*Im Buch der Psalmen lese ich: „Denn du hast mein Inneres geschaffen, mich gewoben im Schoß meiner Mutter… Meine Tage waren schon gebildet, als noch keiner von ihnen da war“ (Psalm 139,13.16). Ich kann nur schwer verstehen, daß es Leute gibt, die sich gegen solche Zusagen wehren. Mir ist es beruhigend zu wissen, daß alles, was ich tu', alles, was ich bin, aufgehoben ist in Gottes Plan. Er hat mich in seine Hand geschrieben, höre ich beim Propheten Jesaja. Mein Name in seiner Hand – ich, so wie ich bin. Was könnte aus mir werden, wenn ich so wäre, wie er mich gedacht hat!*

### unverwechselbar

Ich bin berufen,
etwas zu tun oder zu sein,
wofür kein anderer berufen ist.
Ich habe einen Platz
in Gottes Plan,

auf Gottes Erde,
den kein anderer hat.
Ob ich reich oder arm bin,
verachtet oder geehrt
bei den Menschen,
Gott kennt mich
und ruft mich
bei meinem Namen.

John Henry Newman

**über die Grenze gehen**

Wer einen Menschen
wieder zum Lachen bringt,
der schließt ihm das Himmelreich auf.
Wer einem Menschen Geduld schenkt,
der infiziert ihn mit Hoffnung.
Wer einen Menschen aufnimmt,
so wie er selber
von Christus aufgenommen ist,
der löst ihm die Zunge zum Loben.

Laßt uns ausziehen
aus unseren Gewohnheiten,
um an der Bibel das Hoffen zu lernen.
Laßt uns ausziehen
und über die Grenze gehen,
um das Leben mit Hoffnung zu infizieren.
Laßt uns keine Grenze mehr achten,
sondern nur noch den,
der die Grenze öffnet.

Jürgen Moltmann

## mit ganzem Herzen tun

Wenn man sich der Arbeit, die einem anvertraut ist, wirklich hingibt, dann muß man sie mit ganzem Herzen tun. Und man kann Heil nur bringen, wenn man aufrichtig ist und wirklich mit Gott arbeitet. Es kommt nicht darauf an, wieviel wir tun, sondern wieviel Liebe, wieviel Aufrichtigkeit, wieviel Glauben wir in unser Tun legen. Es ist gleich, was wir tun.
Was Sie tun, kann ich nicht tun; und was ich tue, können Sie nicht tun. Aber wir alle tun, was Gott uns aufgetragen hat. Wir vergessen es nur manchmal und verbringen unsere Zeit damit, auf jemand anderen zu schauen und zu wünschen, etwas anderes zu tun.

Mutter Teresa

## Wirklichkeit wahrnehmen

Als ich so saß und die alte Frau ansah, da sah ich mich plötzlich selber so dasitzen, alt und aufgequollen und schon halb tot, und das war kein angenehmes Bild. Da bekam ich Angst und ging schnell ins Freie, in den kleinen Garten hinterm Haus. Da hatte ich Dahlien und Astern gepflanzt, die blühten. Aber dann dachte ich: Siehst du, so gehst du jeder wichtigen Erkenntnis aus dem Weg und der nackten Wahrheit. Geh du nur wieder hinein und sieh dir die alte Frau an und dich selber. Es schadet gar nichts, wenn dir schaudert, das gehört mit zum Leben. Alles muß man erfahren, und man erfährt das Wichtigste nicht, wenn man nichts Häßliches sehen will. Da ging ich also wieder hinein.

Luise Rinser

## des Alters Tugend und Last

Gott, du weißt besser, als ich selbst es weiß, daß ich älter werde und eines Tages alt bin.
Bewahre mich vor der peinlichen Angewohnheit, zu denken, ich müsse zu jeder Gelegenheit etwas sagen.
Befreie mich von dem Wunsch, jedermanns Angelegenheiten in Ordnung zu bringen.
Mache mich nachdenklich, aber nicht launisch; hilfreich, aber nicht herrisch…
Lehre mich die ruhmreiche Lektion, daß ich gelegentlich Unrecht habe.
Erhalte mich leidlich liebenswert; ich möchte zwar keine Heilige sein – mit einigen von ihnen ist es so schwer zu leben – aber eine verbitterte alte Person ist eines der übelsten Werke des Teufels.
Gib mir die Fähigkeit, Gutes an unerwarteten Stellen zu sehen und Begabung bei Menschen, wo ich es nicht erwarte, und gib mir, Gott, die Gnade, es ihnen zu sagen.

eine Nonne im 17. Jahrhundert

# VII. PARTNERSCHAFT – EHE – FAMILIE

Wenn Frauen und Männer, Eltern und Kinder ihre Weise des Miteinander suchen, Autoritätsstrukturen abbauen, die Freiheit des Einzelnen, seine Bedürfnisse und Wünsche achten, aufeinander hören, miteinander reden, zueinander halten, erweist sich manche übernommene Meinung als Vor-Urteil, manche fixierte Antwort hält dem Hinterfragen nicht stand, manch bewährte Stütze bricht...
Aber es geschieht auch, daß erstarrte Strukturen in Bewegung kommen, abgegriffene Worte bedeutsam werden, verschüttete Wahrheiten sich als zuverlässig und tragend erweisen...

## *ein Bund, in Liebe gegründet*

*Unsere Gefühle sagen unendlich viel mehr als unsere Wörter. Mit dem gleichen Wort versuchen wir oft Verschiedenes auszudrücken. Manche Feinheit kann man am Tonfall heraushören. Wenn gar ein Wort in wenige Buchstaben eingefangen ist, dann bleibt oft wenig von dem übrig, was einem anderen zugesprochen werden soll. Ist's schon in unserer Alltagssprache so, wieviel mehr in wichtigen Situationen. Sprachlosigkeit überfällt uns, wenn wir Worte suchen, um Gott und den Menschen Liebes zu sagen. Das Wort „Liebe" ist eines der oft verwendeten, vieldeutigsten, meiststrapazierten und doch so wesentlichen Worte in unserem Leben.*

**gewiß**

Du bist mein, ich bin dein:
des' sollst du gewiß sein.
Du bist verschlossen in meinem Herzen;
verloren ist das Schlüsselein.
Du mußt für immer drinnen sein.

Walther von der Vogelweide

**mir so nahe**

Es ist die letzte Tiefe alles Geheimnisvollen, wenn zwei Menschen einander so nahe kommen, daß sie einander lieben. Nirgends in der Welt spürt der Mensch die Macht des Geheimnisses und seine Herrlichkeit so stark wie hier. Wo zwei Menschen alles voneinander wissen, wird das Geheimnis ihrer Liebe zwischen ihnen unendlich groß. Und erst in dieser Liebe verstehen sie einander, wissen sie ganz voneinander, erkennen sie einander ganz. Und doch, je mehr sie einander lieben und in der Liebe voneinander wissen, je tiefer erkennen sie das Geheimnis ihrer Liebe. Also das Wissen hebt das Geheimnis nicht auf, sondern vertieft es.
Daß der andere mir so nahe ist, ist das größte Geheimnis.

Dietrich Bonhoeffer

**du bist die Liebe**

Herr, du hast uns gerufen,
miteinander zu leben:
Gib uns dazu deine Liebe!
Hilf uns, daß unsere Ehe

nicht nur für uns ist,
sondern auch Liebe freisetzt
für die, die mit uns leben!
Gib, daß wir einander zur Entfaltung bringen,
daß wir einander Partner sein können,
daß wir nicht aufhören, auf dich zu hören
bei all unserem Tun
und bei allen Entscheidungen!
Hilf uns,
daß wir unsere Kinder zu einem Leben
in deinem Geist hinführen können!
Herr, du bist die Liebe,
die uns verbindet.
Wir danken dir.

**in verschiedenen Kirchen**

Wir lieben uns sehr. Wir wollen heiraten. Doch da fangen die Probleme schon an: In welcher Kirche soll die Trauung sein? Verwandte mischen sich ein, Spannungen beginnen. Sie gefährden unsere Liebe.
Wer zeigt uns den richtigen Weg? Unsere Liebe wird schwer, nur weil wir verschiedenen Kirchen angehören. Sie berufen sich beide auf deine Liebe. Bist du gespalten?
Wir lieben einander, wir lieben dich, zeige du uns den richtigen Weg, denn du liebst unsere Liebe! Unsere Liebe ist ans Kreuz der Spaltung geschlagen. Laß es zum Segen werden, du kannst es, du allein! Hilf uns, daß unsere Ehe ein Abbild deiner Liebe wird!

**die Feier der Trauung**

*Fragen an die Brautleute:*
Sind Sie hierhergekommen, um nach reiflicher Überlegung aus freiem Entschluß mit Ihrer Braut/Ihrem Bräutigam den Bund der Ehe zu schließen?
Wollen Sie Ihre Frau/Ihren Mann lieben und achten und ihr/ihm die Treue halten alle Tage Ihres Lebens, bis der Tod Sie scheidet?
Sind Sie bereit, die Kinder, die Gott Ihnen schenken will, anzunehmen und sie im Geiste Christi und seiner Kirche zu erziehen?

*Treueversprechen:*
*Priester:* Da Sie also beide zu einer christlichen Ehe entschlossen sind, so schließen Sie jetzt vor Gott und der Kirche den Bund der Ehe, indem Sie das Vermählungswort sprechen. Dann stecken Sie einander den Ring der Treue an.
*Bräutigam:* N., ich nehme dich an als meine Frau und verspreche dir die Treue in guten und bösen Tagen, in Gesundheit und Krankheit. Ich will dich lieben, achten und ehren, solange ich lebe.
*Braut:* N., ich nehme dich an als meinen Mann und verspreche dir die Treue in guten und bösen Tagen, in Gesundheit und Krankheit. Ich will dich lieben, achten und ehren, solange ich lebe.
*Priester:* Der Herr, unser Gott, festige den Ehebund, den Sie vor ihm und seiner Kirche geschlossen haben.

*Die „Frau im blauen Schal“*
*geht auf Distanz.*
*Sie scheint sehr selbständig zu sein.*

*Segen:*
Heiliger Vater, du Schöpfer der ganzen Welt, du hast Mann und Frau nach deinem Bild geschaffen und ihre Gemeinschaft gesegnet.
Beide mögen in frohen Tagen dich loben, in schweren bei dir Hilfe suchen, bei all ihrem Tun deine Nähe verspüren, in der Not deine Hilfe erfahren, in der Gemeinschaft der Kirche dich preisen und in der Welt deine Zeugen sein.
Laß sie in Gesundheit ein hohes Alter erreichen und mit ihren Kindern, Verwandten und Freunden zum himmlischen Reich gelangen. – Darum bitten wir durch Christus, unseren Herrn. Amen.

**Silberhochzeit**

Fünfundzwanzig lange Jahre. Es war nicht immer reines Glück. Doch was heißt das schon! Es war so, wie das Leben ist – und es war ein geteiltes Leben. Ein Leben mit dir und mit ihm und mit unseren Kindern.
Herr, du hast uns zusammengeführt. Wir haben zusammengehalten „in guten und bösen Tagen". Ich hab' nicht aufgegeben, obwohl es mir oft danach war. Ich bin älter geworden, ich bin vielleicht auch reifer geworden. Manche Illusionen habe ich aufgegeben – schweren Herzens. Doch es ist auch manches besser gelaufen, als ich früher dachte, und ganz anders.
Ich will neu anfangen, will diesen Tag als neuen Start verstehen, einen Schlußstrich ziehen unter alte Rechnungen. – Herr, steh mir bei, nein: Steh uns bei. Geh mit uns auf unserem Weg. Es wird wieder mehr und mehr ein Weg zu zweit werden, wie wir angefangen haben. Laß es ein Weg zu dritt sein.

## selig die Zärtlichen

Selig, die aufmerksam sind und dem anderen zuhören; sie werden immer mehr zueinander gehören.
Selig, die eigene Schwäche akzeptieren und die des anderen zu verstehen suchen; sie werden Angst abbauen und Vertrauen gewinnen.
Selig, die über sich selbst lachen können; sie werden frei und gelöst mit anderen leben.
Selig, die sich immer mehr einfühlen in den anderen; ihre Liebe geht unter die Haut.
Selig, die sich öffnen für die Eigenarten des anderen; sie werden überrascht eine neue Welt wahrnehmen.
Selig, die sich trotz aller Enttäuschungen treu bleiben; Gott hält zu ihnen und schaut sie freundlich an.
Selig, die sich mit all ihren Sinnen liebkosen; im Reigen der Sinne ist Gott mit im Spiel.
Selig, die sich hingeben, um den Partner glücklich zu machen; sie werden dankbar seine Liebe spüren.
Gott liebt die Zärtlichen.
Er nimmt sie in Schutz wie ein guter Freund.

Günter Riediger

## du hast ihn mir genommen

Du hast mir den Mann genommen, der mein Leben teilte. Du hast meinen Kindern den Vater genommen. Wie soll ich mich zurechtfinden? Wie soll ich entscheiden, wenn keiner mehr da ist, der die Verantwortung mitträgt?
Wem kann ich vertrauen? Wer wird bereit sein, sich für uns einzusetzen? Schenk uns Freunde, Herr. Schenk uns Menschen, die mich begleiten, meine Sorgen mit-

tragen und mir helfen, in die neue Rolle, die du mir zumutest, hineinzuwachsen. Steh mir und meinen Kindern bei, damit wir lernen, unser Leben ohne Mann und Vater anzunehmen.

## *gefragt: ein Allroundtalent*

*Wer nicht in die Schule geht, bleibt Analphabet, und so manches bleibt ihm verschlossen. Wer kein Abschlußzeugnis mitbringt, hat es schwer bei der ersten Bewerbung. Ausbildungsgänge, Diplome, Gesellenprüfungen, Meisterschulen, Fachhochschulreife, Magisterprüfungen, Tests und Examen aller Art: für jeden Beruf gibt es etwas davon. Und für den Beruf der Hausfrau, der Partnerin in der Ehe, der Mutter, der Köchin für eine ganze Familie und des Finanzgenies dazu? Frauen müssen „in jedes Geschirr passen", müssen tausend Dinge bewältigen; von ihnen verlangt man Profiarbeit in vielerlei Sparten. Und gut aussehen sollen sie obendrein, und das so kostensparend wie möglich. Aufwandsentschädigung nicht vorgesehen.*

**ein Mensch im Werden**

Ich bin kein geborener Führer,
die Wege kenne ich nicht;
ich muß sie gehen,
Schritt um Schritt.
Die Antworten habe ich nicht,
ich muß sie erfragen,
im Irrtum erleiden…
Und geben kann ich nur von dem,

was mir die Hände füllt.
Eine perfekte Hausfrau
bin ich nicht,
und Halt kann ich nur sein,
wenn ich gehalten werde.
Ich bin kein Vor-Bild,
das fest gefügt in sich selbst
auf gültige Ziele verweist.
Ein Mensch im Werden bin ich:
Liebe, die Liebe braucht,
Vertrauen und die Gewißheit,
daß sie sein darf,
was sie ist.

**denen ich gehöre...**

Ein Mann,
unauffällig, wie es viele gibt,
man kann ihn übersehen.
Ich kenne ihn, sein Lachen und seinen Zorn,
seine Großzügigkeit, seine Ungeduld,
seine Ängste und Unsicherheiten,
seine Eifersucht, seinen Stolz.
Mein Mann.
Zwei Kinder, halbwüchsig, eigenwillig,
trotzig und widerspenstig,
zärtlich und verschlossen,
im Kampf um die Unabhängigkeit,
unterwegs zum eigenen Leben.
Meine Familie.
Danke, Gott.

**mitten im Alltag**

Wenn wir zusammen arbeiten –
wenn wir sorglos miteinander spielen –
wenn wir offen über unsere Probleme sprechen –
wenn wir unsere Kinder trösten –
wenn wir uns nach einem Streit wieder versöhnen –
wenn wir Höhepunkte der Lust verspüren –
wenn wir, du und ich, uns lieben:
dann erleben wir GOTT in unserer LIEBE –
mitten im Alltag.

Günter Riediger

**Klage**

Morgens gehen wir aus dem Haus
und haben uns nicht gesehen.

Abends kommen wir nach Haus
und sehen uns stundenlang
beim Fernsehen.

Am Wochenende sehen wir uns
auch noch Videos an.

Am Montag gehen wir aus dem Haus
und werden uns eine Woche lang
wieder nicht sehen.

Jeden Tag aber sagen wir uns:
Auf Wiedersehen!

Werden wir uns eines Tages
wieder sehen?

Petrus Ceelen

## *Leben weitergeben*

*Da Sexualität und Fortpflanzung biologisch verbunden sind, gehört zu verantwortlicher Sexualität nicht nur die einfühlende Rücksichtnahme auf den Partner, sondern ebenso die Bereitschaft, das aus der körperlichen Vereinigung möglicherweise hervorgehende neue menschliche Leben anzunehmen. Mann und Frau sollten offen sein für ein neues Menschenleben, das aus ihrer Liebe entstehen kann.*
*Es kommt nicht darauf an, ob man Kinder wünscht oder nicht wünscht, sondern daß man bereit ist, Kinder anzunehmen. Entsteht ein Kind, so ist dafür Sorge zu tragen, daß ihm von Beginn seines Lebens an ein Heranwachsen in Geborgenheit ermöglicht wird. Ein Kind wächst am besten in einer Familie auf, in der sich Vater und Mutter verstehen.*

### Nacht einer Mutter

Du bist da. Du lebst. Du bist gesund.
Es gibt dich neben mir seit dieser Nacht.
Dein warmer Körper ist aus meinem herausgetreten.
Du bist abgenabelt für das Leben.
Diese wache Nacht des Glücks.
Dieser lautlose Jubel in mir.
Man hat dich gewaschen, gekleidet
und in weiße Kissen gelegt.
Wer ist noch glücklicher in dieser Nacht?
Warum hält die Welt nicht den Atem an?
Mein Sohn ist geboren.
Mein Herz zerspringt vor Dank und Glück.
Deine feinen durchbluteten Glieder,

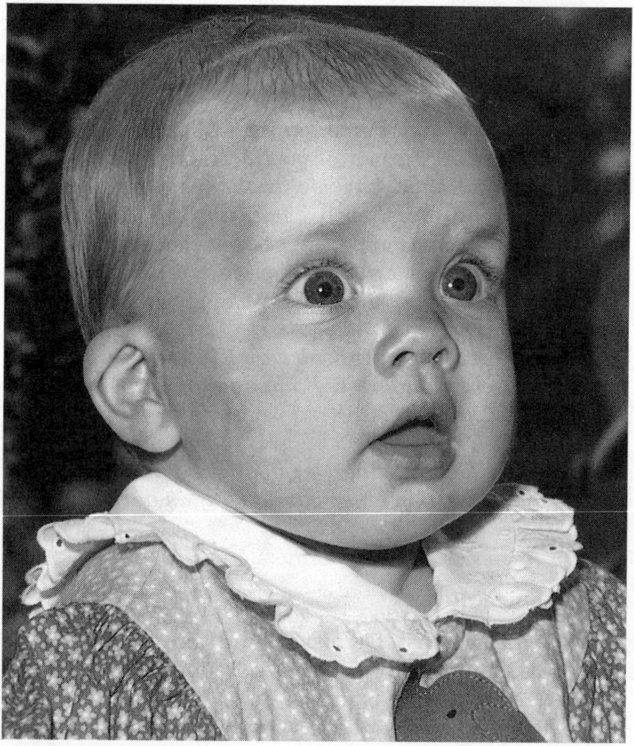

*Offene Augen,*
*ein offener Mund.*
*Vor Überraschung oder Erstaunen?*
*Was mag es zu sehen geben?*
*Die Entdeckerlust ist grenzenlos.*
*Eine Mischung von*
*Neugierde und Erschrecken.*

alles, was von unserer Liebe
Gestalt angenommen hat in dir,
ist sichtbar – fühlbar.
Festtags-Nacht, ein Kind zu haben,
Dunkelheit voll wachtrunkener Seligkeit.
Warum schweigt die Nacht?
Warum läuten nicht alle Glocken?
Ich betaste dich,
berühre den Flaum deiner Haare,
lasse meinen Finger von deiner kleinen Hand
reflexartig umschließen.
Alle Blüten, die uns erreichen werden,
sind nicht deiner Schönheit gleich.
Senkt sich der Himmel auf uns?
Verspürt man so Gottes Nähe?
Ich schließe die Augen
wie vor strahlendstem Licht.
Noch gehört uns das Glück allein.
Noch sind wir in sicherer Obhut.
Noch sind fern Wellen und Stürme.
Die Sonne wird aufgehen über unserem Glück.
In tausend Tönen
möchte ich deinen Namen singen.
Jauchzen möcht' ich und frohlocken.
Morgen verkünden wir deinen Namen.
Man wird es wissen:
In dankbarer Freude
zeigen wir die Geburt
unseres ersten Kindes an.

Maria Grünwald

**ein Tauf-Psalm**

Du bist geboren – bist ein Gegenüber.
Du hast ein Nest – und bist umsorgt, geliebt.
Doch mehr als alle hat ein großer Lieber
dir schon gesagt, daß es Ihn gibt.
Denn so wie dich – gibt's keinen Menschen mehr:
Die Stirn, den Mund, und wie du lachen kannst!
Bald fragst du schon: Wohin? Woher?
Es kommt die Zeit, wo du's erahnst!
Er, der dich rief – Er wird dich rufen hören,
Denn Er ist gut – dein Herz kann stille sein.
Und bist du stumm, wird Er dich schreien lehren,
Denn Sein Schrei schloß den deinen ein.
Auf deinem Weg geht Gott mit dir – ein Hüter.
Er hält dich fest – und läßt dich los und frei.
Er ist die Melodie all deiner Lieder,
All deine Tage ist Er treu.
Sein Licht legt Er in deine Augen;
in Geist und Wasser schenkt Er dir Neugestalt:
Für Seinen Bund sollst du nun taugen,
Sein Antlitz spiegeln jung und alt.

Wolfgang Schneller

**uns zugemutet**

Du hast uns eine behinderte Tochter anvertraut.
Herr, wie wundersam sind deine Wege:
Du hast uns auf dem Weg zu dir
einen Menschen anvertraut,
unser Kind,
– einem Lichtpunkt gleich – wie ein Stern,
in der Finsternis dieser Welt.

Du hast uns zugemutet,
ja zu sagen zu deiner Einladung,
teilhaben zu sollen, teilhaben zu dürfen
an dem Wunder der Gegenwart
unseres schwerstbehinderten Kindes
auf dieser Welt.
Nur du kannst ermessen,
wem du auf dieser Erde
eine solche Aufgabe anvertraust.
Du nur kennst die eigentlichen Sorgen,
die unsäglichen Ängste,
welche die auszustehen haben,
die mit solch einer Aufgabe befaßt sind...
Wir packen all unsere Probleme,
unsere Sorgen, alle Ungereimtheiten und Ängste,
ungeordnet – so wie sie sind –
auf deinen Tisch, auf deinen Altar.
Sie sind unser Gebet, unsere Gaben...
Uns ist das Beten,
wie man es früher gewohnt war, vergangen.
Uns bleibt nur unsere Hilflosigkeit –
das Unwissen darum,
wie es weitergehen mag, diese Situation –
als unser Gebet anzubieten.
Mit anderen Worten können wir nicht dienen –
das ist unser Gebet.

Christl und Bruno Hansen

**die Liebe von Vater und Mutter**

Wenn ein kleines Kind sagen könnte,
was es am meisten braucht
für sein künftiges Leben,

für seinen Mut
bei soviel Scheitern,
für sein Vertrauen
in einer Welt voller Zweifel,
für seine Hoffnung
im Angesicht des Versagens,
für sein Lied
bei soviel Klagen ringsum,
für seinen Glauben,
wo kaum einer das Ziel kennt,
für seine Freude,
die andere befreit,
für seine schenkende Hand
in einer Zeit des Verweigerns,
für sein offenes Wort
bei all dem verlegenen Schweigen,
für seinen Traum und sein Spiel
gegen die geltende Vorschrift,
für sein Leben als Mensch –
was braucht ein Kind mehr als die Liebe
der Eltern und daß es erfährt,
wie Vater und Mutter sich lieben?

Weil ein kleines Kind noch nicht sagen kann,
was es am meisten braucht für sein Leben,
weil es nur erleiden kann, was ihm fehlt –
Väter und Mütter,
sollten wir es uns sagen und schenken.

Gerhard Kiefel

*Mütterliche Menschen in aller Welt*
*halten Kinder in schützendem Arm.*
*Und wenn es sie nicht mehr gibt?*

**warum**

Gott, ich kann Sara verstehen,
die kein Kind bekam,
aber mitansehen mußte,
wie ihre Magd, Hagar, ein Kind
von Saras Mann Abram gebar:
die ohnmächtige Wut, die Verzweiflung,
dieses Sich-nicht-mitfreuen-Können.
Mir haben sie in der letzten Nacht
eine Frau ins Nebenbett gelegt,
die gerade ein Kind geboren hat.
Ich habe meines verloren.
Sie hat jetzt ihr Kind bei sich,
noch nicht einen Tag alt.
Ich kann es nicht ansehen,
will es nicht hören.
Alle schauen auf das neue Kind,
die Schwestern, die Ärzte –
keiner sieht meine Verzweiflung,
meine Tränen, die ich runterschlucke.
Ich halte es kaum aus, möchte weglaufen,
warum haben sie mir das angetan?
Gott, hilf mir hier heraus
und laß in deinen Armen mich verbergen.

Susanne Kahl-Passoth

## *Übungen im Haben, Halten, Lassen*

*Eltern sind für ihre Kinder verantwortlich – sagt man – und man hat wohl recht.*
*Es ist an den Eltern, dafür zu sorgen, daß ihre Kinder*

*Brot haben und Jeans, ein Bett, ein Zimmer, ein Fahrrad und Geld für die Disco (den Skikurs, das Camping am Meer)…*
*Es ist an den Eltern, dafür zu sorgen – sagt man – und man hat wohl recht, daß ihre Kinder zur Schule gehen, lernen, das Klassenziel erreichen, Gelegenheit haben, ihren Hobbys nachzugehen – soweit sie nicht aus dem Rahmen fallen, versteht sich!*
*An den Eltern ist es, dafür zu sorgen, daß ihre Kinder wissen, was sich gehört, ohne lästige Fragen zu stellen, angepaßt und unauffällig sich einordnen, Autorität anerkennen…*
*Eltern sind verantwortlich – sagt man – und man hat wohl recht. Kinder hören auf die eigene Stimme – und manchmal haben sie recht.*

**aufeinander zu**

Kinder
wachsen mit ihren Eltern
heran.

Eltern
werden mit ihren Kindern
erwachsen.

Großeltern
wachsen mit ihren Enkeln
zusammen.

So wachsen wir
aufeinander zu
und über uns hinaus.

Petrus Ceelen

## Angst um meine Kinder

Herr, ich habe niemand, mit dem ich sprechen kann. Mein Mann liegt nachts neben mir und schläft, und am Tag kreisen seine Gedanken um seine Arbeit; er ist erschöpft und möchte nichts hören, was aufregend ist und schlimm.

Herr, ich habe Angst. Meine Kinder sind so fern von dir. Sie glauben nicht, daß es dich gibt, Gott. Sie sagen, du bist ausgedacht von den Menschen; sie möchten Beweise, daß du bist. Und ich habe so wenig Worte, weil es mit Worten nicht zu machen ist.

Herr, ich habe Angst, daß meine Kinder verlorengehen in der Welt. Bald werden sie unser Haus verlassen. Herr, bleibe doch bei ihnen, auch wenn sie dich loslassen. Herr, lasse du sie nicht los.

Sigrid Lichtenberger

## Kinder klagen an

Gewiß: Sie haben es gut gemeint mit uns,
als sie sich sagten:
„Unsere Kinder sollen es einmal besser haben!"
Besser haben, das sollte heißen:
mehr Geld haben,
mehr Freizeit haben,
mehr bequeme Arbeit haben,
größere Wohnungen haben,
bessere Bildung haben.
„Es besser haben":
Sie hatten es fast bloß materiell verstanden.
Und wir,

wir sind ihnen auf den Leim gegangen.
Wir kleben nun ebenfalls daran:
an diesem bloß Materiellen,
an diesem Haben.
Wir alle...
Doch inzwischen fangen manche an,
sich die Augen zu reiben.
Verschwommen erst sehen es die einen,
klarer schon durchschauen es die anderen:
Das Warten auf die sechs Richtigen
bringt nichts,
und auch die sechs Richtigen selbst
bringen nicht das, was erwartet wurde.
Haben allein tut es nicht...
Haben und Immer-mehr-haben-Müssen,
das macht einsam,
macht zum frustrierten und kaputten Typ...
wie es sie in der Alkohol-Szene gibt,
auch in der Drogen-Szene,
auch unter denen,
die in religiöse Zirkel flüchten...

Engelbert Groß

**loslassen lernen**

dich so loszulassen
daß du die fehler machen kannst
die du machen willst
daß du mich ablehnen kannst
daß du neue werte finden kannst
daß du deine meinung ändern kannst
wenn ich dich gerade verstanden habe
daß du dir zuviel sorgen machen kannst

daß du dir nicht genug sorgen machen kannst
dich so loszulassen
das muß ich lernen

ich muß dich ziehen lassen
in ein unbehütetes leben
in ein einsames leben
in dein leben
getragen von deinen entscheidungen
denn ich kann nicht dein vormund sein
ich kann nicht über dich bestimmen
auch nicht in kleinigkeiten
ich muß lernen dich loszulassen
so einfach
und doch so schwer

Ulrich Schaffer

**umgarnt von Fürsorge**

Morgen werde ich 20; seit zwei Jahren bin ich volljährig. Erwachsen? Selbständig?
Groß gewachsen, ja. „Gut siehst du aus", sagen die lieben Verwandten. Aber das ist zu wenig für eine junge Frau. Und selbständig?
Daß ich nicht lache! Natürlich habe ich einen Hausschlüssel, schon seit drei Jahren, und die Eltern sagen nichts (mehr), wenn ich um Mitternacht nach Hause komme. Aber im Grunde bin ich immer noch unmündig. Das zerrt an den Nerven, seit langem schon. Die Decke fällt mir auf den Kopf.
Ich fühle mich wie eine Marionette. Meine Eltern haben alle Fäden in der Hand; und für die Großeltern, die älteren Geschwister bin ich immer noch die „Kleine"! Um-

garnt von Fürsorge, eingeschnürt in den Sitten und Gebräuchen unserer Familie.
Schluß damit! Ich werde die Schnüre zerreißen, die Fäden durchschneiden: Ich ziehe aus.
Nur so kann ich selbständig werden.

Günter Riediger

**Versager?**

Unser Sohn ist ein Versager. Er schafft es nicht in der Schule. Schon zweimal mußte er eine Klasse wiederholen. Nun ist er älter als seine Mitschüler und findet keine Freunde mehr. Manchmal gibt er sich Mühe; doch meist verzagt er rasch. Wir zwingen ihn an seine Bücher; wir drohen und locken. Wir schämen uns um seinetwillen vor unseren Nachbarn und Bekannten. Was sollen wir tun? Die Pläne, die wir für ihn hatten, begraben? Ihn nehmen, wie er ist? Seine eigenen Fähigkeiten fördern? Ihn selber entscheiden lassen? – Herr, es ist so schwer zu ertragen.

**allein in die weite Welt hinein**

Unsere Tochter hat uns verlassen. Wir wissen nicht, wie sie lebt. Wir wissen nichts von ihren Freundinnen und Freunden. Wir wissen nur, daß sie uns, ihre Familie, ablehnt; daß sie selbständig sein will. Zuerst waren wir zornig. Dann haben wir gebettelt und mit Versprechungen gelockt. Jetzt bin ich nur noch traurig. Ich leide an meiner Hilflosigkeit.
Nimm dich um unsere Tochter an. Es ist auch die deine.
Laß sie Liebe erfahren durch die Menschen, die ihr begegnen. Sei mit uns allen.

## *Partnerschaft in der Krise*

*Menschen finden sich, Menschen sind sich zugetan, Menschen mögen einander, Menschen lieben sich: im Alltag, im Beruf, in der Freizeit, in der Familie, in einer Freundschaft, in der Ehe…*
*Menschen, die mir vertraut sind, die ich gut kenne, die ich gern habe, fallen mir auf die Nerven. Ich weiß, wie sie reagieren. Ich weiß schon im voraus, was sie sagen werden. Ich nehme mir nicht die Zeit, ihnen zuzuhören. Ich schiebe die Auseinandersetzung auf die lange Bank. Ich nehme keine Rücksicht auf ihre Wünsche. Ich übergehe ihre Empfindlichkeit, setze mich darüber hinweg, finde es mühsam, auf ihre Schwächen Rücksicht zu nehmen, nehme mir keine Zeit für sie…*
*Menschen, mit denen ich zusammenlebe, fangen an, mich zu langweilen. Ich gebe mir keine Mühe mehr, sie zu verstehen. Ich tu' ihnen nichts mehr zuliebe und merke nicht einmal, daß ich ihnen zuleide lebe… – Und was dann?*

### Krisen gehören zum Leben

Überrasche uns, Gott:
Was uns Angst macht,
wende zum Guten,
was wir schwarz sehen,
laß Farbe annehmen.
Überrasche uns damit, Gott,
daß wir Auswege beschreiten
und erleben:
sie führen weiter.

F. K. Barth / G. Grenz / P. Horst

**mich packt die Wut**

Warum bist du so giftig?
  Ich soll immer alles schlucken.
Warum stichelst du?
  So lasse ich nicht mit mir umspringen.
Warum zeigst du mir die kalte Schulter?
  Ich habe auch meinen Stolz.
Du machst alles noch schlimmer.
  Ich kann das nicht mehr ertragen.
Du bist so verletzend.
  Ich will dich nicht mehr sehen.
Du nimmst mich nicht ernst.
  Ich gehe weg.

...eigentlich war es nur eine Kleinigkeit...

Liebe kann Mauern abtragen –
doch es gibt so viele Stolpersteine...

Du, laß uns lernen, fair miteinander zu streiten:
  offen über alles sprechen
  nichts verschweigen
  aufeinander hören
  darüber nachdenken und... und...

Günter Riediger

**das erste Wort**

Manchmal sitzen wir um den Tisch
und sprechen nur das Nötigste,
essen mit gesenkten Köpfen,
reichen einander die Schüsseln
höflich
und denken an den vorausgegangenen Streit

und schweigen.
Keiner bringt den Mut auf,
das notwendige erste Wort zu sprechen.
Keiner will eine Schuld zugeben.
Das gute Essen schmeckt bitter.
Schweigend
gehen wir auseinander.
Unser Hunger
ist nur scheinbar gestillt.

Petra Millet

**Herz aufgeräumt**

meine Verblendung
mein Schatten
meine blinden Flecken
du spürst sie mir auf
ihnen gehe ich nach
meine Ungnade
zieht deine Ungnade nach
heute gehe ich in mich
sehe so viel Sonne außen
auf dem Weg von mir zu dir
ich wünsche mir dich herbei
daß du mich nicht abfertigst
daß dein und mein Wohlwollen
wieder die Hände zärtlich machen
ich brauche dich um dich zu lieben
meine Verletztheiten
haben dich verletzt
diese teufelskreisenden Wiederholungen
ich gehe in mich
ich ziehe meine Schattenbilder

von dir ab
mein eigener Schatten verdunkelte dich
du bist wieder Licht
und ich will meinen Schatten nicht
auf dich werfen
deine Sorgen finden bei mir ein Zuhause
und unser Lachen hat wieder Raum

Franka Schütz

**Aufforderung**

Komm, laß uns miteinander reden
Bevor das Schweigen beginnt
Offenheit ist mehr als Beten
Wenn wir erst stumm geworden sind.

Komm, laß uns miteinander reden
Wir können lernen dabei
Vielleicht entdecke ich an dir
Und du an mir
Manche längst verblaßten Farben neu.

Verfasser unbekannt

**alltägliche Geschichte**

Er ging nie aus.
Dann aber fing es langsam an:
Er kam nicht zum Abendessen.
Er kam spät.
Streitigkeiten ohne Unterlaß.
Sie hörten nicht mehr auf.
Zorn, heißer Zorn –
nächtliche Streitereien!

Er aß nie zu Hause.
Und seine eine Nacht draußen
wurde eine Woche –
wurde ein Monat.
Ich rufe meine Verwandtschaft –
ich rufe meine Kinder:
Euer Vater ging verloren;
hört das Radio,
hört die Polizeinachrichten.
Irgendein Unfall gemeldet?
Irgendeine Entführung gemeldet?
Keine Meldung?
Sein bester Freund lächelte.
Er wußte, wo er war –
und über mich lachte man.

Muthoni Gachanja Likimani

**finden**

Wie macht man das
etwas wiederfinden
was verlorenging
Gott
oder die Liebe
und den Glauben
den alten Kinderglauben
alles
alles würde wieder gut

Ilka Scheidgen

**eine Zukunft – auch bei Gott**

Seit drei Monaten lebe ich wieder allein. Ich habe alles zurückgelassen, sogar den übernommenen Namen...
Von Tag zu Tag spüre ich, wie die Freiheit mir gut tut. Zentimeterweise entdecke ich mein verschüttetes Selbst. Ich kann wieder durchatmen – aufrecht gehen. Ich erfahre, daß ich die Rückkehr in den Beruf bewältige. Das Einrichten meiner Wohnung, die Begegnung mit Nachbarn macht mir Freude. Ich lerne, statt des verlogenen „wir“ und „uns“ wieder „ich“ und „mein“ zu sagen: meine Adresse, mein Telefon, mein Tisch, mein Bett, meine Verabredungen, meine Freunde...
Die Erfahrung, die mir in fünf Ehejahren zuwuchs, prägt mich, doch ich kann den Irrtum und das Scheitern annehmen. Ich bin sicher, daß es eine Zukunft für mich gibt – bei den Menschen und bei Gott.

**nur um der Kinder willen**

Frau B. ist 18 Jahre verheiratet. Zwei Töchter und ein Sohn, in einer Ehe geboren, die mit großen Erwartungen begann. Frau B. ist wieder berufstätig (Teilzeit), es ging alles ganz gut nach ihrer Meinung. Bis eines Tages ihr Mann eine andere Frau kennenlernte. Ein zermürbender Prozeß begann. Versprechungen des Mannes, die Außenbeziehung zu beenden, wurden immer wieder gebrochen. Enttäuscht und verzweifelt überlegt sie sich jetzt: Soll ich eine Entscheidung treffen, wenn er es nicht kann? Ich möchte endlich heraus aus dieser Demütigung! Ich habe überhaupt keinen inneren Zugang mehr zu ihm. Oder muß ich bleiben um der Kinder willen? Gehen... bleiben?

Die Kinder merken doch, wie bedrückt ich bin. Sie hören gelegentlich unseren Streit. Sie fangen an, Partei zu nehmen: mal für den einen, mal für den anderen. Ich wäre so gern die fröhliche Mutter, die ich einmal war. Ich bringe es kaum mehr fertig, für mich allein etwas zu unternehmen. Muß ich das alles noch so lange aushalten, bis ich ganz kaputt bin?
Ist es verwerflich, wenn ich mir wünsche, frei von den Auseinandersetzungen mein Leben einzurichten?
Muß ich wirklich – um der Kinder willen – bleiben? Ich will mich ja nicht von meinen Kindern trennen! Aber ich möchte endlich sagen dürfen: Mann, hau ab, ich kann es nicht mehr so aushalten!
Wieviel Leid und Kränkung ist zumutbar zum Erhalt einer Familie?

**Hilft Eheberatung?**

Ein Angebot – und was es bewirken könnte:
Hören, was sich an Enttäuschung, an Wut, an Hilflosigkeit aufgestaut hat: Vielleicht eine Entlastung?
Verstehen, was der Hintergrund des Konflikts ist: Vielleicht eine Erkenntnis?
Übersetzer sein von offenen und geheimen Botschaften, die die Partner einander geben: Vielleicht den anderen neu kennenlernen?
Grenzen setzen gegen unrealistische Glückserwartungen: Vielleicht eine Ernüchterung?
Üben, wie man sich einander besser verständlich machen kann: Vielleicht mehr Kommunikation?
Darauf achten, daß „Schuld" nicht immer nur beim anderen liegt: Vielleicht ein Weg zur Versöhnung?
Aushalten, wenn der Ärger oder die Enttäuschung sich

gegen den Berater richten: Vielleicht eine neue Erfahrung von Zuverlässigkeit?
Mitleiden, wenn die Schmerzgrenze in Richtung Trennung erreicht ist: Vielleicht Solidarität?
Sich einsetzen für Klärung: Was geht jetzt noch? Vielleicht Mut zum Handeln?
Kreative Kräfte verstärken, Energie in Bewegung setzen: Vielleicht Verwunderung, was alles geht?
Vertrauen haben, daß Menschen in ihrem Leben etwas verändern können: Vielleicht Hoffnung?

Martha Sonntag

**was auch immer geschieht**

Was auch immer geschieht
laß uns den Blick bewahren
für die so seltenen Wunder
die doch täglich geschehen können

Was auch immer geschieht
laß uns Kinder bleiben
in unserer älter werdenden Haut
laß unsere Stimmen leise werden
und die Ohren hellhörig für die ganz feinen Töne

Was auch immer geschieht
laß unsere Augen
den einmal geschauten Glanz nicht vergessen
und die Heiligen in den stillen Kirchen nicht

Denn sie harren aus für uns
wenn keiner zu ihnen kommt
und längst keiner mehr an sie glaubt
nur das Kind in uns

Ilka Scheidgen

**keine Angst vor leeren Händen**

Am Strand sitzen, mit beiden Händen tief in den warmen Sand fassen, den Überfluß fühlen und dann die Finger öffnen und alles hindurchrieseln lassen. Dann, nach einer kleinen Weile, wieder eintauchen in den weichen Sand und die Hände wieder damit füllen.
Eine Frau fällt mir ein, sie ist schon weit über sechzig. Sie kennt viele Menschen ihrer unmittelbaren Umgebung. Und dann ist da noch das Patenkind in Polen, die Freundin in Spanien, die kleine Dorfgemeinschaft in Bolivien, um die sie sich kümmert. Sie schreibt Kartengrüße, ruft an, gibt einem das Gefühl, in ihren Gedanken und in ihrem Herzen beheimatet zu sein. Politisch ist sie sehr aktiv. Sie setzt ihre Verbindungen ein, scheut sich nicht, auch über größere Summen Geld zu verhandeln und selbst solche flüssig zu machen, wenn irgendwo finanzielle Not ist. Wenn ein Arbeitskreis zum Konziliaren Prozeß sich bei ihr trifft, hat sie für Zutaten fürs gemeinsame Abendessen gesorgt.
Im Glauben ist sie fest verwurzelt. Nicht nur an einen „lieben Gott" glaubt sie, sondern auch an den des Alten Testaments, an einen, gegen den man laut aufbegehren, mit dem man streiten, ja ringen und kämpfen kann und manchmal muß.
Über das Festhalten ist sie hinaus. Alles läßt sie hindurchrieseln aus ihren vollen Händen. Anscheinend hat sie keine Angst, sie könnte mit leeren Händen zurückbleiben.

Erika Büchler

# VIII. NETZWERK KIRCHE

Daß einer auf den andern angewiesen ist, braucht nicht betont zu werden. Keiner lebt allein, auch wenn er sich entschlossen hat, sich ab sofort in eine Einöde zurückzuziehen. Daß das auch für Religion und Glauben gilt – falls er ein christliches Profil hat – das muß immer wieder ins Gedächtnis gerufen werden.

Mehr oder weniger bewußt sprechen wir im Glaubensbekenntnis von der Gemeinschaft der Glaubenden. Und sie gehört zentral zum Christ-Sein. Die Gemeinschaft der Glaubenden hat unserer Generation überliefert, was es mit Nachfolge auf sich hat. Die Gemeinschaft der Glaubenden lebt und sagt weiter, wie Menschen den Weg Jesu gehen können. Die Gemeinschaft der Glaubenden erzählt für jene, die nach uns kommen, die frohe Botschaft, daß Gott zum Menschen steht.

Und wenn ich zögere, wenn ich nicht nachkomme, wenn es mir schwerfällt, wenn mich Unlust befällt, wenn meine Last mich so drückt, daß ich nicht mehr mag – dann trägt mich der Glaube der Gemeinschaft. Die Gemeinschaft der Glaubenden – sie ist wie ein Netzwerk, das mich auffängt.

Die Gemeinschaft, die Jesus zusammengerufen hat, daß sie ihm folge, daß sie ihm vertraue, daß sie ihm glaube – das ist die Kirche.

Kirche? Es war ja fast zu erwarten, daß das Wort jetzt kommen muß – ein Fremdwort für manchen Zeitgenossen. Und es ist tatsächlich ein Fremdwort: „Kirche" kommt vom griechischen Kyrios – Herr. Die Kirche ist die Gemeinschaft unseres Herrn.

*ein Christ ist kein Christ*

*Dieser Satz stammt von einem alten Kirchenvater; keiner kann für sich allein Christ sein. Er kann sich zwar an Jesus orientieren, aber die Zusage Jesu an seine Jünger ist immer an mehrere gerichtet: Er werde mitten unter ihnen sein, wo zwei oder drei in seinem Namen versammelt sind. Er hat auch seine Jünger immer zwei und zwei ausgesandt, nie einen allein. Vielleicht liegen hier überhaupt unsere Schwierigkeiten. Wir besinnen uns eines schönen Tages, daß es mit unserem Christ-Sein nicht weit her ist, fassen alle guten Vorsätze und liegen bald wieder auf der Nase, weil wir es allein auf weiter Flur nicht schaffen. – Wo zwei oder drei …*

**Gemeinschaft der Heiligen**

In vielen Kirchen stehen an allen Ecken und Säulen Figuren von Heiligen – Menschen, die ihr Christsein so lebten, daß sie anderen eindrucksvoll waren. Man hat sie als Vorbilder aufs Podest gestellt und gesagt: „Schaut her, der und die – sie haben's geschafft! Willst du es ihnen nicht nachmachen?"
Die Heiligen sind für die Christen sichere „Bürgen", sie garantieren: Es geht – man kann tatsächlich als Christ leben.
Diese Heiligen waren Leute wie wir. Daher tragen sie manchmal Abzeichen ihres Berufes in der Hand. Manche sind für ihr Christsein in den Tod gegangen. Daher werden sie manchmal mit den Folterwerkzeugen abgebildet, mit denen sie zu Tode gebracht worden sind.
Wenn wir ins Kirchenschiff schauen, dann sehen wir sie an den Wänden und auf den Altären: diese Figuren des

Christseins vergangener Zeit, manche mit beschwingtem Faltenwurf, als seien sie bereit, herabzusteigen, sich unter das Volk zu mischen. Und unten stehen die Christen von heute um den Altar versammelt, um Gott zu loben. Und sie rufen jene an, die vordem den gleichen Weg wie sie gegangen sind. Und so bestärkt gehen sie wieder in die Welt: jeder auf seinem je eigenen Weg.

**mein Glaube**

Ob ich weiß, was mich hält und trägt? Bin ich mir im klaren, was ich eigentlich glaube? An was, oder besser gesagt: an wem mache ich mein Leben fest? Ich habe so manches gelernt in Sachen Glauben. Und ich habe vieles wieder vergessen. Ob das so schlimm ist?
Herr, lehre mich, dich zu lieben. Lehre mich, an dir mich festzuhalten. Zeig mir, was wichtig ist für mich und mein Leben mit dir. Und wenn ich dann vieles, was zu wissen und glaubend mitzuvollziehen wichtig ist, vergesse, übersehe? Dann ist es mir tröstlich, zu wissen, daß mich die Gemeinschaft der anderen trägt. Der Glaube der Vielen fängt mich auf. Und wir alle zusammen sind nicht imstande, dich ganz zu begreifen.

**zusammengeführt**

Wir danken dir, Vater, für den heiligen Weinstock Davids, den du uns zu erkennen gabst durch Jesus, deinen Knecht. Wir danken dir, Vater, für das Leben und die Erkenntnis, die du uns gabst durch Jesus, deinen Knecht.
Wie dieses gebrochene Brot auf den Bergen zerstreut war und zusammengebracht wurde, so möge deine Ge-

meinde von den Enden der Erde zusammengeführt werden in dein Reich, weil dein ist die Ehre und die Macht durch Jesus Christus in Ewigkeit.

aus der Zwölfapostellehre

**miteinander**

Geschwisterlichkeit in der Kirche – das ist keineswegs nur eine Anfrage an die Träger des Amtes. Es ist eine Anfrage an jede von uns. Man könnte für die Gemeinden einen neuen Gewissensspiegel zusammenstellen, um uns allen unsere Blindflecken bewußt zu machen. Im Neuen Testament ist ein wichtiges Wort das Miteinander. Es kommt nicht nur vor im Zusammenhang von Miteinander-Gott-Loben und -Danken – es gibt auch viele Stellen, die vom Einander-Stärken und -Auferbauen reden im Alltag der Gemeinde.
Eine geschwisterliche Kirche könnte ein Hoffnungsort sein – ein Ort verläßlicher Gemeinschaft, wo auch der getragen ist, der ohne die Gemeinde in unserer Gesellschaft in bodenlose Einsamkeit zu stürzen droht:
Träume von einer geschwisterlichen Kirche, in der nicht einer den anderen verketzert, Gruppen sich nicht abschotten und anderen ihr Anderssein übelnehmen. Träume von einer geschwisterlichen Kirche, in der die andere anders sein darf, in der verschiedene Richtungen und nicht als Anlaß zur Eifersucht gesehen werden, in der Einmütigkeit nicht mit Uniformität verwechselt wird.

*Symbolbild einer selbstbewußten Kirche,*
*doch gekrönt ist sie nicht mit eigenem Glanz.*
*Sie hält sich fest am Kreuz,*
*hat den Kelch des Leidens in ihrer Hand.*

## *das schlechte Image*

*Es ist nicht zu leugnen: Die Christen haben kein gutes Image. Oder vielleicht müßte man genauer sagen: Die Kirche ist's, die eine schlechte Presse hat. Was ist hier eigentlich passiert, daß „Christen" und „Kirche" auseinanderdividiert werden? Daß Christen sich von der Kirche teilweise distanzieren? Hier stimmt etwas nicht, und zwar nicht nur an der Kirche als Institution, die manchem und mancher zu mächtig, zu diktatorisch erscheint. Es stimmt auch nicht bei uns. Kirche, das sind nämlich wir alle. Jeder und jede von uns, alle Getauften, sind Kirche, tragen Verantwortung für die Gemeinschaft der Glaubenden. Kritik an der Kirche und Liebe zur Kirche schließen sich nicht aus. Eben weil die Kirche „Kirche Jesu Christi" ist, kann ein engagierter Christ nicht „alles laufen lassen".*

## mach deine Kirche neu

Herr, erwecke deine Kirche
und fange bei mir an.
Herr, baue deine Gemeinde auf
und fange bei mir an.
Herr, laß Frieden und Gotteserkenntnis
überall auf Erden kommen
und fange bei mir an.
Herr, bringe deine Liebe und Wahrheit
zu allen Menschen
und fange bei mir an.

aus China

**nicht schweigen**

Mein Gott,
manchmal bin ich sehr irritiert.
Die Kirche ist dein Volk,
so habe ich gelernt.
Sie soll Zeichen sein für die Völker.
Manchmal aber entdecke ich
Spuren des Heils „draußen“,
und Spuren des Unheils
weisen nach „drinnen“.
Was soll ich tun?
Ich weiß zwar, daß die ganze Welt
deine Welt ist.
Ich weiß, daß du wirkst,
wo du willst.
Ich weiß, daß dein Geist weht,
wie der Wind,
von dem man nicht weiß,
woher er kommt und wohin er geht.
Und doch ist es nicht leicht,
durchzuhalten,
wenn die Grenzen von „drinnen“ und „draußen“
nicht klar erkennbar sind.
Was soll ich tun?
Mein Gott,
ich weiß, daß ich eigentlich
nicht schweigen darf.
Ich sollte Heil und Unheil
beim Namen nennen,
gleichgültig,
wo ich es entdecke.
Herr, steh deiner Kirche bei.

**beschleunige den Tag**

Laßt uns den Heiligen Geist bitten, daß die Kirche auf der Erde bereit sei, wie der Herr das Leben für die Menschen hinzugeben, sich zerschlagen zu lassen und sich hinzuschenken für die Not der Welt, damit das Reich unseres Gottes komme. Wir bitten dich, beschleunige den Tag, wo wir dir eines Herzens und eines Sinnes dienen und dich anbeten können im Frieden und in der Liebe des Leibes Christi.

aus dem Offizium von Taizé

**und morgen?**

Heute noch nennt sich jeder dritte Mensch auf der Welt ein Christ; und von ihnen sind zwei Drittel (andere sagen drei Viertel) in der katholischen Kirche getauft. Das wird bald nicht mehr so sein – oder es ist schon nicht mehr so; denn die nicht-christliche Weltbevölkerung nimmt rascher zu als die christliche. Und die christliche ist nicht immer sehr „werbewirksam". Das letztere ist das Aufregendere und nicht die Zahlen; denn auf die Menge ist's noch nie angekommen. Qualität ist gefragt – und da hapert's!
Herr, erbarme dich unser – erbarme dich meiner – erbarme dich deiner Kirche.

**gib uns ein neues Herz**

Allmächtiger Gott, Ungezeugter und Unnahbarer,
allein wahrer Gott, Gott und Vater deines Christus,
deines eingeborenen Sohnes,
Gott des Trostes und Herr der Welt:

Sieh herab auf deine Knechte,
die im Evangelium unterrichtet worden sind,
und gib ihnen ein neues Herz!
Erneuere den rechten Geist in ihrem Innern,
damit sie dich erkennen und mit vollem Herzen
und bereiter Seele deinen Willen tun!
Würdige sie der heiligen Taufe!
Einige sie in deiner heiligen Kirche,
mache sie teilhaftig deiner Geheimnisse
durch Jesus Christus, unsere Hoffnung,
der für uns gestorben ist:
Durch ihn sei dir Ehre und Anbetung
im Heiligen Geist in Ewigkeit.

Apostolische Konstitutionen (um 380)

**woher die Kraft nehmen?**

Das Evangelium mit allem, was dazugehört als Lebensprogramm, als Weisung zum Leben, aus Leidenschaft in die Welt hineinvermitteln, das ist doch wohl Aufgabe der Kirche, also meine Aufgabe. Dann könnte ein menschenfreundliches, menschenwürdiges Leben ermöglicht werden, dann könnte ein solches Leben gelingen. Aber, lieber Gott, was tue ich denn dazu? Was könnte ich denn dazu tun? Warum bin ich so lahm und inaktiv? Warum springt von mir der Funke nicht über? Am Evangelium kann es wohl nicht liegen. Das ist qualitätsbeständig. Ich müßte wohl an allen Ecken und Enden aufdecken und aufzeigen, was den Menschen zum Heil ist, und ich müßte denunzieren und entlarven, was zum Unheil führt. Aber das kann unbequem sein, kann mir nicht nur Freunde einbringen, kann Entscheidungen von mir fordern.

Herr, woher den Mut nehmen und woher die Kraft? Vielleicht wäre das „Rezept“ ganz einfach: Ich müßte mir Mut und Kraft eben aus deinem Evangelium holen, aus deiner frohmachenden Botschaft…

**du läßt dich finden**

Herr, mein Gott. Du bist die eine Hoffnung, die ich habe; erhöre mich. Laß mich nicht müde werden, nach dir zu fragen. Laß mich allzeit brennend dein Angesicht suchen. Gib du mir Kraft, nach dir zu fragen; du läßt dich ja finden und gibst mir Hoffnung, dich immer mehr zu finden.

Augustinus

**jedem das Seine**

Herr, unser Gott,
jedem schenkst du
dein Licht und dein Wort,
wenn er nur will,
und dein Reich
gibst du den Armen und Sündern –
so wirst du auch uns gnädig sein.
Schick uns nicht fort
mit leeren Händen,
sondern erfülle uns
mit Jesus Christus,
deinem Wort der Treue,
deinem lebendigen Licht
für diese Welt und alle Zeiten.

Huub Oosterhuis

**Frage und Antwort**

Warum nur
rege ich mich ständig
über diese Kirche auf
die sich noch immer davor drückt
sich wirklich auf die Seite
der Benachteiligten zu stellen?

Warum nur
reibe ich mich auf
an dieser Kirche
die noch immer vorrangig in Verboten redet
anstatt Befreiung und Ermutigung
für andere zu sein?

Warum nur
nehme ich immer wieder den Kampf auf
mit dieser „Mutter"-Kirche
in der Männer das Sagen haben
und die entscheidenden Stühle
ausschließlich für sich selbst beanspruchen?

Die Antwort
durchfuhr mich
wie ein Blitz

ich liebe sie!

Ulla Kintrup-Limbrock

**vollende sie**

Gedenke, o Herr, deiner Kirche! Erlöse sie von allem Bösen! Vollende sie in deiner Liebe! Sammle sie aus allen vier Winden und führe sie geheiligt zu deinem

Reich, das du für sie bereitet hast. Denn dein ist die Macht und die Herrlichkeit in Ewigkeit. Es komme die Gnade, es vergehe die Welt. Maranatha!

Zwölfapostellehre

**wenn – dann**

Wenn jeder an seinem Platz anfängt,
wenn wir bereit sind,
einander die Lasten zu tragen,
wenn wir uns als lebendige Gemeinschaft verstehen,
wenn wir uns unser Kirchesein
von niemand absprechen lassen,
wenn wir den Mut haben,
auch Un-Übliches zu tun,
wenn wir mehr aufeinander hören,
statt einander zu belehren,
wenn wir einander im Glauben stärken,
wenn wir uns nicht entmutigen lassen,
wenn wir nicht Schuld auf andere abwälzen,
wenn wir füreinander beten,
wenn viele einzelne sich engagieren –
dann kämen wir dem Programm Jesu näher;
das Leiden an der Kirche
wäre dann besser durchzustehen.
Im Vaterunser und in den Seligpreisungen
ist uns eine tragfähige Vision entworfen.
Stehen wir also auf –
wie der Gelähmte im Evangelium –
in Gottes Namen!

## *ein Christ ist einer, der …*

*Woran kann man einen Christen erkennen? Zunächst scheint diese Frage leicht zu beantworten. Zum Beispiel: Er ist einer, der sein Leben an Jesus ausrichtet, der in der Nachfolge Jesu lebt. Oder: Der zusammen mit Jesus zu Gott „Vater" sagt. Oder: Der versucht, Gott und die Menschen zu lieben, wie Jesus sie geliebt hat. Oder: Der weiß, daß er durch Jesus erlöst ist. Oder: Der hofft, ganz eng mit Gott verbunden zu sein.*
*Man könnte noch viele andere solche Sätze formulieren. Wenn man aber darangeht, diese Sätze in seinem Leben auszuprobieren, dann merkt man, daß Reden leichter ist als Tun. Aber an der Stelle kommt erst richtig raus, was Christ-Sein wirklich bedeutet. Keiner ist Christ aus eigener Kraft. Ein Christ kann vertrauen, daß er geführt wird. Und wenn er auf seinem Weg in die Irre gegangen ist, dann kann er umkehren. Ein Christ kann immer neu anfangen. Er braucht keine Hochleistungen zu vollbringen aus eigener Kraft.*

### das Volk vom Kreuz

Wenn bei den Kopten am Nil ein Kind geboren wird, ritzen ihm die Eltern ein Kreuzzeichen auf den Unterarm. Auch die erwachsenen Christen erkennen sich an tätowierten Kreuzen auf ihren Handgelenken, die sie froh und stolz den Fremden entgegenstrecken. „Wir sind das Volk vom Kreuz", sagen die Fellachen und zeigen auf ihre Gelenke.

Missio-Nachrichten

**einladen**

Clemens von Alexandrien, um das Jahr 200 Leiter der berühmten Katechetenschule der großen Stadt – man nennt ihn den ersten christlichen Gelehrten – war, das zeigen seine Schriften, ein Meister des Worts. Befragt, wie er denn einem Heiden vermitteln wolle, was christlicher Glaube ist, verwies er nicht auf seine bewährte Schule, sondern er sagte, er werde den Heiden einladen, ein Jahr lang in seinem Haus zu leben.
Und wenn ich einen einlade, ein Jahr in meinem Haus zu leben – was wird er dann gelernt haben?

**Maß nehmen bei Jesus**

Ich weiß,
daß ich bei Jesus Maß nehmen muß:
die Menschen sehen wie er,
mich der Welt zuwenden wie er,
alles von Gott erwarten wie er,
überzeugt sein, daß Gott zu mir hält.
Ich weiß,
daß ich mit Jesus meinen Weg gehen kann,
daß sich mit ihm menschlicher leben läßt,
daß er Außenseiter angenommen hat,
daß er gezeigt hat,
wie sehr Gott die Menschen liebt.
Ich weiß:
Jetzt ist es an mir,
zu lieben, statt zu hassen,
zu teilen, statt zu raffen,
zu verzeihen, statt loszuschlagen.
Herr, laß mich handeln nach dem,
was ich weiß.

**geliebt werden und lieben**

Als Christ kann ich glauben,
daß einer zu mir steht,
bedingungslos und ohne Vorbehalt.
Ich bin geliebt,
trotz meiner Pleiten und meiner Bosheit,
trotz des Unsinns, den ich mache,
trotz meiner Sünden.
Ich kann ganz sicher sein,
daß der Gott und Vater Jesu Christi
mich angenommen hat
und mich nicht fallen läßt.

Herr, weil du mich liebst
und ich mich lieben lasse,
kann ich Liebe weitergeben.
Deine Liebe ist nicht ein Geschenk,
das man für sich behält.
Deine Liebe will sich mitteilen.
Gib mir den Mut, auf andere zuzugehen,
den Mut, mich enttäuschen zu lassen,
den Mut, nicht aufzugeben.

**Gaben des Geistes**

Es fällt mir schwer, Herr, meinen inneren Widerstand zu überwinden. Menschen in meiner Umgebung fallen mir auf die Nerven. Wie soll ich freundlich sein, wenn sie unausstehlich sind? Und wenn ich die Wahrheit sage, handle ich mir Nachteile ein. Ich mag nicht immer gegen den Strom schwimmen, deswegen lasse ich manches durch, was ich für falsch halte. Laß mich den Mut zum Neinsagen entdecken, auf die Gefahr hin, von anderen ausgelacht zu werden. Ich brauch' dazu viel Kraft, Herr; denn ich will nicht lieblos werden. Sind das, was ich brauche, die Gaben deines Geistes? Ist das gemeint, wenn wir vom Heiligen Geist reden?

**nichts kann uns trennen**

Ich bin überzeugt:
Weder Tod noch Leben,
weder Engel noch Mächte,
weder Gegenwärtiges noch Künftiges noch Kräfte,
weder Hochoberes noch Tiefunteres,
noch irgendwelch andere Kreatur
kann uns trennen von der Liebe Gottes
– die ist im Messias Jesus, unserem Herrn.

Römerbrief 8,38–39

**einer, der feiern kann**

Als Christ muß ich mich nicht unentwegt um mein Glück plagen. Ich muß mich nicht vom Leistungsdruck bestimmen lassen. Wenn ich ungeduldig werde, wenn ich unzufrieden bin, wenn ich manchmal über die ganze Welt verzweifeln möchte, kann ich mich an Gott wenden, denn ich glaube: Alles liegt in seiner Hand. Das läßt mich meine Nervosität vergessen; das macht mich fähig zu danken. Deshalb kann ich gelassen auch Feste feiern, nicht um die Welt zu vergessen, sondern um mit andern zusammen das Leben ernst zu nehmen.
Herr, laß mich ja sagen zum Leben, zum Alltag, zu aller Mühsal, damit ich auch ja sagen kann zu Freude und Fest – zusammen mit andern.

## nicht allein glauben

Was bin ich froh, daß ich nicht mehr versuche, allein mein Christ-Sein zu leben. Herr, ich danke dir, daß du mir einen Weg gewiesen hast. Zusammen mit andern will ich dein Wort hören, will erproben, was es heißt, dir nachzufolgen. Du bist mit uns. „Wo zwei oder drei in meinem Namen versammelt sind..." – ich erfahre und merke immer wieder, wie sehr dieses Wort Wirklichkeit werden kann. Herr, geh du mit uns auf unserem Weg. Geh mit uns Schritt für Schritt. Steh uns bei, wenn wir müde werden; fang uns auf, wenn wir straucheln. Herr, führ uns auf deinem Weg.

Marion Zoller

## sich herausfordern lassen

Auf Gott vertrauen, das heißt nicht
alles laufen lassen,
untätig sein und resignieren,
wenn sich nichts ändert.
Auf Gott vertrauen, das heißt
mittun bei dem, was Gott begonnen hat,
wissen, daß Gott den Menschen sucht,
um der Macht des Bösen zu widerstehen,
um die Bosheit der Welt
durch einfallsreiches Gutsein zu überlisten.
Auf Gott vertrauen, das heißt nicht
keine Angst mehr haben,
Hilflosigkeit und Ohnmacht nicht zu erleben.
Auf Gott vertrauen, das heißt
sich an Jesus erinnern,
der gezeigt hat: Gott läßt uns nicht fallen.

Auf Gott vertrauen, das heißt
keine Angst vor der Angst haben,
auch in den größten Ängsten wissen,
daß Gottes Liebe größer ist
als jede Angst der Menschen.

**nicht vorbeispazieren**

Wenn Jesus sich eingelassen hat mit der Welt, wenn er eingestiegen ist in die Geschichte, dann heißt das doch, daß wir nicht an der Welt vorbeispazieren dürfen mit unserem Heilsverlangen nach dem Himmel. Dann ist uns aufgegeben, daß wir ohne jeden Anflug von falscher „Vergeistigung" oder von Leibfeindlichkeit diese Welt zu gestalten versuchen. Sie ist ein Angebot an uns, sie ist eine Chance für unsere Lebensverwirklichung. Wir sollen tätig, schöpferisch in ihr leben zur Ehre Gottes und zum Heil nicht bloß von uns selbst, sondern der ganzen Welt.

Georg Moser

**Zusammenhänge sehen**

Ist es nicht immer der gleiche Trott?
Sind wir nicht ohnmächtig gegen das Schicksal?
Ist der Gang der Welt nicht ein ewiger Kreislauf?
Manchmal ertappe ich mich bei solchen Gedanken.
Dann habe ich vergessen, daß Jesus gelebt hat,
habe vergessen, was er gesagt und getan hat,
denke nicht mehr an Gottes Geschichte mit uns.
Laß es mich innewerden, daß du da bist,
daß du Neues schaffst,
daß nicht nur der Augenblick zählt,

sondern auch, was vorher war
und was nachher kommt.
Laß mich weitererzählen,
was du für uns getan hast und tust.
Laß mich daran denken,
daß du uns eine gute Zukunft versprochen hast,
daß sich deine Herrschaft
in der Welt durchsetzen will,
daß wir alles von dir erwarten dürfen.
Laß mich aber auch nie vergessen,
daß du nicht ohne uns handelst,
daß die Letzten bei dir die Ersten sind,
daß ich deshalb hoffen darf.
Herr, dein Reich komme!

**auf dein Wort hin, Herr...**

Auf dein Wort hin, Herr,
haben Menschen Sinnloses gewagt,
sie haben Anfänge gesetzt,
die von vornherein
zum Scheitern verurteilt schienen.

Auf dein Wort hin, Herr...
das allein war der Weg und die Brücke,
die Richtung und das Licht,
das Tragende und das Sichere,
wo alles finster wurde
und zu zerbrechen schien.

Auf dein Wort hin, Herr,
ging Abraham fort in ein fremdes Land.
Noch weiter ging er fort,
als er aufbrach,

um den einzigen Sohn zu opfern,
und die Verheißung
in deine Hand zurücklegte.

Auf dein Wort hin, Herr,
ging Mose zum Pharao,
er sprach zu denen,
die Ohr und Herz verschlossen.
In deiner Kraft führte er das Volk
aus der Knechtschaft und durch die Wüste,
auch wenn es nicht wollte.

Auf dein Wort hin, Herr,
verkündeten die Propheten das Wort,
das du auf sie gelegt hattest,
auch wenn sie niemand hören wollte.

Auf dein Wort hin, Herr,
kehrten einige zurück aus Babel
in das Land der Verheißung.
Sie hofften wider alle Hoffnung
auf das Kommen deines Reiches.

Auf dein Wort hin, Herr,
sprach Maria ihr Ja
am Morgen der Verkündigung
und am Abend des Kreuzes.
Auf dein Wort hin, Herr,
brachen die Zeugen des Glaubens auf
und ließen sich führen,
wohin sie nicht wollten.
Sie verloren ihr Leben
und fanden es neu in dir.
Auf dein Wort hin, Herr...
Laß mich nicht taub sein für dein Wort. Amen.

**Anfang und Ende**

Preis sei dir, o Herr,
der du uns von Anbeginn
in deiner Freiheit erschaffen hast.
Preis sei dir, o Herr,
der du uns zu deinem lebendigen
Ebenbild berufen hast.
Preis sei dir, o Herr,
der du uns geadelt hast
mit den Gaben der Freiheit und der Vernunft.
Preis sei dir, du gerechter Vater,
der du uns durch die Liebe besitzen wolltest.
Preis sei dir, allheiliger Sohn,
der du unsern Leib angenommen hast,
um uns zu retten.
Preis sei dir, Geist des Lebens,
der du uns mit deinen Gaben beschenktest.
Jeder Mund soll dich loben,
Vater, Sohn und Heiliger Geist.
Von den Höhen herab bis zu den Tiefen
sei Preis der Dreifaltigkeit
durch Zeit und Ewigkeit. Amen.

Symeon der Theologe († 1022)

**immer unterwegs**

Wer ist ein Christ?
Ein Christ ist einer, der weiß:
Wir fangen erst an.
Auch wenn ich versage,
auch wenn ich auf der Strecke bleibe,
auch wenn ich einen falschen Weg gehe,

ich kann innehalten, kann umkehren,
kann neu anfangen.
Christsein ist noch gar nicht zu Ende entdeckt.
Jede Zeit kann Neues finden,
kann ihre Heiligen hervorbringen.
Christsein ist keine Uniform,
keine Zwangsjacke, kein Anzug von der Stange.
Christsein ist für jeden ganz neu.
Es zählt auch der Anfänger,
es zählen auch jene, die zögern,
die nicht wissen, ob sie sich engagieren sollen.
Es zählen auch jene, die ängstlich sind,
die müde geworden sind,
die Vorbehalte haben.
Christen nehmen auf ihrem Weg
auch die Lahmen und Verzweifelten mit.
Sie sind voll Hoffnung,
daß Gott das, was begonnen ist,
zu einem guten Ende bringt.
Bin ich ein Christ?

**ein Christ**

Ein Christ ist für mich der Meister, der sich einsetzt für seine Lehrlinge: den Schwachen im Betrieb nicht fallen läßt – Behinderten einen Job vermacht; der seine Arbeit als Dienst an den Menschen und als Dienst an der Schöpfung Gottes auffaßt.
Für mich war auch der alte Mann ein Christ, der letzten Sonntag in der Kirche umfiel und starb – die Messe ging weiter. Ich weiß nicht, ob er besonders fromm war – ich sah ihn ab und zu in der Kirche – ob er sich dort die Kraft holte zum Leben? Seine Tochter war abgehauen

und hatte ihren Mann mit 3 Kindern zurückgelassen. Der alte Mann sorgte für die drei – bis zu seinem Tod. Er nahm die Herausforderung an – so gut er konnte – bis er starb.

Peter Seif

## *Ostern ist alle Tage*

*Der Sonntag, der Tag des Herrn, wie er in alter Zeit genannt wurde, ist der Erinnerungstag an die Auferstehung Jesu am Tag, als der Sabbat vorüber war. Jeder Sonntag gilt daher als Osterfest im Kleinen. Schon die frühen Christen übertrugen das Gebot, den Sabbat zu heiligen, auf diesen Tag und feierten Jesus Christus als die „wahre Sonne“. – Das sollte in jeder Sonntagsmesse spürbar werden – von Osterfreude geprägt; denn Ostern, das Fest der Auferstehung, das Fest des Sieges über den Tod, ist das höchste Fest der Christen. Das Jahr hindurch werden viele christliche Feste gefeiert; es wird feiernd entfaltet, was Gott durch Jesus Christus für die Menschen getan hat. Das soll uns in den Gottesdiensten, in Texten und Liedern, in Schriftlesung und Predigt erschlossen werden. Und betend und singend antwortet die Gemeinde auf das, was ihr verkündet und angesagt wird, was sie feiernd mitvollzieht.*

### Sonntag

Danke, Herr, für den Sonntag.
Du hast ihn dazu bestimmt,
alle Arbeit liegen zu lassen und loszulassen,
was uns wichtiger erscheint als du.

Herr, bei dir steht Arbeit nicht an erster Stelle.
Danke, daß du vom ersten Lebenstag
des Menschen an bis heute
uns eine andere Rangfolge gegeben hast:
erst die Ruhe – dann die Arbeit,
erst die Gabe – dann die Aufgabe,
erst empfangen – dann weitergeben.

Danke für die von dir geschenkte Zeit,
den Tag, an dem ich zu mir selbst kommen kann.
Für den Tag der Begegnung mit deiner Gemeinde,
mit dir und mit meinen Mitchristen.
Danke für die Zeit zur Neubesinnung
auf die ersten und letzten Dinge,
die die Last und Hast der Werktage
nicht ermöglichen.
Danke, Herr, für diesen Sonntag.

Otto Haußecker

**Gebet am Sonntag**

Entschuldige Gott,
daß die Waschmaschine rattert
und sogar heute arbeitet.
Zwei dieser Kleinen
brauchen saubere Windeln.

Ich habe versucht, auf dein Wort zu hören –
im Radio, um 10 an diesem Morgen,
aber dann mußte eins auf den Topf,
eins fiel hin und tat sich weh
und verschüttete unterdessen ein Glas Milch.
Dann klingelte das Telefon.

Entschuldige, Gott,
ich wollte nicht, daß der Sonntag so wurde –
wie all die anderen Tage.
Ich sehne mich nach Stille
und einer Zeit des Nachdenkens.

Aber du hast mich gehört, als ich stöhnte,
während ich den Abwasch machte.

Entschuldige, Gott,
ich muß rennen, die Kartoffeln kochen über.

Mein Sonntag war keine himmlische Pause,
aber mit meinen arbeitenden Händen
ruhe ich in deiner Gegenwart.

Du siehst, ich habe heute eine saubere Schürze
für dich angezogen.

aus Dänemark

**Festtage**

Was mache ich aus deinen Festtagen, Herr? Manche kommen mir gerade gelegen, um in Ferien zu fahren. Manche vergesse ich, wenn mich keiner erinnert. An manchen schlafe ich einfach aus, weil ich es nötig habe. Andere, Herr, werden mir zur Plage, weil die ganze Familie verwöhnt werden will. Herr, was ist aus deinen Festtagen geworden!

**österlicher Dank**

in wahrheit ist es würdig und recht
dir immer und überall dank zu sagen
durch unsern herrn jesus christus

in ihm ist uns das wahre leben
des menschen erschienen
er der sich von keinem grab der welt
gefangennehmen ließ
er der sich von keiner religion
zu tode einbalsamieren läßt
er der die amtlichen ein- und ausgänge
dieser welt
die verschlossenen türen mißachtet
der durch die wände der welt
zu uns hereinkommt
der uns frieden bringt
obwohl wir ihn umbrachten
er ist die revolution des erbarmens
er ist der frühling eines neuen lebens
jesus von nazaret
das weizenkorn
das wir fallen ließen in die erde
das weizenkorn
das aufzugehen beginnt
auf unserer erde als
brot vom himmel
das weizenkorn das aufersteht
in die große ähre der menschheit
das weizenkorn das zermahlen
zur brotvermehrung werden wird
um dieses jesus willen
um seiner auferstehung
um seiner himmelfahrt und
wiederkunft willen
preisen wir dich verborgener gott
mit allen engeln und heiligen voll freude

Wilhelm Willms

**wir rufen zu dir, Maria**

Maria,
die inmitten der Gemeinschaft der Glaubenden sitzt,
die einmütig mit uns versammelt ist,
die mit uns um den Geist Gottes bittet,
die das Protestlied singt,
die mit ihrem ganzen Leben Gott preist,
die ganz tut, was Jesus sagt,
die nicht aufgibt –
auch wenn sie eine Abfuhr erfährt,
die nachdenkt und erwägt und dann erst handelt,
die auch im größten Leid durchhält,
die seliggepriesen wird, weil sie geglaubt hat,
die auf Gottes Zuwendung
mit ihrem ganzen Leben antwortet.
Maria, unsere Schwester im Glauben:
Wir rufen zu dir.

**Pfingsten**

Sende aus deinen Geist, wir bitten dich, Herr.
Laß ihn lebendig werden in uns.
Laß die Erde anders und neu werden durch uns.
Laß uns Menschen werden, die dir gleichen.

Wir bitten dich um Augen,
die hellsichtig sind für Zeichen der Not,
für Winke zum Helfen.
Wir bitten dich um offene Ohren,
die uns auch die halblauten Bitten
anderer hören lassen.
Wir bitten dich um Fingerspitzengefühl
im Umgang mit schwierigen Menschen;

um ein gutes Gedächtnis für die Sorgen,
die jemand uns anvertraut hat,
und für die Dinge,
die wir zu tun versprochen haben.
Wir bitten dich um gute Nerven,
damit wir uns nicht an Kleinigkeiten
gegenseitig zerreiben,
denn du willst ja keine verärgerten Leute.
Wir bitten dich um ein fröhliches Gesicht
und um ein Lächeln, das aus dem Herzen kommt,
denn andere sollen sich an uns freuen können.
Du bist uns zugetan wie ein Freund;
laß uns zu Freunden der Menschen werden.
Laß uns in allem so gesinnt sein,
wie Jesus Christus gesinnt war.

**Fronleichnam**

ich denke mir
fronleichnam der zukunft so

die christen der großen städte
machen sich auf
ziehen durch die straßen
über die plätze
in die hinterhöfe
in die bahnhofshallen
bis auf die bahnsteige
der großen bahnhöfe
verteilen brot
verteilen wein
verteilen sich selbst

sie ziehen vielleicht

in langen prozessionen
singen lieder
schmücken sich
außergewöhnlich
mit viel phantasie
singen ein neues lied
daß den mächtigen
und prächtigen
der städte
hören und sehen vergeht
denn sie singen wirklich
ein neues lied
die christen
die freien
die einzig freien im land
der sklaverei

Wilhelm Willms

## Zukunft für die Lebenden und die Toten

Wir Christen bekennen unsere Hoffnung auf die Auferweckung der Toten. Sie ist keine schön ersonnene Utopie; sie wurzelt vielmehr im Zeugnis von Christi Auferstehung, das von Anbeginn die Mitte unserer christlichen Gemeinschaft bildet, in jenem Zeugnis, das nicht den Wunschträumen der Jünger entsprang, sondern das sich gegen ihren Zweifel in ihnen durchsetzte: „Der Herr ist wahrhaft auferstanden!“
Das Hoffnungswort von der Auferweckung der Toten, das sich auf dieses österliche Geschehen gründet, spricht von einer Zukunft für alle, für die Lebenden und die Toten. Und gerade weil es von einer Zukunft für die Toten spricht, davon, daß sie, die längst Vergesse-

nen, unvergeßlich sind im Gedenken des lebendigen Gottes, spricht dieses Hoffnungswort von einer wahrhaft menschlichen Zukunft, die nicht immer wieder von den Wogen einer anonymen Evolution überrollt, von einem gleichgültigen Naturschicksal verschlungen wird. Gerade weil es von einer Zukunft für die Toten spricht, ist es ein Wort der Gerechtigkeit, ein Wort des Widerstandes gegen jeden Versuch, den immer wieder ersehnten und gesuchten Sinn menschlichen Lebens einfach zu halbieren und ihn allenfalls für die jeweils Kommenden, die Durchgekommenen, gewissermaßen für die glücklichen Endsieger und Nutznießer unserer Geschichte zu reservieren.

Synodenbeschluß „Unsere Hoffnung“

**Weihnachten**

Ehre sei Gott in der Höhe
und Friede auf Erden,
unter den Menschen Güte!
Was schenken wir dir,
der du für uns Mensch wurdest?
Jedes deiner Geschöpfe
bringt dir Danksagung dar:
die Engel – den Lobpreis,
die Himmel – den Stern,
die Weisen – die Gaben,
die Hirten – ihr Staunen,
die Erde – die Höhle,
die Einöd' – die Krippe,
wir aber – die jungfräuliche Mutter.
Du, ewiger Gott, erbarme dich unser!
Deine Geburt, Christus, unser Gott, hat der Welt das

Licht der Gotteserkenntnis aufleuchten lassen. Dadurch wurden die Verehrer der Gestirne belehrt, dich anzubeten, Sonne der Gerechtigkeit. Dich zu erkennen, du aufgehender Stern aus der Höhe. Ehre sei dir, Herr!

Hymnus der orthodoxen Kirche

**zu Betlehem geboren**

Ich steh an deiner Krippe hier,
o Jesu, du mein Leben.
Ich komme, bring und schenke dir,
was du mir hast gegeben.
Nimm hin, es ist mein Geist und Sinn,
Herz, Seel und Mut, nimm alles hin
und laß dir's wohl gefallen.

Da ich noch nicht geboren war,
da bist du mir geboren
und hast mich dir zu eigen gar,
eh ich dich kannt, erkoren.
Eh ich durch deine Hand gemacht,
da hast du schon bei dir bedacht,
wie du mein wolltest werden.

Ich lag in tiefster Todesnacht,
du warest meine Sonne,
die Sonne, die mir zugebracht
Licht, Leben, Freud und Wonne.
O Sonne, die das werte Licht
des Glaubens in mir zugericht',
wie schön sind deine Strahlen.

Ich sehe dich mit Freuden an
und kann mich nicht satt sehen;

und weil ich nun nichts weiter kann,
bleib ich anbetend stehen,
O daß mein Sinn ein Abgrund wär
und meine Seel ein weites Meer,
daß ich dich möchte fassen.

Paul Gerhardt 1653

## *Frauen in der Kirche*

*Der Platz, den Frauen im Umfeld Jesu einnahmen, war so außergewöhnlich, daß auch eine von ganz anderen Maßstäben geprägte Gesellschaft das nicht wegdiskutieren konnte. Die Evangelien geben Zeugnis davon.*
*Vor allem in der Stunde der Krise, als alles bedrohlich aussah, als den Männern, den erwählten Jüngern der Boden zu heiß wurde, da haben die Frauen ausgeharrt. Sie haben ihrem Herrn die Treue gehalten bis zum Tod und darüber hinaus. Deswegen ging ihnen auch als ersten die Ostersonne auf. Die Männer, die sich hinter verschlossene Türen zurückgezogen hatten, die mußten länger in der Angst des Karfreitags bleiben.*
*Und die Frauen in der Kirche? Schon beim Zweiten Vatikanischen Konzil fragte der belgische Kardinal Suenens, über die 2000 Konzilsväter blickend: „Und wo ist die andere Hälfte der Menschheit?“*
*Frauen in der Kirche sind zwar keine Getauften minderer Würde, aber minderen Rechts. Sie sind sozusagen „Laien im Quadrat“. Das macht manchen Frauen Kummer, wenn nicht Ärger und Wut.*

**Psalm 43 neu gebetet**

Höre, Gott!
Verhilf mir endlich zu meiner Menschenwürde!
Laß aufmerken die „Würdenträger“ deiner Kirche!
Sie sollen erkennen,
daß Frauen von dir ebenso geliebt sind wie sie selbst.
Von dir bin ich gewollt,
du bist mein Halt.
Warum verhilfst du mir nicht zu meinem Recht?

Gern bringe ich meine geschenkten Talente
in deine Kirche ein.
Aber weil ich Frau bin,
werde ich beargwöhnt
oder nicht ernst genommen.
Das tut mir weh!

Laß die Amtsträger endlich deine Wahrheit
über die Würde von Mann und Frau erkennen.
Dann wird es keinen spezifischen
Männer- oder Frauendienst mehr geben.

In der Freiheit der eigenen Entscheidung
und mit den von dir geschenkten Gaben
werden wir gemeinsam den Glauben
an dich feiern.

Dies wäre wenigstens ein Schritt,
um deine Kirche für viele Menschen
glaubwürdig zu machen.

Ich bleibe traurig,
ich sehe keinen Hoffnungsschimmer,
die geschichtliche Macht
hat sich zu sehr etabliert.

Trotzdem bleibe ich.
Mein Angenommensein finde ich bei dir, Gott!
Du bist der Lichtpunkt!
Du gibst mir
das so oft zerschlagene Selbstverständnis zurück.

Deshalb werde ich ausharren und dich
über die männlich-hierarchische Kirche hinaus
immer wieder suchen und lieben.

Hilf mir dabei
mit deinen göttlichen Impulsen!

Maria Valentin

**gemeinsame Verantwortung**

Bei allen Diensten, die von Laien wahrgenommen werden, haben Mann und Frau die gleiche Verantwortung und die gleichen Rechte. Deshalb ist uns die Frage des Dienstes der Frau in der Kirche besonders wichtig. Mann und Frau sollen ihre je eigenen Gaben in das Leben der Kirche und ihrer Gemeinde einbringen und gemeinsam Verantwortung übernehmen. Um dieses Ziel zu erreichen, ist alles zu tun, um dem Evangelium widersprechende Vorurteile abzubauen.
Nicht wenige katholische Christen verstehen es nicht, daß die Frauen vom Weihepriestertum ausgeschlossen sind. Wir sind überzeugt, daß Gottes Geist in der Kirche

*Abgebildet ist die Synagoge,*
*das Judentum mit verbundenen Augen.*
*Doch oft hat man den Eindruck,*
*auch die Kirche gehe durch die Zeit*
*und sehe nicht, was vor ihr liegt.*

jenen Impulsen Raum geben wird, die dem Evangelium und seiner Weitergabe am besten dienen. Dafür sollen alle im Volk Gottes mit ihren Gaben und Fähigkeiten Werkzeug sein. Inzwischen verweisen wir, was den Dienst der Frau betrifft, auf die entsprechenden Anregungen, Empfehlungen, Anordnungen und Voten der Gemeinsamen Synode der Bistümer in der Bundesrepublik Deutschland und machen sie uns zu eigen.

Diözesansynode Rottenburg 1985/86

**wenn das stimmt...**

- Weniger grundsatzideologieanfällig, könnten Frauen sensibler sein für die Vielfalt gelebten Glaubens;
- beweglicher und verständiger für die konkrete Situation, könnten sie hellhöriger sein für bislang fremd klingende Töne in der Symphonie, die als Ganzes den Glauben der Kirche zum Ausdruck bringt;
- weniger uniform denkend, könnten sie Verständnis schaffen für andere, neue Aussageweisen und für andere Charismen, in denen der Geist in der Kirche wirkt, um die immer gültige, aber immer nur von einer Seite uns faßbare Wahrheit auszusagen;
- zäher und mit mehr Durchhaltevermögen, könnten sie auch in Katastrophensituationen, in denen den Männern alles bedrohlich und aussichtslos erscheint und sie sich deshalb hinter Türen und kirchlich gesicherte Mauern einschließen – da könnten sich Frauen auf die Straße wagen und inzwischen tun, was notwendig ist;
- sie könnten auch aus der dunkelsten Karfreitagsfinsternis, die es in der Geschichte der Kirche immer gibt

und geben wird und die uns doch nicht kleingläubig und ängstlich machen darf – aus der Karfreitagsfinsternis also, könnten sie die Osterbotschaft verkünden, bis die Männer aus dem Getto, in das sie sich bisweilen verschanzen, wieder heraustreten.

## empfindsamer geworden

Es kam dann die Zeit, da ich sehr empfindsam wurde, wenn ich bei Festen und Gottesdiensten den Pfarrer vertreten mußte. Ich wurde als Notlösung angesehen oder eben als Vertretung, als Lückenbüßer. In die Trauer und den Ärger, den ich da empfand, kamen Rückmeldungen, die mir den Rücken stärkten, das tat gut. Aber zuerst mußte ich mir eingestehen, daß ich mich insgeheim selbst als Notlösung ansah. Da galt es, mich zu besinnen, daß ich ja nicht mich verkünde, sondern daß es darum ging, durchlässig zu sein für Seine Botschaft, und die durfte ich in meiner originären Art sagen. Wenn das viele Frauen tun, dann wird doch die Kirche bunt. Es war auch die Zeit, da mir klar wurde, daß ich eher schuldig wurde durch zu wenig Selbstbewußtsein als durch zu viel.

Luise Hartmann

## dazulernen

Wir müssen lernen, im Alltag und im Umgang miteinander Einseitigkeiten zu überwinden, im öffentlichen Leben ebenso wie in der Kirche. Und seien wir uns über eines klar: Vieles, was in Gesellschaft und auch in der Kirche als „spezifisch weiblich“ und „spezifisch männlich“ gehandelt wird, ist Produkt einer bestimmten

Rollenerziehung, in die wir alle hineinverstrickt sind, ob es uns gefällt oder nicht. Doch ich bin überzeugt, daß die Kultur „typisch weiblicher“ Eigenschaften dem kirchlichen Leben und dem Gedeihen des Evangeliums gut täte.

**Bitte**

Gott, schenke uns Gelassenheit,
das hinzunehmen,
was wir nicht ändern können.
Gott, schenke uns Mut,
das zu ändern,
was wir ändern können.
Gott, schenke uns Weisheit,
das eine vom andern
zu unterscheiden.

Friedrich Christoph Oetinger

## *geteilte Christenheit*

*Es ist ein Skandal, daß die eine Kirche Jesu Christi in viele Kirchen gespalten ist. Die Einheit der Christenheit ging verloren. Die in einer bestimmten Zeit aktuellen Meinungen traten so sehr in den Vordergrund, daß man die Einheit im Glauben aufs Spiel setzte. Christen verkündeten mitunter mehr sich selber und ihre eigene Meinung als ihren Herrn Jesus Christus und seine Botschaft.*
*Die Kraft, die Einheit zu schaffen, haben Christen nicht aus sich selber, sondern von Jesus Christus und in der Kraft seines Geistes. Ob sich die Christen bewußt sind,*

*daß die Einheit der Kirche und durch sie die Einheit der Welt erbetet werden muß? Ob Christen alles tun, was in ihren Kräften steht, um – bei aller Vielheit und Vielfältigkeit der Ausdrucksformen – die Einmütigkeit des christlichen Glaubens zu leben und so der Welt ein glaubwürdiges Zeugnis zu geben? Ob jeder und jede von uns bereit ist, ob ich bereit bin, zwischen liebgewordener Gewohnheit und grundsätzlicher Überzeugung unterscheiden zu lernen?*

## Vision der Gemeinschaft

Auch wenn wir Glieder des Leibes Christi sind, so gehören wir doch verschiedenen Kirchen und kirchlichen Gemeinschaften an. Durch Taufe und die Antwort des Glaubens auf das Hören von Gottes Wort sind wir Christen bereits eins in Christus, auch wenn wir noch nicht in voller Gemeinschaft leben. Um diese zu erreichen, suchen wir die in Lehre und Praxis noch bestehenden Unterschiede zu überwinden. In diesem Streben halten wir uns an die Vision einer Gemeinschaft, in der die verschiedenen Traditionen nicht mehr Anlaß der Trennung, sondern der gegenseitigen Bereicherung sind. Alle Kirchen sind sich bereits bewußt, daß sie den Weg zu dieser Gemeinschaft zusammen gehen müssen.

Europäische Ökumenische Versammlung Basel 1989

## wider die Resignation

Finde dich niemals ab mit dem Skandal
der Spaltung unter den Christen.
Habe die Leidenschaft
für die Einheit des Leibes Christi.

aus der Regel der Brüder von Taizé

**wir haben versagt**

- Wir haben versagt, weil wir nicht Zeugnis abgelegt haben von Gottes sorgender Liebe für alle und jedes Geschöpf und weil wir keinen Lebensstil entwickelt haben, der unserem Selbstverständnis als Teil von Gottes Schöpfung entspricht.
- Wir haben versagt, weil wir die Trennungen unter den Kirchen nicht überwunden haben und weil wir die uns gegebene Macht oft dazu mißbraucht haben, falsche und eingeschränkte Solidaritäten wie Rassismus, Sexismus und Nationalismus zu bestärken.
- Wir haben versagt, weil wir Kriege verursacht und nicht alle Möglichkeiten ausgeschöpft haben, uns für Vermittlung und Versöhnung einzusetzen. Wir haben Kriege entschuldigt und oft zu leicht gerechtfertigt.
- Wir haben versagt, weil wir nicht entschieden genug die politischen und wirtschaftlichen Systeme kritisiert haben, die Macht und Reichtum mißbrauchen, die die natürlichen Ressourcen der Welt nur zum eigenen Nutzen ausbeuten und Armut und Marginalisierung fortbestehen lassen.
- Wir haben versagt, weil wir Europa als Zentrum der Welt und uns als den anderen Teilen der Welt überlegen betrachtet haben.
- Wir haben versagt, weil wir nicht immer Zeugnis abgelegt haben von der Heiligkeit und der Würde allen Lebens und von der Achtung, die wir allen Menschen gleicherweise schulden sowie von der Notwendigkeit, allen Menschen die Möglichkeit zu geben, ihre Rechte auszuüben.

Europäische Ökumenische Versammlung Basel 1989

**Ökumene**

Wir bitten dich:
daß Menschen jeden Glaubens die Freiheit gewinnen, ihre Überzeugung unbescholten zum Ausdruck zu bringen und in Demut aufeinander zu hören;
daß die Kirche ein versöhnendes Amt ausübt in einer Welt, die durch Mißtrauen und Mißverständnis getrennt ist, und heilende Kraft dorthin bringt, wo religiöse Unduldsamkeit menschliche Gemeinschaft zerstört;
daß die Kirche ein wahres und liebevolles Zeugnis ablegt für den Einen, den sie Herrn nennt, und in dessen Namen wir beten.

Ökumenische Versammlung Vancouver 1983

**kein Triumphzug**

Die Einigung der Christen wird sicherlich nicht durch den Triumph der einen über die anderen Konfessionen zustande kommen. Gäbe es einen Sieg für die einen und eine Niederlage für die anderen, dann würde niemand eine solche Einheit anerkennen. Laßt uns nicht danach suchen, wer Unrecht hatte und wer Recht; laßt uns unsere jahrhundertealten Kämpfe aufgeben und eine Kirche bereiten, die wirklich missionarisch ist. Denn damit sind wir auf einen sicheren Weg geführt, um dem Menschen von morgen zu begegnen.

Roger Schutz

**ein Schritt auf einem langen Weg**

Der Papst hat 1986 zu dem gemeinsamen Friedensgebetstag der großen Religionen nach Assisi eingeladen.

Ich habe dies von vornherein nicht, wie manche Kritiker, als Ablenkung, sondern als einen wichtigen Schritt auf einem langen Wege verstanden. Ich war unter den Gästen, und nach meiner Wahrnehmung war der Vorgang tiefer und wichtiger, als man in der vielleicht etwas folkloristisch anmutenden Fernsehübertragung (die ich, als Anwesender, nicht gesehen habe) erkennen konnte. Der Kern war wohl das zweieinhalbstündige gemeinsame Gebet der Christen in der Kathedrale San Rufino, nicht eine politische Manifestation, sondern ein Gebet; umgeben von der Brüderlichkeit mit den in der Stadt versammelten anderen Religionen, denen in Wirklichkeit zu begegnen eine der größten Aufgaben unserer Zukunft ist. Als ich nachher in Rom Gespräche führte, hörte ich die Meinung: Nun müssen wir mehr tun.

Carl Friedrich von Weizsäcker

**ein alter Traum**

Und wieder träumte ich einen Traum.
Die Menschen träumen ihn schon lang,
so lange schon.
In diesem Traum sah ich,
wie das Lamm beim Wolfe lagert
und beide aus derselben Quelle trinken.
Und Löwe und Otter spielen im selben Garten.
Und ich sah,
wie Schwerter und Schilde
auf einmal nutzlos wurden
und Speer und Dolche
sich mit Rost bedecken.
Wie fiel der Wind so kühl von den Bergen,

wie zogen die Flüsse so klar dahin.
Und ich sah in meinem Traum,
wie alle religiösen Unterscheidungen verschwanden
und nur noch die Liebe übrigblieb.
Sie hat die ganze Welt
in ihren großen Mantel eingehüllt.
Da stritten auch die Menschen nicht mehr
über Gott oder sein Bild.
Denn der Herr selbst kam zu den Menschen
und nahm Wohnung mitten unter ihnen.

Solomon Raj

## *für andere bitten*

*Wenn es stimmt, daß Da-sein für andere eine christliche Grundhaltung ist, dann muß fürbittendes Beten zum Stammkapital der Christen gehören. Der eine steht für den anderen ein. Das kommt in den Fürbitten jeder Eucharistiefeier zum Ausdruck. Es wird für alle gebetet, die Verantwortung tragen in Kirche und Welt. Die Anliegen der Gemeinde und der ganzen Weltkirche, die Bitte für die Notleidenden, für die Sorgen der Menschheit und für das Heil der ganzen Welt wird Gott vorgebracht: „Herr, erbarme dich unser und schau auf die Not der ganzen Welt.“*

### für unsere Familie

*Vorbeter*: Lasset uns beten.
Wir preisen dich, Herr, unser Gott, denn es war dein Wille, daß dein Sohn in einer menschlichen Familie gelebt und ihre Sorgen und Freuden geteilt hat.

Schütze und bewahre auch unsere Familie in deiner Gnade! Mache uns zufrieden und glücklich und hilf uns, einander in Enttäuschungen und Leiden beizustehen. Laß uns für dich und füreinander dasein und einander dienen, wie dein Sohn es uns vorgelebt hat, der mit dir lebt und herrscht in alle Ewigkeit.
*Alle*: Amen.
*Vorbeter*: Es segne uns der allmächtige Gott, der Vater und der Sohn und der Heilige Geist.
*Alle*: Amen.

aus dem Benediktionale

**dir in die Hand gelegt**

Herr, unser Gott,
Tag für Tag trägst du die Welt und nährst sie,
und tiefer, als wir wagen uns vorzustellen,
bist du überall zugegen, wohin wir gehen.

Wir tragen die Sorgen unseres Lebens
vor dich und legen sie dir in die Hand:
die Sorgen unserer Familien,
unserer Nachbarn und Freunde,
die Sorgen der Menschen, mit denen wir leben,
die Sorgen der Menschen, die uns lieb sind.

Und wir versuchen auch zu bitten
für alle, denen wir aus dem Weg gehen,
für alle, die uns fremd sind,
die uns nicht verstehen,
die wir nicht lieben.

Wir bitten dich für alle Menschen, die jetzt leben,
mit uns leben, unter demselben Himmel.

Wir legen dir in die Hände
unsere ganze Welt,
alle Länder unter der Sonne,
alle Rassen und Völker,
junge und alte Menschen,
Arme und Reiche.

Für sie und uns alle bitten wir dich,
daß nichts uns trenne –
keine Zukunft und keine Hoffnung,
kein Leid und kein Tod –
von Jesus Christus,
der deine Liebe ist
für alle Menschen und die ganze Erde.

nach Huub Oosterhuis

**Gebet für Pfingsten**

Unter einem Himmel mit so vielen Millionen,
weit weg, unsichtbar,
und dicht um uns herum, bedrückend –
hier an Ort und Stelle, unfühlbar verbunden
mit Menschen, die ihres Lebens nicht froh werden;
die wohl geboren sind,
aber rechtlos, ehrlos und aussichtslos;
die ausgenutzt werden und geopfert;
die krepieren;
die auf der Stelle tot umfallen;
die sterben, in großer Zahl...

Wir beten:
Komm, Lebensatem,
blase in alle Toten,
daß sie leben.

Komm, Lebensatem,
blase in alle zum Tode Verurteilten,
Sterbenden, Gemarterten, Blutarmen,
Unterdrückten, Vermißten,
daß sie leben.

Komm, Lebensatem,
blase in alle Lebendigen,
daß sie leben.

Huub Oosterhuis

**für verfolgte Christen**

Gott, nach dem geheimnisvollen Ratschluß deiner Liebe läßt du die Kirche teilhaben am Leiden deines Sohnes. Stärke unsere Brüder und Schwestern, die wegen ihres Glaubens verfolgt werden. Gib ihnen Kraft und Geduld, damit sie in ihrer Bedrängnis auf dich vertrauen und sich als deine Zeugen bewähren. Schenke ihnen Freude darüber, daß sie sich mit Christus im Opfer vereinen, und gib ihnen die Zuversicht, daß ihre Namen im Buch des Lebens eingeschrieben sind. Gib ihnen die Kraft, in der Nachfolge Christi das Kreuz zu tragen und auch in der Drangsal ihren christlichen Glauben zu bewahren.

**Reisesegen**

Der Herr sei vor dir,
um dir den rechten Weg zu zeigen.
Der Herr sei neben dir,
um dich in die Arme zu schließen
und dich zu schützen.

Der Herr sei hinter dir,
um dich zu bewahren
vor der Heimtücke böser Menschen.
Der Herr sei unter dir,
um dich aufzufangen, wenn du fällst,
und dich aus der Schlinge zu ziehen.
Der Herr sei in dir,
um dich zu trösten,
wenn du traurig bist.
Der Herr sei um dich herum,
um dich zu verteidigen,
wenn andere über dich herfallen.
Der Herr sei über dir,
um dich zu segnen.
So segne dich der gütige Gott.

aus Irland, 7. Jahrhundert

**Werkzeug des Friedens**

Herr, mach mich zu einem Werkzeug deines Friedens,
daß ich liebe, wo man haßt;
daß ich verzeihe, wo man beleidigt;
daß ich verbinde, wo Streit ist;
daß ich die Wahrheit sage, wo Irrtum ist;
daß ich Glauben bringe, wo Zweifel droht;
daß ich Hoffnung wecke, wo Verzweiflung quält;
daß ich Licht entzünde, wo Finsternis regiert;
daß ich Freude bringe, wo der Kummer wohnt.
Herr, laß mich trachten,
nicht, daß ich getröstet werde,
sondern daß ich tröste;
nicht, daß ich verstanden werde,
sondern daß ich verstehe;

nicht, daß ich geliebt werde,
sondern daß ich liebe.
Denn wer sich hingibt, der empfängt;
wer sich selbst vergißt, der findet;
wer verzeiht, dem wird verziehen;
und wer stirbt, der erwacht zum ewigen Leben.

aus Frankreich 1913

**segne uns**

Komm, Herr, segne uns, daß wir uns nicht trennen,
sondern überall uns zu dir bekennen.
Nie sind wir allein, stets sind wir die Deinen.
Lachen oder Weinen wird gesegnet sein.

Keiner kann allein Segen sich bewahren.
Weil du reichlich gibst, müssen wir nicht sparen.
Segen kann gedeih'n, wo wir alles teilen,
schlimmen Schaden heilen, lieben und verzeih'n.

Frieden gabst du schon, Frieden muß noch werden,
wie du ihn versprichst, uns zum Wohl auf Erden.
Hilf, daß wir ihn tun, wo wir ihn erspähen –
die mit Tränen säen, werden in ihm ruh'n.

Komm, Herr, segne uns, daß wir uns nicht trennen,
sondern überall uns zu dir bekennen.
Nie sind wir allein, stets sind wir die Deinen.
Lachen oder Weinen wird gesegnet sein.

Dieter Trautwein

# IX. AUF DEN SPUREN JESU

Jesus aus Nazaret in Galiläa – nach dem Zeugnis der Evangelisten geboren in Betlehem in Judäa. Seine Mutter heißt Maria; der Zimmermann Josef gilt als sein Vater. Er wächst in einer frommen jüdischen Familie heran.

Dreißigjährig beginnt Jesus öffentlich aufzutreten. Männer und Frauen begleiten ihn. Man findet ihn und seine Jünger vor allem bei den kleinen Leuten. Zu ihnen spricht er von Gottes Liebe und Nähe, vom Menschsein und der Hoffnung. So wird er zum Ärgernis und zur Herausforderung für die Führer des Volks.

Als Jesus mit seinen Jüngern zum Paschafest nach Jerusalem kommt, wird er verhaftet, angeklagt und zum Tod verurteilt. Er stirbt vor den Toren Jerusalems am Kreuz und wird begraben.

Doch die Bewegung, die er begründet, ist nicht am Ende. Frauen und Männer, die mit ihm gezogen sind, bekennen: Gott hat ihn auferweckt. Er ist der Messias und Retter, den Gott seinem Volk gesandt hat. Aus diesem Glauben verstehen sie Jesu Wesen und Wirken – und auch den eigenen Auftrag – neu. In Jesu Namen und Autorität gehen sie zu den Menschen und verkünden sein Wort. Sie haben Erfolg: Jesu Art zu glauben, zu leben und zu lieben bewährt sich für die Vielen als Weg, als Heil und Sinn.

## *Gott ist anders*

*Wenn Jesus von Gott spricht, sind die, die ihn hören, betroffen: die Armen und die Reichen, die einfachen Leute und die Gelehrten gleichermaßen. Sein Wort rührt allemal an die Schwachstellen ihres Fromm-Seins. Er stört sie auf, bringt sie zum Nachdenken; zur Einsicht, daß sie sich ändern müssen.*
*Er entlarvt die Irrtümer derer, die meinen, das Gott-Sein Gottes lasse sich auflisten in Eigenschaften und Verhaltensweisen, die man berechnen oder kaufen könnte; sein Wille lasse sich festschreiben in einem System von Geboten und Riten; in kleine Portionen aufteilen, die man „erfüllen" kann, ohne allzuviel vom Eigenen dranzugeben. Er widerspricht denen, die Maßstäbe ersinnen, um mit ihrer Hilfe das Gott-Gefällige ein für allemal zu bestimmen.*
*Er entlarvt die Irrtümer der Rang- und Namenlosen, die in Resignation versunken meinen, Gott habe sie vergessen. Von denen, die sich selbst aufgaben, fordert er, daß sie Ernst machen mit dem Vertrauen; von den Auf-der-Strecke-Gebliebenen, daß sie aufstehen; von den Verzweifelten Hoffnung und von den Sündern Umkehr.*

**Jesus sagt**

Gott ist
wie ein Mann, der Samen auf seinen Acker streut;
wie eine Frau, die Hefe unter das Mehl mischt;
wie ein Vater, der seinen verlorenen Sohn umarmt;
wie eine Mutter, die ihre Kleinen sammelt
und schützt;

wie ein Hirt, der sein verirrtes Schaf sucht
und zur Herde zurückträgt;
wie eine Frau, die ihre verlorene Münze
so lange sucht, bis sie sie findet;
wie ein Hausherr, der zum Mahl lädt;
wie ein Geschäftsmann, der Talente verteilt,
ehe er auf Reisen geht;
wie ein Winzer, der seinen Weinberg
den Knechten anvertraut;
Gott ist...

**wir preisen dich**

Wir preisen dich,
allmächtiger Gott, unseren Vater.
Wir danken dir für deinen Sohn,
Jesus Christus,
der uns und unserer Welt
Licht und Wärme schenkt.
Er zeigt, wie du die Erde liebst
und wie wir sie lieben können.
Er zeigt, wie du da bist für uns
und wie wir füreinander da sein können.
Er teilt das Dunkel unseres Lebens
damit wir es miteinander teilen können.
Er lebt uns deinen Willen vor,
damit auch wir ihn leben können.
Er geht den Weg zu dir voran,
damit auch wir ihn gehen können.
Wir danken dir,
allmächtiger Gott, unser Vater,
für Jesus Christus, unseren Bruder.

## Anklage

Und er sagte zu ihnen: Trefflich erledigt ihr Gottes Weisung, um eure Überlieferung zu wahren. Denn Mose sprach: Ehre deinen Vater und deine Mutter! Und: Wer Vater oder Mutter schmäht, der sterbe des Todes! Ihr aber sagt: Wenn ein Mensch zum Vater oder zur Mutter sagt: Tempelgut – das heißt Weihegabe – ist, was du von mir zu nutznießen hättest, so laßt ihr ihn nichts mehr für Vater oder Mutter tun. Und so entmachtet ihr Gottes Wort durch eure Überlieferung, wie ihr sie überliefert habt. Und dergleichen Dinge tut ihr noch viele.

Markus 7,9–13

## Maßstäbe

Ruf uns zur Umkehr:
wenn wir erstarren
  und Formen und Bräuche
  Menschengebot
  zum Maß unseres Urteils machen
wenn wir unduldsam reagieren
  weil wir nicht stark genug sind
  die Vielfalt der Meinungen
  und Lebensweisen
  zu bejahen
wenn wir uns in Gruppen zusammentun
  in Betriebsamkeit flüchten
  gute Werke auflisten
  das Gespräch verweigern
wenn wir vergessen
  daß Gottesliebe

in der Liebe zum Menschen
Wirklichkeit wird.
Gib uns ein neues Herz.

**mir selbst auf der Spur**

Hunger!
Manchmal eine gute Sache.
Es wäre besser, wir hätten manchmal Hunger.

Wenn ich satt bin, zufrieden,
selbstzufrieden,
dann etabliere ich mich,
dann lehne ich mich zurück,
schalte ich ab,
gebe ich mich zufrieden
mit dem, was ich zu besitzen glaube,
dann halte ich ein auf meinem Weg,
stelle ich meine rastlose Suche ein,
sehe niemanden, nur mich.

Hätte ich doch Hunger
nach Gerechtigkeit,
nach Frieden,
nach Gott!
Würde ich doch vorangetrieben
auf meinem Weg!
Hätte ich doch Hunger nach Liebe!
Triebe mich doch einer
aus meinem bequemen Sessel
der Selbstgenügsamkeit
hin zu den Menschen, die mich brauchen.

Petra Millet

## *er macht alles gut*

*Als aber Johannes im Gefängnis von den Taten des Messias hörte, schickte er seine Jünger, damit sie zu ihm sprechen: Bist du „der Kommende“? Oder sollen wir auf einen anderen warten? Da hob Jesus an und sprach zu ihnen: Geht und berichtet dem Johannes, was ihr hört und erblickt: Blinde blicken auf und Krüppel gehen. Aussätzige werden rein und Taube hören. Tote werden erweckt und Armen wird die Heilsbotschaft gebracht.*

Matthäus 11,2–5

### Gott rettet

damals
als der lärmende Tag verstummte
als Nacht sich breitete
über Armut und Macht,
Einsamkeit und Weh
damals
als das Kind
in den Armen der Mutter geborgen
das Atmen übte
den Rhythmus des Lebens lernte
mit dem ersten Schrei
Nähe suchte und Nahrung
damals
kam Licht
in die Welt und
Halt für alle
die Grund und Ziel verloren:
Jesus – Gott rettet.

**wir haben dich gern**

Wir haben dich gern bei uns, Jesus:
dich, den Wundertäter, der alles austreibt,
was krank, besessen und fiebrig macht.
Wir warten gern auf dich, Jesus,
wie jene am Abend vor Simons Haus:
als Gemeinschaft der Leidenden,
die einen sucht, der auch
die verborgene Not sieht und heilt.
Wir haben dich gern bei uns, Jesus:
Im Wort und im Brot,
im Bruder begegnest du uns.
Wenn wir uns selbst lassen
im Hören auf dich, werden wir heil.

**wir brauchen dich**

Eigentlich brauchten wir jemanden,
der den weltweiten Problemen
nicht aus dem Weg geht,
der den Osten und den Westen,
die reichen und die armen Völker
miteinander versöhnt,
der nicht nach Hautfarbe
und Intelligenz einteilt,
der sich nicht bloß für die Mächtigen
und Tüchtigen interessiert,
der gelegen oder ungelegen die Wahrheit sagt,
der Wege zum Frieden zeigt,
der allen Menschen Orientierung bietet,
der auch auf mich eingeht,
der mir hilft, mich zu verstehen,

der mich liebesfähig macht,
der mich befreit von Sorgen,
Angst und Aggressionen,
der mich braucht, ohne mich zu mißbrauchen,
der mir verzeiht und nichts nachträgt,
der klare Sicht gibt in Entscheidungen,
der meinem Leben Sinn gibt,
auf den wir alle uns verlassen können.
Wir brauchen dich, Jesus.

**seine Sache und unsere Sache**

Er öffnet uns die Augen,
daß wir verstehen.
Jetzt ist es an uns,
daß wir einander vergeben,
das Wort säen,
Zeichen wirken,
das Brot brechen,
unseren Geist und unsere
Menschlichkeit entwickeln.
Der Anbruch des Reiches ist
unser Programm.
Liebe, Gerechtigkeit, Friede
und Einheit –
allsamt unsere Sache.
Wir gehen als Zeugen
bis an der Erde Enden. – WIR.

*Eine vornehme Dame*
*aus vergangener Zeit.*
*Sie scheint die Probleme*
*des Daseins zu kennen.*

## hilf unserem Unglauben

Herr Jesus Christus.
Wir haben dir zu wenig vertraut.
Wir haben dir zu wenig zugetraut.
Das ist unsere Schuld.
Wir waren nicht wirklich bereit, es mit dir zu wagen.
Unsere Skepsis war zu groß.
Wir wollen etwas von dir sehen,
bevor wir dir glauben.
Wie gut, daß du mit uns sprichst, freundlich und klar.
Wie gut, daß du uns Mut machst,
ja, daß du uns brauchen willst, uns, so wie wir sind.
Du willst mit uns die Erde verwandeln,
die dunkle Welt hell machen, alles Faule ausrotten,
alles Kranke heilen, Frieden schaffen.
Herr, mach uns dazu bereit.
Laß uns dir vertrauen.
Hilf unserem Unglauben.

## das kann so nicht bleiben

530 Millionen Menschen strecken heute ihre Hände
nach Brot aus, weil sie Hunger haben.
Soll das immer so bleiben?
  Herr, schick Menschen, die ihnen helfen!
Millionen Menschen, vom Aussatz zerfressen,
strecken ihre Arme aus nach Hilfe,
Armstümpfe, Hände ohne Finger.
Soll das immer so bleiben?
  Herr, schick Menschen, die ihnen helfen!
Millionen Menschen, vom Fieber geschüttelt,
von Seuchen geplagt, strecken ihre Hände aus

nach rettender Medizin, aber keiner gibt sie ihnen.
Soll das immer so bleiben?
  Herr, schick Menschen, die ihnen helfen!
Millionen in Unwissenheit,
ohne Chance für ein menschenwürdiges Dasein,
warten vergebens, daß sich auch für sie
ein Platz auf dieser reichen Erde findet.
Soll das immer so bleiben?
  Herr, schick Menschen, die ihnen helfen!
Soll das immer so bleiben:
Millionen Hände bleiben leer.
Unsere Hände greifen in volle Regale.
  Herr, schick uns, damit wir helfen.

Friedrich Dietz

## *Menschsein neu buchstabiert*

*Was ist der Mensch? Es gibt tausend Antworten darauf. Und tausendmal sind sie richtig und falsch zugleich. Über das „Bild“, das Menschen von sich selber machen, gibt es ganze Bibliotheken. Menschen sind Sünder und Heilige zugleich; sie leisten Großes und sind doch miese Versager. Schon ein Psalmenbeter fragt angesichts der Größe von Schöpfung und Welt: „Was ist der Mensch, daß du seiner gedenkst?“ (Psalm 8, 5).*
*Was Gott mit dem Menschen im Sinn hat, was er Gutes mit ihm vorhat, das läßt sich an Jesus ablesen. Er hat die Menschen angenommen, und sie haben gemerkt, daß hier einer ist, der weiß, was sie brauchen. Hier ist einer, der ihre vielfältigen Ängste und Unsicherheiten versteht, ohne daß sie darüber reden.*

**schau auf uns**

Sieh uns, die Vielen,
die müde sind,
erschöpft und aufgerieben,
nicht wissen wohin.

Hab Mitleid mit uns,
die wir,
von bösen Geistern umgetrieben,
hoffnungs- und mutlos geworden,
das Leben leid sind.

Schick uns einen Boten,
sag uns dein Wort,
damit wir
nicht verlorengehen.

**die Glücklichen**

Und er öffnete seinen Mund,
lehrte sie und sagte:
Selig die aus dem Geiste Armen,
denn ihrer ist das Königtum der Himmel.
Selig die Trauernden,
denn die werden ermutigt werden.
Selig die Sanften,
denn die werden das Land erben.
Selig die nach der Gerechtheit
Hungernden und Dürstenden,
denn die werden satt gemacht.
Selig die sich Erbarmenden,
denn die werden Erbarmen finden.
Selig die im Herzen Reinen,

denn die werden Gott sehen.
Selig die Friedenstifter,
denn die werden Söhne Gottes heißen.
Selig die um der Gerechtheit willen Gejagten,
denn ihrer ist das Königtum der Himmel.
Matthäus 5,2–10

**kein anderer**

Herr, laß dein Licht leuchten
über unseren Wegen:
daß uns die Ohren aufgehen
für dein Wort
und die Augen für das,
was du tust;
daß wir einander Mut zusprechen
und miteinander stärker sind
als die Angst;
daß wir aufstehen,
die Fremden schützen
und bei denen sind,
die kein Recht haben;
daß wir Brüder werden und Schwestern
im Leiden und in der Geduld.
Laß dein Licht leuchten
über unseren Wegen:
daß wir erkennen
und sicher sind,
daß es keinen anderen gibt,
auf den zu warten sich lohnt.

**die Feinde lieben**

Ihr habt gehört, daß gesagt ward: Liebe deinen Nächsten! Und: Hasse deinen Feind! Ich aber sage euch: Liebt eure Feinde, und betet für die, die hinter euch her sind. So werdet ihr Söhne eures Vaters – dem in den Himmeln. Er läßt ja seine Sonne aufgehen über Bösen und Guten und regnen auf Gerechte und Ungerechte. Denn: Liebt ihr die euch Liebenden – welchen Lohn habt ihr? Tun nicht auch die Zöllner dasselbe?

Matthäus 5,43–46

**überlegenswert**

Unter zehn Menschen, die dir begegnen, sind allerhöchstens drei, mit denen du dich verständigen kannst, die ungefähr auf deiner Wellenlänge liegen.
Die anderen sind und denken anders, du kannst es spüren – am besten, du schreibst sie ab, sagen die Psychologen, und die Erfahrung gibt ihnen recht.
Aber ich kenne eine, die geht auf die sieben zu – die Abzuschreibenden. Sie sucht das Gespräch und gibt nicht auf, ehe sie in jeder und jedem etwas entdeckt, das Verständnis verdient.
Ich frage mich, ob sie, die riskiert, daß man sie belächelt, nicht tut, was Jesus meint.

**so sagt Er**

Ich bin der Bruder jedes Menschen,
sagt Er.
Ich bin dein Bruder und der des Menschen,
den du Feind nennst.

Ich bin der Bruder aller Armen,
aller Kranken, aller Unglücklichen.
Die Gesunden brauchen keinen Arzt,
sagt Er.
Aber ich bin auch der Bruder
der Reichen und Glücklichen,
denn ohne mich, allein,
wären sie nicht glücklich.
Ich aber bin das Glück.
Ich bin der Bruder jedes Menschen.

Ich bin in jedem Menschen,
sagt Er.
Ich bin in dir und dem,
den du deinen Feind nennst.
Ich bin in denen, die mir folgen wollen.
Ich bin auch in denen, die mich nicht lieben.
Was ihr dem geringsten Menschen tut,
das habt ihr mir getan,
sagt Er.

Petra Millet

**was der Sorge wert ist**

Sorgt euch also nicht und sagt: Was bekommen wir zu essen? Oder: Was bekommen wir zu trinken? Oder: Mit was gewanden wir uns? Denn: Nach all dem fragen die Völker. Es weiß ja euer himmlischer Vater, daß ihr all das braucht. Sucht doch zuerst nach seinem Königtum und dessen Gerechtigkeit, dann wird euch das alles hinzugelegt werden.

Matthäus 6,31–33

**weiterkommen**

Wir danken dir, Herr,
für alle, die in deinem Namen
unterwegs sind auf den Straßen der Welt;
für alle, die in deiner Vollmacht
zu den Menschen gehen, helfen und heilen,
Hoffnung stiften und Gemeinschaft.
Wir danken dir, Herr,
für alle, die mit leeren Händen unterwegs sind,
die uns zeigen,
daß man mit Vertrauen weiter kommt
als mit Vorräten, Geld
und einem zweiten Paar Schuhe.
Wir danken dir, Herr.

**ich und die andern**

Richtet nicht, damit ihr nicht gerichtet werdet. Denn: Mit dem Richtspruch, mit dem ihr richtet, werdet ihr gerichtet werden. Und: Mit welchem Maß ihr meßt, wird euch gemessen werden. Was blickst du auf den Splitter im Auge deines Bruders, den Sparren aber in deinem Auge beachtest du nicht? Oder wie willst du zu deinem Bruder sagen: Laß, ich will dir den Splitter aus deinem Auge ziehen? Und da! Der Sparren ist in deinem Auge. Du Blender! Zieh erst den Sparren aus deinem Auge. Dann magst du hinblicken, um den Splitter aus dem Auge deines Bruders zu ziehen.

Matthäus 7,1–5

**ans Kreuz mit ihnen...**

Wenn jemand gegen den Papst
und für die Pille ist,
gegen die Marienverehrung
und für die Frau am Altar,
dann fühlen wir uns zum Richten berufen:
Ans Kreuz mit den Ketzern!
Und wir nageln sie an das Kreuz der Empörung.
Wer weiß, vielleicht richten auch wir
Unschuldige hin,
die christlicher sind als wir selbst.

Wenn zwei ohne Trauschein zusammenleben
oder ein uneheliches Kind bekommen,
dann fühlen wir uns zum Richten berufen:
Ans Kreuz mit der Unsittlichkeit!
Und wir nageln sie an das Kreuz
moralischer Verachtung.
Wer weiß, vielleicht richten auch wir
Unschuldige hin,
die reiner sind im Herzen als wir selbst.

Wenn jemand dem Konsumterror trotzt
oder sich dem Ellbogenkampf entzieht,
dann fühlen wir uns zum Richten berufen:
Ans Kreuz mit den Aussteigern!
Und wir nageln sie ans Kreuz
gesellschaftlicher Isolation.
Wer weiß, vielleicht richten auch wir
Unschuldige hin, die weiter sind als wir selbst.

Herr, vergib uns, wenn wir zu wissen meinen,
was andere tun müssen.

Bernhard J. Müller

**das Gebot**

Einer der Schriftgelehrten fragte ihn: Welche Weisung ist die allererste? Da antwortete Jesus: Die erste ist: Höre Israel, der Herr unser Gott, ist einziger Herr. Und: Liebe den Herrn, deinen Gott, aus deinem ganzen Herzen und aus deinem ganzen Leben und aus deiner ganzen Stärke. Eine zweite ist diese: Liebe deinen Nächsten wie dich selbst! Größer als diese ist keine andere Weisung.

Markus 12,28–31

**die schwächste Stelle**

gott
die liebe
ist die schwächste stelle
in unserem leben
die liebe
ist oft genug ein skandal
die liebe
gerät oft genug in beweisnot
die liebe hat
keinen paß
die liebe kann sich
nicht ausweisen von amts wegen
die liebe
ist für unsere welt
nicht schwerwiegend genug
obwohl uns
durch jesus christus gesagt wurde
sie sei alles

Wilhelm Willms

*Die Frau ist gebeugt.*
*Sie trägt auf ihrem Rücken*
*die ganze Last der Kirchensäule.*
*Symbolfigur der Frauen,*
*die von Kirchenlasten niedergedrückt sind.*

**tun, was er getan**

Als er nun ihre Füße gewaschen, seine Obergewänder genommen und sich abermals niedergelassen hatte, sprach er zu ihnen: Erkennt ihr, was ich euch getan habe? Ihr ruft mich „Lehrer“ und „Herr“, und sagt es zu Recht. Ich bin es. Wenn nun ich eure Füße gewaschen – ich: der Herr und Lehrer – so schuldet auch ihr, einander die Füße zu waschen. Denn: Ein Beispiel habe ich euch gegeben, daß auch ihr tut, wie ich euch getan. Wahr, ja wahr ists, ich sage euch: Kein Knecht ist größer als sein Herr, und kein Sendbote größer, als der ihn ausgeschickt. Wenn ihr das wißt – selig seid ihr, wenn ihr es tut.

Johannes 13,12–17

**unbestritten**

- Es ist bequemer, über die Hungersnot in fernen Ländern zu diskutieren, als den Asylsuchenden oder die alleinstehende Nachbarin zum Essen einzuladen.
- Es ist unterhaltsamer, sich über die Einsamkeit der Menschen in Altersheimen und Krankenhäusern zu ereifern, als hinzugehen und mit ihnen Kaffee zu trinken.
- Es ist einfacher, einen, der in der Klemme sitzt, an ein Amt oder eine Behörde zu verweisen, als sich auf den Menschen und sein Problem einzulassen.
- Es ist bequemer, das Unglück einer Familie, in der die Mutter erkrankt ist, zu bedauern, als hinzugehen und sich nützlich zu machen.
- Es ist bequemer, zuzuhören, wie andere streiten, sich herauszuhalten und abzuwarten, als sich einzumischen, Frieden zu stiften und zu riskieren, von beiden Parteien beschimpft zu werden.

**einander**

Füreinander
das Brot brechen.
Miteinander
teilen.
Voneinander
nehmen.
Aufeinander
hören.

Zueinander
kommen.
Voreinander
sich bücken.
Einander
die Hand geben,
in die Arme schließen:
tun, wie er uns getan.

**Weg – Wahrheit – Leben**

Herr, Du hast gesagt, Ich bin der Weg – doch heißt dies nicht, daß wir niemals verirrt sind.
Du hast gesagt, Ich bin die Wahrheit – doch das heißt nicht, daß wir alle Antworten besitzen.
Und: Ich bin das Leben – was nicht heißt, daß wir nie sterben werden.

Lehre mich, Dich hier auf Erden zu erkennen:
als den Weg unter verschlungenen Pfaden;
als die Wahrheit in unklärbaren Geheimnissen;
als das Leben im Angesicht von Leiden und Tod.

Ich danke Dir, Herr, daß Du uns keine Methode für unser Leben anbietest und sagst: DIES ist der Weg.
Ich danke dir, daß Du uns keine starren Formeln überlieferst und sagst: DIES ist die Wahrheit.
Ich danke Dir, daß Du uns nicht von unserem Menschsein befreist und sagst: DIES ist das Leben.

Ich danke Dir, Herr, daß Du sagst, ICH BIN, und so Dich selbst uns gibst.

Elizabeth Elliott

## *sterben, um zu leben*

*Knospen, die aufspringen, und Blätter, die fallen – das sind Signale für Wachsen und Blühen, für Sterben und Vergehen. Davon ist unsere Welt geprägt; daran haben wir alle Anteil. Und doch ist es auch ein Gesetz dieser Welt, daß nach Verfall und Winterschlaf Neues sich regt. Dieses Vergehen und Neuwerden, dieses Sterben, um neuem Leben Raum zu geben, hat in Sterben, Tod und Auferwecktwerden Jesu eine neue Qualität bekommen. Er starb und hat durch seinen Tod den Tod besiegt, hat Leben neu in unsere Welt gebracht.*
*Sich nicht schonen, wenn es darum geht, Leben zu retten, das ist seit Jesus das Lebensprogramm derer, die ihm folgen wollen. Sterben, um zu leben…*

### **im Tod ist das Leben**

Wer leben will wie Gott auf dieser Erde,
muß sterben wie ein Weizenkorn,
muß sterben, um zu leben.

Er geht den Weg, den alle Dinge gehen.
Er trägt das Los, er geht den Weg,
er geht ihn bis zum Ende.

Der Sonne und dem Regen preisgegeben,
das kleinste Korn in Sturm und Wind
muß sterben, um zu leben.

Die Menschen müssen füreinander sterben:
Das kleinste Korn, es wird zum Brot,
und einer nährt den andern.

Den gleichen Weg ist unser Gott gegangen;
und so ist er für dich und mich
das Leben selbst geworden.

Huub Oosterhuis
Übertragung: Johannes Bergsma

**nicht durch Zufall**

Nein, Jesus starb wahrhaftig nicht durch Zufall oder durch eine unglückliche Verkettung von Ereignissen! Indem er die Botschaft von der Liebe Gottes verkündete und an ihr keine Abstriche machte, sprach er sich selbst das Todesurteil. Sein Tod war die letzte Konsequenz seiner Botschaft... Aber Gott, der immer größer ist als wir und dessen Liebe schöpferisch ist, hat auch aus dieser Katastrophe, die wir Menschen verursacht haben, noch etwas gemacht. Er hat sich nicht einmal von uns abgewandt, als wir Jesus ans Kreuz schlugen, sondern er hat auch diese allerletzte Tat der Dummheit und der Bosheit noch mit seiner Liebe beantwortet. Er hat aus dem Kreuz Jesu das Zeichen des Heiles gemacht.

Gerhard Lohfink

**Kennzeichen „Kreuz“**

Du hast uns gerufen, Herr,
und wir folgen dir
im Vertrauen darauf,
daß dein Weg ins Leben führt.
Wir gehen hinter dir her –
manchmal mit leichtem Schritt,

stockend manchmal und hinkend.
Wir folgen dir mit allen,
die dein Blick,
dein Wort getroffen hat.
An unseren Kreuzen wirst du uns erkennen, Herr,
wie wir dich erkennen an deinem Kreuz.

**nicht mir zu eigen**

Denn: Unser keiner lebt sich selbst zu eigen, und keiner stirbt sich selbst zu eigen. Ob wir also leben – dem Herrn zu eigen leben wir; und ob wir sterben – dem Herrn zu eigen sterben wir. Ob wir nun leben oder sterben – wir sind des Herrn. Denn dazu ist der Messias gestorben und lebendig geworden, daß er Herr sei der Toten und der Lebenden.

Römerbrief 14, 7–9

**nachfolgen**

Herr, Jesus Christus,
ich bete zu Dir:
Hilf, daß ich nie vergesse,
daß Du, als Du auf Erden bei uns warst,
eine Frau zum ersten Zeugen
Deiner Wunder berufen hast.
Daß Dich, den Gottes Sohn, eine Frau gebar.

Daß Dein erstes Wunder zu Kana geschah,
als Deine Worte Wasser in Wein verwandelten,
um die Bitte einer Frau zu erfüllen.
Daß die Samariterin, die Dir Wasser gab,
die erste war, der Du dich zu erkennen gabst.

Daß eine Frau mit gebrochenem Herzen,
die Deinen toten Körper im Grabe suchte,
als erste Dir nach Deiner Auferstehung
begegnen durfte.

Jeder von ihnen gabst Du eine erste Frucht!
Den ersten Laut des Lebens, das erste Wunder,
die erste Offenbarung Deiner selbst als Messias,
den ersten Beweis,
daß Du den Tod überwunden hast.

In aller Demut bete ich, lieber Herr:
Laß mich eine Frau sein,
die dieses Namens wert ist,
die den Mut hat, Dir aus Liebe zu folgen,
nicht nur in frommen Wünschen und Gedanken,
sondern in jeder Tat, vor den Augen der Welt.
Und schenke mir Liebe,
wenn für mich der Morgen,
eines neuen Lebens anbricht.

Daß auch ich,
wie einst Maria Magdalena am Grabe,
erkenne, daß Du es bist, der mir begegnet
und mich bei meinem Namen ruft.

Lisa Sergio

**für die Lebenden und die Toten**

Der Messias starb für unsere Sünden
– gemäß den Schriften.
Und: Begraben ward er.
Und: Auferweckt worden ist er am dritten Tag
– gemäß den Schriften.

Wenn aber vom Messias verkündet wird, daß er von den Toten erweckt ward, wieso sagen dann einige von euch, es gebe keine Totenauferstehung?
Ward aber der Messias nicht erweckt, so ist nichtig euer Glaube; und ihr steckt noch in euren Sünden. Also gehen auch die in Eins mit dem Messias Entschlafenen zugrunde. Wenn wir also nur für dieses Leben auf den Messias gehofft haben, so sind wir erbarmenswerter daran als alle Menschen.

Erster Korintherbrief 15,3–4.12.17–19

**für jeden**

Dein Tod,
Herr,
ist für jeden,
auch für den,
den ich nicht mag –
du liebst ihn.

Deine Auferstehung,
Herr,
ist für alle,
auch für die,
die dich nicht mögen –
du liebst sie.

Deine Vergebung,
Herr,
ist auch für mich,
die zu wenig liebt –
und dich doch lieben will.

Heide von Horix-Schwesinger

# X. UND WENN ES NICHT RICHTIG IST?

Manche Leute sind von einem umwerfenden Selbstbewußtsein. Sie wissen immer, was richtig und was nicht richtig ist. Sie scheinen nicht unsicher zu sein, sie fragen – wie es scheint – keinen um Rat, sie entscheiden sozusagen „aus dem Stand".
Und wenn die Entscheidung sich als falsch erweist? Wenn andere aufgrund meiner Entscheidung Nachteile erleiden? Wenn ich feststelle, daß ich nur an meinen Vorteil gedacht habe? Wenn sich zeigt, daß die allgemeine Meinung „eigentlich" nicht geteilt werden kann? Wenn ich Mut hätte an den Tag legen sollen? Wenn ich andere an die Wand gedrängt habe? Wenn Gebote dem im Weg stehen, was ich tun will? Wenn die eigene Haut mir wichtiger ist als „Gott und die Welt"? Wenn mir auf die Nerven fällt, daß ich in diesem Fall meine eigene Haut nicht retten dürfte?
Und wenn ich mich dann an Gottes Gebote erinnere – wenn ich an Jesus und sein Lebensprogramm denke – wenn ich mich fragen muß, was Nachfolge für mich heißt…

## *Urteile – Vor-urteile*

*Zunächst lernt man durch Nachahmen. Man beobachte nur ein kleines Kind, das in kürzester Zeit den Erwachsenen abguckt, wie man „sich durchs Leben bringt". Auch wenn wir längst erwachsen sind, selber entschei-*

*den und uns selber unsere Urteile bilden, sind wir auf Erfahrungen und Ergebnisse, auf Meinungen und Informationen anderer angewiesen. Wir müssen die Urteile anderer übernehmen – bis zum Beweis des Gegenteils. Und dann? Manchmal ist es sehr einfach, mit diesen Vor-urteilen weiterzuleben. Alle sagen es – warum soll ich mich absetzen? Und „irgendwie" haben sie ja wohl doch recht? Vorurteile lassen sich so leicht weitervermitteln. Und wenn es gar Vor-ver-urteilungen sind...*

**aber selbstverständlich!**

Wenn eine andere dir die Hilfe verweigert, ist sie ein Faulpelz, eine Egoistin; wenn du selber dich aus der Situation ziehst, dann nur, weil du eben gerade heute keine Zeit hast.
Wenn eine Kollegin bei der Arbeit Erfolg hat, dann liegt es daran, daß sie ehrgeizig ist, die anderen ausstechen will. Wenn du selber Erfolg hast, dann liegt es daran, daß du praktisch und begabt und fleißig bist.
Wenn die anderen sich um den Chef bemühen, ihn freundlich grüßen, wollen sie sich Liebkind machen. Wenn du dasselbe tust, dann nur, weil du höflich bist.
Wenn eine andere sich ein Kleid im allerneuesten Stil leistet, dann ist sie eine Angeberin, die auffallen will. Kannst du selbst dir das neue Kleid leisten, spricht das für deinen Geschmack.

**Schwesterlichkeit?**

Wir versuchen,
Unterstützung zu leben statt Kampf,
Rückendeckung statt Kon„front"ation,

Ermutigung statt Entmutigung.
Doch oft leiden wir
an Konkurrenz gegeneinander,
Neid aufeinander,
Angst voreinander.
Warum werden „mächtige“ Frauen
von Frauen behindert,
oder auch Frauen,
die einfach nur anders sind?

Laßt uns versuchen,
Ursachen aufzudecken,
miteinander zu reden
und aufeinander zu hören.

**frei von Vorurteilen**

Jesus, der Du den Leprakranken berührt hast,
befreie uns von unseren Abneigungen;

Der Du mit denen gegessen hast,
die sich vorher nicht gewaschen haben,
befreie uns davon, überempfindlich zu sein;

Der Du weder die Rechte
noch die Linke bevorzugt hast,
befreie uns davon, parteiisch zu sein;

Der Du Petrus berufen und wieder berufen hast,
befreie uns davon, verärgert und gekränkt zu sein;

Der Du die geschäftige Marta
und die besinnliche Maria geliebt hast,
befreie uns davon, auf das Ansehen der Person
zu achten;

Befreie uns heute, der Du heute gibst
und nicht auf morgen vertröstest.

Christina Georgina Rossetti

**Abschied von mir selber**

Ich kann mich durch den Ruf des Herrn auch immer neu aus meinen selbstgemachten Sicherheiten und letzten eigenmächtigen Lebensreservaten herausführen lassen, um so endlich ganz und wirklich frei zu werden für seine Pläne mit mir, in denen die Verheißung erfüllten und fruchtbaren Lebens liegt.
In der Hoffnung, daß mir der unmögliche Abschied von mir selbst schließlich doch gelingt, bleibt mir nur die Bitte, die der heilige Niklaus von der Flüe klassisch formuliert hat: „Mein Herr und mein Gott, nimm alles von mir, was mich hindert zu dir. Mein Herr und mein Gott, gib alles mir, was mich fördert zu dir. Mein Herr und mein Gott, nimm mich mir und gib mich ganz zu eigen dir."

Franziskus Eisenbach

## *für richtig halten?*

*Was gilt? Was ist etwas wert? Jeder sucht nach dem, was er für richtig und wichtig hält. Werte – das sind die allgemeinsten Ziele, nach denen Menschen streben. Doch was die einzelnen für erstrebenswert halten, darüber gehen die Meinungen auseinander.*
*Je allgemeiner ein Wert ist, desto eher ist er konsensfähig. Friede zum Beispiel ist als Wert immer aktuell. Doch wie man Frieden erreicht, darüber gehen die Mei-*

*nungen auseinander. Man kann Werte mit Gesetzen schützen. Man kann Normen aufstellen, präzise Ausführungsbestimmungen, um Werte einzugrenzen und festzuschreiben.*
*Und im Konkretfall – kann ich mich darauf berufen, nach bestem Wissen und Gewissen meine Entscheidungen zu fällen? Ich muß mich darauf berufen. Orientierung und Richtmaß ist mir das, was man Gottes Gebote nennt. Die Bibel spricht von „Gottes Weisung".*

**menschenfreundliche Weisung**

Denn: Das Gebot, das ich dir heute auferlege, ist gar nicht schwer für dich, und es ist dir nicht fern. Es ist nicht im Himmel! Sonst würde man sagen: Wer steigt für uns in den Himmel auf, greift es für uns, daß wir es hören und verwirklichen? Es ist auch nicht jenseits des Meeres! Sonst würde man sagen: Wer geht für uns an die Jenseite des Meeres, greift es für uns, daß wir es hören und verwirklichen? Ja, dieses Wort ist dir sehr nahe, es ist in deinem Mund und in deinem Herzen, daß du es verwirklichst.

Deuteronomium 30, 11–14

**und wenn es schwer fällt...**

Gottes Gebote garantieren das Zusammenleben der Menschen. Israel hörte in ihnen die vorsorgende Stimme Gottes, wenn es am Beginn der Zehn Gebote heißt: „Ja, ich, Jahwe, dein Gott, bin ein eifersüchtiger Gott! Ich bestrafe die Schuld der Väter an den Kindern bis zu der dritten und vierten Generation derer, die mich hassen. Ich zeige mich aber gütig zu den Tausen-

den; denen, die mich lieben und meine Gebote beachten" (Exodus 20, 5–6).
Was aber tun, wenn all diese Worte von Gottes Liebe und Zuwendung nichts (mehr) sagen? Wem es so zumute ist, der sollte sich nicht an Gebote hängen. Er sollte es machen wie mancher Psalmenbeter, der seine ganze Mühsal und seinen Jammer vor Gott ausbreitet. Aus vielen Psalmen spricht Verlassenheit und Verzweiflung, angefangen vom Psalm 22, dessen Anfang uns die Evangelisten überliefern als den Hilfeschrei des Gekreuzigten: „Mein Gott, mein Gott, warum hast du mich verlassen?" Man kann auch mit dem 143. Psalm beten: „Jahwe, beeile dich, mir zu antworten; mit meinem Geist ist's zu Ende! Verbirg nicht dein Antlitz vor mir, sonst werde ich gleich denen, die ins Grab steigen" (143, 7).

**Gott die Welt überlassen**

Mich nicht hetzen lassen – keinen Arbeits- und Erfolgsstreß – die Welt und den Betrieb loslassen – ausruhen – mich auf die Ruhe Gottes einlassen – frei sein von der Last der Arbeit – leben, als hätte ich nicht – nicht meine Kräfte messen – vielmehr Kräfte sammeln – singen und tanzen – essen und trinken und lieben und nachdenken – und den loben, der der Grund von allem ist... Mein Gott, wär das schön! Das wäre ein Kontrastprogramm, ein Programm des Verzichtens zugunsten einer größeren Freiheit... Mein Gott, wenn ich anfange, über deine Gebote nachzudenken, dann fange ich an zu begreifen, wie menschenfreundlich sie sind. Kein Wunder, daß Israel das Sabbatgebot so hoch hält. Doch: Nicht Israel hält den Sabbat, sondern der Sabbat hält Israel. Mein Gott, wenn ich dir doch meine kleine Welt überlassen könnte...

**das Leben genießen**

Das christliche Lebensverständnis in den Evangelien ist nicht aszetisch, sondern lust- und genußorientiert. Das Verhältnis zwischen Stellen, an denen Lust und Genuß positiv und negativ besetzt sind, ist etwa zehn zu eins. Die christliche Botschaft vom Leben, das ein Mensch nur gewinnt, wenn er es verliert, das er aber verliert, wenn er es festzuhalten sucht, besagt, daß ein Mensch zum fruchtbaren Schaffen und hingebungsvollen Genuß erst fähig wird, wenn die Sorge um das Festhalten dessen abstirbt, das ohnehin nicht festzuhalten ist: nämlich das Leben. Was die Mystiker „Abschiedlichkeit“ nennen, könnte man heute als Beitrag zum Thema „Konsumenten-Souveränität“ verstehen.
Der Weg zur Hölle ist nicht mit der Lust am Konsum gepflastert. Der Todesweg im Neuen Testament ist der Weg der „Sorge“ und nicht der der Freude. Doch der Weg zum Leben – das ist ein Weg des Abschieds und nicht der des Besitzes. Das bedeutet: Genießen unter der Perspektive des Abschieds. Symbol dieses Genießens ist das Gastmahl.

Dietmar Mieth

**liebevolle Sexualität**

Wenn es nach der Bibel ginge, müßten wir uns vor Sexualität als Sprache der Liebe weder ängstigen noch schuldig fühlen. Gewiß, auch die Bibel weiß um die Gefährdungen, die aus sexuellem Begehren hervorgehen können, wenn die Beziehung nicht stimmt – Gefährdungen, die dadurch nicht geringer werden, daß die Beziehung sich den Schein der Liebe zulegt.

Die Bibel kennt auch die Endlichkeit und das Versagen des Menschen; sexuelle Erfahrung ist davon nicht ausgenommen. Und sicher sind die Bilder liebevoller Sexualität, die die Bibel entwirft, immer auch Gegenbilder gegen die traurige Realität entfremdeter sexueller Beziehungen zwischen Männern und Frauen. Doch es existieren auch sexualpositive Entwürfe. Die Bibel gibt uns kreative Bilder voll inspirierender Kraft, weil sie Männern und Frauen ihr Lieben zutraut.
Wolfgang Bartholomäus

**lebenswert?**

Wenn ich von „lebensunwertem Leben" höre, rege ich mich auf. Wer bestimmt, was „lebenswert" ist? Euthanasie – aktive Sterbehilfe? Auf keinen Fall! Schwangerschaftsabbruch? Die Debatte habe ich satt, vor allem, wenn Männer – fernab von aller konkreten Situation – sich darüber auslassen. Ich lese, das Problembewußtsein „in puncto Abtreibung" sei gewachsen. Das soll mir recht sein.
Mir wäre lieber, das Engagement für das Leben, für den Einsatz für geglücktes Leben würde wachsen; die Lebensbedingungen für Alte und Junge, für Arme und nicht nur für Reiche, für Familien und nicht nur für Alleinstehende – ganz einfach für alle würden besser. Option für das Leben – das lese ich als Schlagzeile; das ist eigentlich schlimm. Sind wir schon so weit, daß Leben, leben wollen, Leben in jeder Form hüten und schützen nicht mehr selbstverständlich ist?
Herr, unser Gott, wie oft lese ich in der Bibel, daß du ein Gott der Lebenden bist und nicht ein Gott der Toten, daß du dich immer wieder zu erkennen gibst als der le-

bendige Gott, der Gott, von dem alles Leben kommt, der Leben schenkt. Gib uns Freude am Leben, gib uns Lust zu leben. Herr, unser Gott, schenk uns das, was die Bibel „Leben in Fülle“ nennt.

## *meine Schuld*

*Sünde ist ein verbrauchtes Wort. Wir können heute nicht mehr als selbstverständlich voraussetzen, daß unsere Mitmenschen sich in einem ernsten Sinn für Sünder halten. Was fangen sie mit einem Satz an: „Ich habe gesündigt vor dem Himmel und vor dir. Ich bin nicht mehr wert, dein Sohn zu heißen“? Was fangen wir selber damit an, wenn wir nachzudenken beginnen?*
*Eher schon ist man bereit, von Schuld und Verantwortung zu reden. Aber auch das wird in Frage gestellt. Deutlicher als früher ist uns klar, daß der Mensch nicht so „frei“ ist, wie man bisweilen meinte.*
*Doch solche Einsicht kann auch leere Entschuldigung sein, Abschieben von Verantwortung. Wenn uns die Grenzen unserer Freiheit deutlich werden, erkennen wir auch klarer den Spielraum, den jede einzelne hat. Und: Wenn wir ehrlich sind, wissen wir genau, wo wir versagt haben, wo wir schuldig wurden, wo wir uns dessen anklagen müssen, was wir „Sünde“ nennen.*

### mit offenen Augen leben

Warum scheuen wir uns, zuzugeben, daß wir Sünder sind? Warum tun wir so, als gäbe es – von den Kriminellen abgesehen – keine Schuldigen? Warum mühen wir uns so sehr, die „Schuld“ immer bei anderen, bei Umständen, Veranlagungen, in der Situation oder der Umwelt zu suchen? Warum versuchen wir, selbst wenn wir allein sind, den Gedanken an das eigene Versagen auszuweichen?

Die Sünde macht uns zu Schwestern und Brüdern, die nicht nur darauf angewiesen sind, daß die Umwelt ein Auge zudrückt; sie brauchen Gott.

Jede kann erkennen, wo sie fehlt, wenn sie nur wagt, es sich einzugestehen. Jede kann versuchen, Schuld, die auf ihr Konto geht, gutzumachen. Jede kann das Netz der Schuld, das sich über die ganze Erde zieht, zu spüren bekommen. Jede kann den Gott rufen, der den Schuldigen nahe ist.

**an jenem Tage**

An jenem Tage,
der kein Tag mehr ist –
vielleicht wird er sagen:

Was tretet ihr an
mit euren Körbchen voller Verdienste,
die klein sind wie Haselnüsse
und meistens hohl?
Was wollt ihr
mit euren Taschen voller Tugenden,
zu denen ihr gekommen seid
aus Mangel an Mut,
weil euch Gelegenheit fehlte
oder
durch fast perfekte Dressur?

Habe ich euch
davon nicht befreit?

Wissen will ich:
Habt ihr die andern
angesteckt mit Leben?

Joachim Dachsel

**Sünde heißt: sich versagen**

Wer Sünde nur als Ungehorsam gegen willkürlich aufgestellte Gebote bezeichnet, erweckt den Eindruck, als seien die Gebote gedacht als Einschränkung der menschlichen Möglichkeiten, als gewollte Beeinträchtigung seiner Vitalität. Er erweckt den Eindruck, als würde man in dem Maße unfrei, wie man sich an diese Gebote hält, und als könne man erst in dem Maße seine menschlichen Möglichkeiten wahrnehmen (im doppelten Sinne von sehen und tun), wie man sich von diesen Einengungen freigemacht habe.
Umgekehrt aber kann ein solches Reden von Sünde bei den „Gutwilligen", bei den vital Schwächeren, dazu führen, daß sie meinen, das Ideal bestehe darin, keinen „Fehltritt" zu tun. Um sich aber vor einem möglichen Fehltritt zu hüten, tut man dann am besten möglichst wenig, und so entsteht eine auffallende Scheu vor dem Handeln; denn je mehr man sich mit dem Leben einläßt, um so mehr häufen sich die Gelegenheiten zur Sünde.
In Wirklichkeit aber besteht Sünde wesentlich darin, daß einer sich weigert, das zu tun, was ihm als Mensch gemäß ist. Sünde besteht in der Ab-sonderung, in der Verweigerung gegenüber der Fülle des Lebens, die Gott dem Menschen eröffnen will; sie besteht im Sich-Versagen gegenüber der vielfältigen Lebensaufgabe, zu der wir durch unser Dasein gerufen werden.

Adolf Exeler

**nicht länger vorübergehen**

Zu oft, Herr, sind wir vorübergegangen.
Zu oft, Herr, gehen wir vorüber.
Zu oft, Herr, werden wir vorübergehen.

Wir gehen auf der anderen Seite
derselben Straße.
Wir halten nicht an, wir warten nicht,
wir sehen nicht hin, wir hören nicht hin…

Aber dort sind Menschen, Herr,
auf der anderen Seite der Straße,
auf der anderen Seite des Zaunes,
auf der anderen Seite des Weges.
Einige sind Kommunisten,
andere Black Panthers,
einige sind Fundamentalisten,
andere Modernisten,
einige sind Katholiken, andere Protestanten,
einige sind Guerilleros,
andere gehören zur Militär-Junta.
Einige tragen lange Haare, andere haben kurze,
einige sind fast nackt,
andere verhüllen ihr Gesicht,
einige sind Vegetarier, andere essen Fleisch.
Es gibt so viel Trennendes, so viele Standpunkte.
Trotz aller Unterschiede verbindet uns eins:
Wir alle sind Menschen,
nach Gottes Bild geschaffen.

Herr, hilf uns,
daß wir nicht länger auf der anderen Straßenseite
an anderen vorübergehen.

M. A. Thomas

**dennoch**

Oft sehe ich Menschen,
die mit Waffen aufeinander losgehen
und nicht eher ruhen,
bis alles Leben vernichtet ist.

Oft sehe ich Menschen,
die aus Argumenten Waffen schmieden
und mit Worten schießen,
die ebenso tödlich sind wie vergiftete Pfeile.

Nicht selten sehe ich Menschen,
die sagen: „Ich bin Pazifist!"
und die im gleichen Atemzug
für den Frieden demonstrieren wollen mit Steinen.

Und dennoch.
Ich habe Hoffnung,
daß alles anders werden kann.
Weil ich glaube, daß die Liebe
vom Kreuz des Todes auferstanden ist –
um uns zu erlösen.

Petra Allkemper

## *umkehren – sich versöhnen*

*„Buße" scheint eher in die Zuständigkeit der Polizei zu gehören als in die der Kirche. Man redet öfter von Bußgeldern als von der Buße für begangene Sünden. Das Wort „Buße" ist abgebraucht, und es scheint notwendig, über andere Begriffe nachzudenken, die das Gemeinte aussagen.*

*In der Bibel wird von „Umkehr“ gesprochen, wenn es um Buße als umfassenden Lebensvorgang geht: umkehren auf einem Weg, den man als falsch erkannt hat; sich neu an einem Ziel orientieren. Man kann auch von „Versöhnung“ reden, vom Sich-Versöhnen und Sich-versöhnen-Lassen; von der Versöhnung, die Gott uns anbietet. Dazu gehört aber auch, daß wir Versöhnung gewähren. In der Bergpredigt ist zu lesen: „Wenn du also deine Gabe zum Opferaltar bringst und dort dich erinnerst, daß dein Bruder etwas gegen dich hat, laß dort deine Gabe vor dem Opferaltar, und geh – erst versöhne dich mit deinem Bruder. Und dann komm, und bring deine Gabe dar“ (Matthäus 5,23–24).*

**Revision des Lebens**

Umkehren im Sinne der Bibel heißt, daß man sich dem Anruf Gottes nicht verschließt, sondern auf ihn eingeht, um sich von dieser Liebe bestimmen zu lassen und auf sie zu antworten.
Das allerdings führt unweigerlich zu der manchmal sehr einschneidenden Forderung, sich von dem loszureißen, was der Liebe widerspricht. Aber das ist ja gerade der lebendigen Liebe eigen, daß sie Hindernisse überwindet, auch wenn dies strapaziös ist. In diesem Sinne bedeutet die Umkehr den Aufbruch aus verschiedenen Formen drohender Verkümmerung des Daseins. Zur Umkehr gehört vor allem die Bereitschaft zur Revision des Lebenskonzeptes unter dem Zuspruch und dem Anspruch Gottes. Dadurch werden die schöpferischen Energien des Menschen freigesetzt; er kann in der Kraft des Schöpfergeistes mit neuem Elan „am Werk Gottes mitwirken“.

**der Weg der Versöhnung**

Herr, unser Gott,
wir wollen den Weg der Versöhnung gehen,
deinen Kreuzweg,
und Brücken bauen
über die Abgründe des Hasses,
über die Meere der Angst,
über die Felsen der Macht,
über die Ströme des Ekels.

Wir bitten dich,
sei du selber die Brücke,
die uns zum anderen trägt.

So gehen wir den Weg der Versöhnung:
wenn wir den Menschen sehen lernen,
nicht durch die Brille von rechts oder links,
nicht durch die Brille von oben oder unten,
nicht durch die Brille konfessioneller Vorurteile.
Wir gehen den Weg der Versöhnung,
wenn der Mensch wieder zählt.

So gehen wir den Weg der Versöhnung:
wenn unser Glaube Hand und Fuß bekommt,
wenn unsere Liebe auf andere übergeht,
wenn unsere Bereitschaft zum Mitleiden
geweckt wird.
Wir gehen den Weg der Versöhnung,
wenn unsere eingefrorene Liebe auftaut.

**umplanen**

Wenn es nur die Alternative gäbe, zwischen „gut" und „böse" zu entscheiden, wäre das Leben nicht schwer.

Aber man muß sich oft zwischen dem größeren und dem kleineren Übel entscheiden; darin liegt die Schwierigkeit. Wesentlich aber ist, daß man sich überhaupt entscheidet, daß man sich nicht treiben läßt. Bereuen heißt: sich anders entscheiden, umplanen, nicht fruchtlos lamentieren. Reue hat wenig zu tun mit Sentimentalität. Reue ist Realismus und neue Entscheidung – auch wenn man dann hinter seinen Entscheidungen herhinkt.

**alles wieder gut**

Wie macht man das
etwas wiederfinden
was verlorenging
Gott
oder die Liebe
und den Glauben
den alten Kinderglauben
alles
alles würde wieder gut

Ilka Scheidgen

**sich keinen Fehler gestatten**

Sich keinen Fehler gestatten,
sich keinen Fehler verzeihen
ist weit schlimmer,
als Fehler zu haben
und mit Fehlern zu leben.

*Ist sie von Leid gezeichnet?*
*Nimmt sie Abstand vom Getriebe?*
*Denkt sie nach über das Schicksal der Welt?*

Sich keinen Fehler gestatten
macht unbarmherzig –
und gestattet selbst Gott nicht die Freude,
barmherzig zu sein.

Kyrilla Spiecker

**schreibe ihnen zugute**

Friede sei den Menschen –
die bösen Willens sind
und ein Ende gesetzt sei aller Rache
und allen Reden von Strafe und Züchtigung …
Aller Maßstäbe spotten die Greueltaten;
sie stehen jenseits aller Grenzen
menschlicher Fassungskraft,
und der Blutzeugen sind gar zu viele …
Darum, o Gott, wäge nicht mit der Waage,
der Gerechtigkeit ihre Leiden,
daß du sie ihren Henkern zurechnest
und von diesen grauenvolle Rechenschaft forderst,
sondern laß es anders gelten.
Schreibe vielmehr den Henkern und Angebern
und Verrätern und allen schlechten Menschen zugute
und rechne ihnen an:
all den Mut und die Seelenkraft der anderen,
ihr Sich-Bescheiden, ihre hochgesinnte Würde,
ihr stilles Mühen bei alledem,
die Hoffnung, die sich nicht besiegt gab,
und das tapfere Lächeln,
das die Tränen versiegen ließ,
und alle Liebe und alle Opfer,
all die heiße Liebe …

ein Jude in Auschwitz

**wandle meine Ähre in Brot**

Tod, schleudere mich nicht in dein Feld,
bevor ich guter Weizensame geworden bin!
Gott, laß mich nicht vor dein Angesicht kommen,
bevor ich heilig bin!
Von einem Augenblick zum andern
werde ich von hundert Winden umhergetrieben;
bald bin ich in der Höhe,
bald in der Tiefe des Abgrunds,
bald bin ich ein König mit dem Diadem,
bald ein elender Bettler.
Ich ändere mich tausendmal, wie ein Rad sich wendet.
Unkraut ist mit meinem Weizen vermischt und Spreu,
und dein guter Same ist mitten unter Dornen
auf dem Acker deines Knechtes.
Niemand außer dir allein, o Gott,
erzähle ich diese meine Not.
Mein Verlangen zielt ja allein auf dich
und deine große Barmherzigkeit.
Du, dem Lebende und Tote in gleicher Weise gehören,
laß mich einmal nicht in meinen Sünden sterben!
Herr, verwandle erst meine Ähre in Brot,
dann mag der Schnitter an mich herantreten,
fülle erst meine Traube mit Wein,
dann mag der Winzer sich nahen! Amen.

Isaak von Antiochien (5. Jh.)

**Versöhnung mit Gott**

Sich mit Gott versöhnen lassen heißt: den Mächten der Zerstörung und des Todes widerstehen.

- Jeder Mensch, unabhängig von Geschlecht, Rasse,

Nation und Sprache trägt Gottes Bild in sich und ist darum gleichberechtigtes Glied der Gesellschaft. Laßt uns unmißverständlich bezeugen, daß Christus selbst in denen, deren Würde mit Füßen getreten wird, leidet; laßt uns ihm nachfolgen, indem wir uns auf die Seite der Unterdrückten, Entrechteten und Gefolterten stellen. Wir werden für die Rechte der Flüchtlinge eintreten und verpflichten uns, eine Gemeinschaft aufzubauen, in der Männer und Frauen zu gleichen Teilen Verantwortung tragen.

- Armut und Hunger sind ein Skandal, der uns nicht ruhen lassen darf. Wir verpflichten uns, sowohl weltweit als im eigenen Umkreis zu teilen, und werden jeden Schritt unterstützen, der dazu beiträgt, daß die Last der Verschuldung, unter der viele Länder der Dritten Welt ersticken, beseitigt wird.
- Der Krieg als Mittel zur Lösung von Konflikten muß überwunden werden. Wir werden, jeder in seinem Lande, alles daransetzen, daß die Vision gemeinsamer Sicherheit verwirklicht werden kann. Wir verpflichten uns heute, über Grenzen hinweg ein Vertrauen zu schaffen, in dem die Bereitschaft zur Beseitigung sowohl atomarer als chemischer und konventioneller Waffen wachsen kann. Zum Weg der Versöhnung gehört unabdingbar das Zeugnis der Gewaltlosigkeit.
- Laßt uns der Illusion den Kampf ansagen, daß der Ausbeutung der Natur keine Grenzen gesetzt sind. Der friedliche Umgang mit der Natur setzt die Absage an lebensbedrohende Strukturen in Wirtschaft und Gesellschaft voraus. Es ist uns erneut klargeworden, daß der heutige Verbrauch von Ressourcen und Energie drastisch reduziert werden muß. Von uns allen ist ein radikal veränderter, einfacher Lebensstil gefordert...

Wir glauben, daß der Geist Gottes am Werk ist, um die Saat aufgehen zu lassen, die hier gesät wurde. Das ist unsere Hoffnung. Das ist unser Gebet.

Botschaft von Basel 1989

**manchmal genügt ein Augenblick**

Manchmal genügt ein kleines Licht,
und ich sehe die Sonne zur Mitternacht.
Manchmal genügt ein Regentropfen,
und ich schöpfe Wasser aus loderndem Feuer.
Manchmal genügt eine Träne,
und das Meer fließt über.
Manchmal genügt ein Wort,
und Mauern weichen zurück.
Manchmal genügt das Schweigen,
und ich höre die Stimme meines Herzens deutlich
wie die eines Bruders.
Manchmal genügt eine Blume,
und ich begreife den Himmel.
Manchmal genügt ein Augenblick,
und ich weiß,
daß ich nicht für den Tod geschaffen bin.

Wolfgang Poeplau

**mir und dir gehören**

Niemand kann sich dir nahen, da du unnahbar bist. Daher erfaßt dich niemand, es sei denn, du schenkst dich ihm. Wie wirst du dich mir geben, wenn du nicht erst mich selbst mir gibst? –
Und wie ich im Schweigen der Betrachtung ruhe, antwortest du mir, Herr, in der Tiefe meines Herzens.

Und du sagst: Sei du dein, so werde ich dein sein!
O Herr, du Beglückung in aller Wonne, du hast es zur Sache meiner Freiheit gemacht, daß ich mein sein kann, wenn ich so gewollt habe. Gehöre ich nicht mir selbst, so gehörst auch du nicht mir.

Nicolaus von Kues

## *aussprechen und loslassen*

*Wenn man über etwas nicht reden will, muß man nach den Gründen fragen. Vielleicht geht es um eine Erfahrung, ein Erlebnis, eine Entscheidung, die nur mich und sonst niemand betrifft. Vielleicht will ich oder muß ich das Geheimnis eines anderen Menschen bewahren und hüten. Es kann aber auch sein, daß ich nicht reden will, weil ich einen Gedanken, ein Wort, eine Tat nicht wahrhaben will. Ich „verdränge", was nicht ans Tageslicht kommen soll.*

*Was man nicht aussprechen kann, das will man auch nicht loslassen. Doch das Verdrängte rumort unter der Decke, verschafft uns schlaflose Nächte, beschneidet unser Wohlbefinden. Kein Wunder, daß es Menschen gibt, die in stundenlangen, schmerzhaften Gesprächen Heilung von leiblichen und seelischen Qualen suchen.*

*Im Buch der Sprichwörter heißt es: „Wer seine Sünden verheimlicht, hat kein Glück" (28,13), und das Buch Numeri empfiehlt: „Sie sollen die Sünde, die sie begangen haben, bekennen" (5,7). Eindeutig ist der Rat im Jakobusbrief: „Darum bekennt einander eure Sünden, und betet füreinander, damit ihr geheilt werdet" (5,16).*

**gemeinsam zu beten**

Herr, bringe uns zu dir zurück.
Wir wollen umkehren.
Erneuere unsere Tage wie zuvor.
Gepriesen seist du, Herr,
der du die Umkehr liebst.
Vergib uns, unser Vater.
Wir sündigten an dir.
Wisch unsere Missetaten aus.
Bring sie aus deinen Augen.
Denn reich ist dein Erbarmen.
Gepriesen seist du, Herr,
der reich ist an Vergebung.

jüdisches Achtzehnbittengebet

**bekennen – wem?**

Schuld zugeben – bekennen, daß ich schuldig bin – zugeben, daß ich etwas falsch gemacht habe – das fällt schwer, nicht nur mir.
Vor Gott meine Schuld bekennen, so habe ich es gelernt.
Und wie ist es mit den Menschen? Zu meinen Verfehlungen und meinem Versagen stehen – hingehen zu meinen Mitmenschen, denen gegenüber ich schuldig geworden bin – um Verzeihung bitten, wenn ich einen anderen beleidigt habe...
Schuld aussprechen – mit einem vertrauten Menschen darüber reden – ihn um Rat bitten – mit ihm zusammen Gott um Vergebung und Einsicht bitten – einander Schuld eingestehen – einander verzeihen.
„Vergib uns unsere Schuld, wie auch wir vergeben unsern Schuldigern."

**sich bereiten**

Das Allgemeine Schuldbekenntnis zu Beginn der Eucharistiefeier kann folgenden Wortlaut haben:
„Bevor wir das Wort Gottes hören und das Opfer Christi feiern, wollen wir uns bereiten und Gott um Vergebung unserer Sünden bitten.
Erbarme dich, Herr, unser Gott, erbarme dich. Denn wir haben vor dir gesündigt. Erweise, Herr, uns deine Huld. Und schenke uns dein Heil."

**Bußgottesdienst**

Was zieht mich dorthin? Ist es nur Bequemlichkeit, oder drücke ich mich davor, selber zu formulieren und zu bekennen, wessen ich schuldig bin? Das mag mitspielen. Aber da schwingt noch etwas anderes mit. Mir wird hier, wie selten einmal, klar, daß Versöhnung nicht nur mit Gott, sondern auch mit der Gemeinschaft der Glaubenden nötig ist. Alle zusammen bekennen sich schuldig, bitten sich gegenseitig um Verzeihung und vergeben einander. – Herr, erbarme dich unser.

**österliche Freude**

Laßt uns gemeinsam unsern Herrn anrufen.
Laßt uns einander zureden und stärken.
Laßt uns einander unsere Sünden bekennen.
Laßt uns in Freude uns gegenseitig umarmen.
Laßt uns selbst jene Brüder und Schwestern nennen,
die uns nicht freundlich gesonnen sind.
Laßt uns einander vergeben,
denn unser Herr ist auferstanden vom Tod.

aus der byzantinischen Osternachtfeier

**Buße und Bußsakrament**

Die Hochform kann nicht ohne Vorformen, ein Gipfel nicht ohne Berg gedacht werden. Es hat keinen Sinn, sozusagen immer nur auf den Gipfel zu schauen und alles darunter einfach zu vergessen oder gar abzuwerten. Ich möchte gegen die schlechte Alternative plädieren: hier Sakrament, also totale Vergebung, dort nichts. Mir scheint hinter einer solchen Alternative – und damit auch hinter vielen Diskussionen um Bußsakrament und Bußgottesdienst – entweder eine magische Vorstellung oder der Denkfehler zu stehen, als gäbe es eine teure und eine billige Form der Versöhnung mit Gott. Es gibt aber weder eine magische Sündenvergebung noch eine „billige Gnade" (Dietrich Bonhoeffer). Ohne Reue, Umkehr und den Willen zur Wiedergutmachung geschieht keine Versöhnung mit Gott, weder im Bußsakrament noch im Bußgottesdienst, noch im Bußakt der Eucharistie – nirgends. Deshalb kann man auch die Komplexität und Komplementarität der verschiedenen Formen der Vergebung ernst nehmen und als ein Ganzes betrachten.

Georg Moser

## *ich bekenne*

*Ohne Zeichen gäbe es keine wirkliche Begegnung zwischen den Menschen. Denn Zeichen machen sichtbar, was sonst verborgen bliebe. Sie drücken aus, was nicht aussprechbar ist, sie machen Seele und Welt des andern offenbar und begründen so eine neue Beziehung.*
*Auch die Zuwendung Gottes zum Menschen geschieht*

*durch Zeichen. Die Theologen nennen diese heilbringenden Zeichen, in denen etwas von Gottes Liebe sichtbar wird, Sakramente. Doch sie sind nicht nur die greifbare Gestalt der Liebe Gottes. Sie fordern die zeichenhafte Öffnung des Menschen für diese Zuwendung.*
*Im Sakrament der Buße bietet Gott dem Menschen Versöhnung an, der zu seiner Schuld steht, indem er sie bekennt und bereit ist, gutzumachen, was er kann.*

**nur ein Augenblick**

Herr, sooft ich bekenne, daß ich gesündigt habe,
drängen meine Worte die Schuld zusammen
zu Punkten, auf jene Augenblicke,
wo ich gelogen, betrogen, verleumdet habe.
So als genüge es,
sich gleichsam der Sekunden der Schwäche
anzuklagen,
die Schuldpunkte zu addieren.
Als wäre ich Hals über Kopf
in versteckte Fallstricke des Teufels hineingetappt –
überrumpelt, blitzschnell.
Habe ich dagegen etwas Gutes getan
– auch nur in Sekundenschnelle –
dann erscheint mir die gute Tat als Ergebnis,
als Ausdruck meines dauernden Gutseins.
Dann spreche ich nicht von einem guten Augenblick,
einem glücklichen Versehen.

Herr, ich bekenne dir,
mein Stolz mißt mit zweierlei Maß,
mit falschen Gewichten, mit ungenauen Uhren.
Was ich Böses tue, verkleinert er,

nennt er Augenblickssache.
Was ich Gutes tue, vergrößert er,
gibt ihm überzeitlichen Charakter.

Herr, ich darf meine Schuld nicht allein
in den Augenblicken der Sünde suchen.
Hilf mir, ihr nachzugehen bis zur Wurzel,
bis zum Anfang.
Zeige mir, wo ich ihr die Möglichkeit gegeben habe,
sich bei mir einzunisten,
wie sie größer werden konnte,
ehe sie aufbrach wie ein Geschwür,
das unter der Haut verborgen war.
Heile meine Wunden,
säe deine Gnade in mich hinein,
daß ich sie wachsen lasse
von Tag zu Tag, von Jahr zu Jahr –
ein Menschenalter lang.

Paul Roth

**mitten in meinem Leben**

Wenn ich im Bußsakrament die Lossprechung höre: „Gott, der barmherzige Vater, hat durch den Tod und die Auferstehung seines Sohnes die Welt mit sich versöhnt...“, glaube ich, daß damit auch meine Welt, mein Alltag, mein Hin- und Hergerissensein, auch mein immer wieder mühsames Umkehren von Gott bereits angenommen ist. Dieses erfahrbare Zeichen seiner Liebe mitten in mein Leben hinein kann meine Situation zuinnerst umkehren und mich einen neuen Anfang finden lassen.

Josef Deppler

**ich bin schuldig**

Ich kann es drehen und wenden, wie ich will, ich fühle mich mies, und ich weiß auch warum. Alle Entschuldigungsmechanismen nützen nichts mehr. Ich bin schuld...
Bin ich das wirklich? Was hätte ich denn tun sollen? Alles war so verdreht und schon falsch „eingefädelt“, bevor ich überhaupt gefragt wurde...
Aber stimmt das denn? Auch wenn ich tausend Gründe finde, die vielleicht verständlich machen, daß ich dies tat und jenes unterließ – ich hätte es besser machen können, wenn ich nur richtig gewollt hätte, wenn ich nur rechtzeitig nachgedacht hätte, wenn ich nur nicht so bequem gewesen wäre, wenn ich auch nur einen Funken Mut aufgebracht hätte...
Aber ist das denn wirklich so schlimm? Schwamm drüber, nicht mehr daran denken, irgend etwas unternehmen, damit ich auf andere Gedanken komme! Aber dann fallen mir die anderen ein, die durch mich hereingefallen sind, die ich „angeschwindelt“ – was heißt das denn: ich müßte sagen, die ich belogen habe; andere, die wegen mir Nachteile haben, die „die Suppe auslöffeln“ müssen, die ich „eingebrockt“ habe! Ich bin schuld, daß es anderen schlecht geht...
Warum kann ich dieses Schuldgefühl nicht abwürgen? Warum gehe ich mit mir selber ins Gericht? Bin ich selber mein Richter, wo ich doch der Kläger bin?
Ich komme nicht heraus aus diesem Teufelskreis. Ich brauche einen, der mich herauszieht. – Herr, erbarme dich meiner!

## ich werde mutlos

Herr, jedesmal wenn ich beichten gehe,
werde ich mutlos.
Nicht, weil ich seit der letzten Beichte
jemanden ermordet,
die Ehe gebrochen habe.
Sondern weil ich einfach derselbe geblieben bin;
die Gewissenserforschung zählt mir
lauter „Standardsünden“ auf,
die ich mir von Beichte zu Beichte,
von Jahr zu Jahr
vornehme zu überwinden.
Ich könnte beichten:
„Ich habe genauso gesündigt
wie vor vier Wochen, vor vier Monaten,
vor vier Jahren.“
Ich ärgere mich, ich bin mir böse.

Herr, vielleicht sind es gar nicht
meine „Standardsünden“,
nach denen ich zuerst forschen sollte.
Vielleicht steckt dahinter eine andere Sünde –
der Hochmut,
der deiner Gnade die Zuwege zu mir versperrt.
Weil ich mich nicht so annehmen will,
wie du mich in diese Welt treten ließest –
auch mit Fehlern und Mängeln.
Weil ich mir vormache,
ich könnte ganz alleine gut und besser werden.
Ich könnte alleine genug Verdienste
für den Himmel sammeln,
so wie der Pharisäer,
der sie im Tempel aufzählte.

Hat nicht der sündige Zöllner Vergebung
bei dir gefunden,
der „reine“ Pharisäer aber keine,
weil der eine sich als Sünder
deinem Erbarmen anvertraute,
der andere aber auf sich selber baute.
So will ich den Kampf gegen die Sünde
wieder aufnehmen,
gegen den Hochmut und die „Standardsünden“,
im Vertrauen auf deine Hilfe und Barmherzigkeit.

Herr, gib, daß der letzte Tag meines Lebens
mich nicht findet
als einen, der deine Sache, der sich aufgegeben hat.
Findet er mich nicht als Sieger,
so doch wenigstens als Kämpfer.

Paul Roth

**kläglich**

Wenn ich meine Sünden bekenne, muß ich mich ehrlich fragen, ob ich mit meinen schönen Worten eine echte Umkehr nicht umgehe, ob ich ihr nicht ausweiche. Ich stelle mich dar mit aller Raffinesse und Eitelkeit. Ich verstecke mich hinter meiner Bequemlichkeit. Ich weiche aus auf bloßen Gebotsgehorsam und Halbglauben. Und obwohl ich mich bei andern darüber lustig mache, muß ich mich fragen, wieviel kleinkarierte und gar magische Motive mich bewegen. Man könnte heulen ob solchem Leerlauf. Auch dazu zu stehen, auch das nicht zu verdrängen – auch das ist ein Stück Buße.

**Beichte – Feier der Versöhnung**

Bei der Feier der Versöhnung bekennt der einzelne seine Sünden. Der Beichtende ist bereit, ein angemessenes Bußwerk zu übernehmen. Der Priester erteilt die Lossprechung mit folgenden Worten:

Gott, der barmherzige Vater, hat durch den Tod und die Auferstehung seines Sohnes die Welt mit sich versöhnt und den Heiligen Geist gesandt zur Vergebung der Sünden. Durch den Dienst der Kirche schenke er dir Verzeihung und Frieden.
So spreche ich dich los von deinen Sünden + im Namen des Vaters und des Sohnes und des Heiligen Geistes. Amen.

**bekehre uns**

Herr, du willst unser Lob;
wir aber seufzen über das, was uns beschwert.
Du willst unseren Dank;
wir aber sehen nur das, was uns fehlt.
Du willst unseren Gehorsam;
wir aber fragen nur nach dem, was uns nützt.
Du willst uns in deiner Nachfolge;
wir aber suchen einen eigenen Weg.
Werde uns doch zu stark, daß wir umkehren zu dir.
Überwinde uns mit deiner Güte,
daß wir Buße tun, ehe es zu spät ist.
Du willst nicht den Tod des Sünders,
sondern daß er sich bekehre und lebe.
So bekehre uns denn, daß wir dir ganz gehören,
dir willig folgen und zu deiner Ehre leben.

Helmut Scheler

**führe mich**

Führ mich, du mildes Licht,
durch diese Finsternis;
führ du mich voran.
Die Nacht umschließt mich schwarz
in heimatfernem Land;
führ du mich voran.
Und lenke meinen Fuß.
Wo einst ich werde stehn,
zu wissen brauch ich nicht.
Laß Schritt um Schritt mich gehn.
Einst war ich ja nicht so
und bat darum auch nicht:
Führ du mich voran.
Wollt selber sagen und sehn,
wohin. Doch jetzt ich fleh:
Führ du mich voran.
Einst wollt ich volles Licht
und – trotzend der Gefahr –
gebot ich stolz mir selbst.
Vergiß, wie einst ich war.
Schon lange deine Hand
mich führt und hält.
Auch jetzt führst du mich voran.
Führ mich durch Sumpf und Moor
und über Fels und Flut,
bis diese Nacht verrann.
Und jene Engel mich
grüßen im Morgenstrahl
die stets ich hab geliebt
– bis auf ein kurzes Mal.

John Henry Newman

# XI. FRÖMMIGKEIT KONKRET

Es ist kein Fremdwort, und dennoch tut sich jeder schwer, zu sagen, was „Frömmigkeit“ ist. Manch einer wird „fromm sein“ mit „beten“ übersetzen. Und daß – christlich verstanden – Frömmigkeit und Gebet eng zusammengehören, ist sicherlich richtig. Aber Frömmigkeit meint noch mehr: Es ist eine Art, Gott und die Welt zu sehen; die Haltung der Zuwendung zu allen Menschen; das Dasein im Angesicht Gottes, ohne aus der Welt zu fliehen; nicht dem Gestern nachzuhängen und nicht vor dem Morgen zu zittern, sondern im Heute den Augenblick zu sehen und zu leben, auf den es ankommt. „Frömmigkeit“, das ist eine Weise zu leben, in der Erkenntnis, daß alles, was ist – das Gute und das Schwere, die Freude und der Schmerz – dazugehören, daß nichts ausgespart ist. Frömmigkeit, das heißt auch: am Bösen in der Welt und an der Bosheit der Menschen – und unserer eigenen – nicht zu verzweifeln.
Diese ganzheitliche, alles umfassende Sicht von Leben und Welt ist mehr als „nur“ Gebet; aber sie drückt sich in unseren Gebeten aus: darin wie wir Gott loben oder ihn bitten, wie wir unseren Alltag an bestimmten Gebetszeiten orientieren, ob wir bestimmte Formen des Betens bevorzugen, ob wir uns darüber im klaren sind, daß Beten in der „stillen Kammer“ und Beten in der Gemeinschaft zusammengehören wie zwei Seiten einer Münze. Unsere Frömmigkeit ist auch geprägt von unserer Haltung zum großen Lob- und Dankgebet der Kirche: der Eucharistiefeier.

## *Arten des Betens*

*Wenn man die Heilige Schrift befragt, was beten ist, so findet man immer wieder den Hinweis: das Angesicht Gottes suchen. Und wenn man in dem großen Buch der Erfahrungen der Menschen mit ihrem Gott blättert, dann zeigt sich, daß das Rufen nach Gott nicht vom übrigen Leben der Menschen zu trennen ist. Beten ist also die Antwort des Glaubens auf das, was geschieht, mitten aus dem Leben heraus. Deswegen gehen im Gebet loben und klagen, suchen und fragen, bitten und flehen oft ineinander über.*
*Dennoch kann man verschiedene Gebetsformen unterscheiden: Lob, Dank, Bitte und Fürbitte. Es gibt das Buß- und Sühnegebet. Man kann auch unterscheiden zwischen dem Gebet des Einzelnen in seiner „stillen Kammer", wie Jesus es in der Bergpredigt empfiehlt, und dem Gebet der Gemeinschaft. Hier sprechen die Betenden im großen Chor wie mit einer Stimme. Deshalb werden die Betenden im Gottesdienst immer wieder aufgefordert: „Lasset uns beten."*

**wie das Morgenrot**

Wie das Morgenrot
ist mein Gott
zu jeder Zeit.

Wie das Morgenrot,
das den Menschen
die Zärtlichkeit
des Vaters kündet,
so ist mein Gott.

Der Gott des Morgens
und des Abends,
und der Gott des Jahres
und der Gott der Jahrhunderte.

Gott ist das Morgenrot
des Lebens.

Pierre Griolet

**Sehnsucht**

Ich sehnte mich
nach einem nahen Wort
und merkte nicht,
daß es längst angekommen.

Nach Sternen griff ich,
und die Hand blieb leer,
mein Herz hat sich
im Träumen übernommen.

Da hast du, Herr,
mit deinem ew'gen Wort
mich angerührt
aus allernächster Nähe.
Nun singe ich ein Leben lang
für dich, mein Gott,
den ich nicht sehe.

Helga Rusche

**Gott der kleinen Leute**

Du Gott der kleinen Leute, höre unser Beten!
Gott des Josef, der von seinen Brüdern

als Sklave verkauft wurde
Gott der Hebräer, die als Fremdarbeiter
ausgebeutet wurden in Ägypten
Gott des Jeremia, der gefangen saß in einer Zisterne
Gott der Verbannten „an den Wasserflüssen Babylons"
und aller Deportierten
Gott der Hirten von Bethlehem und aller Campesinos
Gott der Maria, der „herabgeschaut hat
auf die Niedrigkeit seiner Magd"
Gott des Josef und aller, die „im Schweiße
ihres Angesichts" ihr Brot verdienen
Gott des Flüchtlingskindes Jesus und aller,
die auf der Flucht sind und Asyl suchen
Gott des greisen Simeon und der Hanna
und aller Alten, die die Hoffnung nicht aufgeben
Gott der Brautleute in Kana,
denen der Wein ausging,
und aller Paare und Pärchen
Gott der Frau am Jakobsbrunnen
mit ihren kaputten Beziehungen
Gott des Gelähmten am Teich Betesda und aller,
die „keinen Menschen haben, der ihnen hilft"
Gott der blutflüssigen Frau und aller Kranken
Gott der Mutter des Jünglings von Naim und aller,
die trauern um einen Toten
Gott des Schächers am Kreuz und aller,
die viel auf dem Kerbholz haben
Gott des Diakons Stefanus und aller,
auf die man Steine wirft
Gott der Sonderschüler und Analphabeten,
der Arbeitslosen und Obdachlosen
Gott aller, denen es dreckig geht
Gott aller Enttäuschten, die vergeblich

auf Besuch oder auf Post gewartet haben
Gott des kleinen Mannes, der kleinen Frau,
der kleinen Kinder: Du unser Gott

Hermann Josef Coenen

**gesegnet**

Der Herr
  der Mächtige,
  Ursprung und Vollender
  aller Dinge,
segne dich,
  gebe dir Gedeihen und Wachstum,
  Gelingen deinen Hoffnungen,
  Frucht deiner Mühe,
und behüte dich
  vor allem Argen,
  sei dir Schutz in Gefahr
  und Zuflucht in Angst.
Der Herr lasse leuchten sein Angesicht über dir,
  wie die Sonne über der Erde
  Wärme gibt dem Erstarrten
  und Freude gibt dem Lebendigen,
und sei dir gnädig,
  wenn du verschlossen bist in Schuld,
  er löse dich von allem Bösen
  und mache dich frei.
Der Herr erhebe sein Angesicht auf dich,
  er sehe dein Leid
  und höre deine Stimme,
  er heile und tröste dich
und gebe dir Frieden,
  das Wohl des Leibes

und das Wohl der Seele,
Liebe und Glück.
Amen.
So will es der Herr,
der von Ewigkeit zu Ewigkeit bleibt.
So steht es fest nach seinem Willen für dich.

nach Numeri 6,24–26

**Gott allein**

Nichts soll dich ängstigen,
nichts dich erschrecken.
Alles geht vorüber.
Gott allein bleibt derselbe.
Alles erreicht der Geduldige,
und wer Gott hat, der hat alles.
Gott allein genügt.

Teresa von Avila

**verweilendes Beten**

Es gibt das Gebet in fest formulierten Worten. Das kann eine große Hilfe sein, wenn eigene Worte fehlen; es ist notwendig, wenn in Gemeinschaft gebetet wird. Es gibt aber auch das Gebet ohne den vorformulierten Text. Man kann betend über etwas nachdenken, über einen Satz aus der Bibel, über ein Gedicht, ein Bild, ein Erlebnis. Man kann den Text eines vorgegebenen Gebets bedenken, Wort für Wort, Satz für Satz. Man kann einzelne Worte wiederholen. Man kann still werden und einfach da sein. Langsames betrachtendes Beten bekannter Gebetstexte kann helfen, Routine und gedankenloses Dahersagen von Gebeten zu vermeiden.

**Worten nachhören**

Dem Hirten gleich führt er seine Herde zur Weide. Mit starker Hand sammelt er sie. Auf seinem Arm trägt er die Lämmer, führt mit Sorge die Mutterschafe.

Jesaja 40,11

Fürchte dich nicht, denn ich bin mit dir; schaue nicht um, denn ich bin dein Gott; ich stärke dich, ja helfe dir, ja halte dich fest in meiner heilwirkenden Rechten.

Jesaja 41,10

Wenn er auch verwundet, so verbindet er auch. Schlägt er, so heilen seine Hände auch. Aus sechs Bedrängnissen wird er dich herausretten; in sieben rührt Leid dich nicht an.

Ijob 5,18–19

Heran zu mir alle, ihr Mühenden und Überbürdeten: Ich werde euch aufatmen lassen. Mein Joch nehmt auf euch und lernt von mir. Denn: Sanft bin ich und von Herzen niedrig, und ihr werdet Aufatmen finden für euer Leben. Mein Joch ist ja gut, und meine Bürde ist leicht.

Matthäus 11,28–29

Größere Liebe hat keiner, als wer sein Leben gibt für seine Freunde.

Johannes 15,13

Ja, wenn ihr den Menschen ihre Verfehlungen nachlaßt, wird euer himmlischer Vater auch euch nachlassen. Wenn ihr aber den Menschen nicht nachlaßt, wird auch euer Vater eure Verfehlungen nicht nachlassen.

Matthäus 6,14–15

Wenn also dein Feind hungert, gib ihm zu essen; wenn er dürstet, gib ihm zu trinken.

Römerbrief 12,20

Die Sonne gehe nicht unter über eurer Zornwallung.

Epheserbrief 4,26

Ja, du zündest mir, Jahwe, die Lampe an.
Mein Gott erhellt mir die Finsternis!
Mit dir überrenne ich Gräben,
mit meinem Gott überspringe ich Mauern.

Psalm 18,29–30

Auch wenn ich ginge durch ein Tal –
dunkel, todbringend,
würde ich nichts Böses befürchten,
denn du stehst mir bei;
dein Stab und deine Stütze – sie geben mir Mut.

Psalm 23,4

Mein Gott, mein Gott,
warum hast du mich aufgegeben?
Fern bist du meinem Hilferuf,
den Worten, die ich schreie!
Mein Gott, wenn ich tags rufe,
dann antwortest du nicht;
wenn nachts, dann komm' ich nicht zum Schweigen.

Psalm 22,2–3

Aus den Tiefen rief ich dich, Jahwe.
Herr, hör doch meine Stimme!
Mögen deine Ohren aufmerksam zuhören
meiner flehentlichen Stimme!

Psalm 130,1–2

Jahwe, du hast mich geprüft und du weißt um mich.
Du! Du weißt, wenn ich sitze und wenn ich aufstehe.

Von weitem erkennst du meine Absichten.
Mein Gang und mein Liegen hast du umspannt,
und alle meine Wege sind dir geläufig.
Psalm 139,1–3

**die Sinne üben**

Übungen, durch die man sich der eigenen Sinne bewußt wird, verschüttete Fähigkeiten wecken kann, sind nicht schwer. Sie kosten kaum Zeit. Auf den Versuch kommt es an.

*nicht nur Gegenstände sehen*
Menschen und Dinge in ihrer Eigenart wahrnehmen: ein Lächeln, ein Stirnrunzeln, eine Handbewegung, die Farbe einer Blume, eines Kleides, eines Plakats, die Form einer Frucht, die Griffigkeit eines Gebrauchsgegenstands. – Einen Menschen, ein Ding ansehen – die Augen schließen; testen, wieviel die Augen gesehen haben.

*nicht nur Geräusche hören*
Den Lauten nachhorchen, sie aufnehmen: den Lärm des Verkehrs, des Weckers, der Glocke; das Brummen der Fliege, des Flugzeugs, des automatischen Kochtopfs; die Stimme eines anderen Menschen, das Weinen eines Kindes, das Keifen einer erregten Frau, die eigene Stimme; Musik und Lieder, Klang und Rhythmus.

*nicht nur Nahrung essen*
Den Mund voll nehmen, einen Apfel, eine Nuß, eine Traube, ein Glas Wein, ein Stück Brot, ein Korn Salz – schmecken und kosten.

*Düfte wahrnehmen*
Sich seiner Nase nicht nur dann erinnern, wenn man Schnupfen hat oder in ein verrauchtes oder ungelüftetes Zimmer kommt – riechen: Morgenfrühe, Regen, Kaffee, Mittagsluft, Hitze, Straßenstaub, Bahnhof, Essen, Krankenhaus, Omnibus, Jahrmarkt, Meer.

*nicht nur mit Dingen umgehen*
Probieren, was die Hände fühlen können: einen Stein, ein Glas Wasser, ein Stück Papier, die Haut eines anderen Menschen.

*sich Gefühle erlauben*
Sich erinnern: an ein Lächeln – lächeln; an die Möglichkeit, ein Problem mit Humor zu lösen – sich entkrampfen; an Zärtlichkeit – sich von Zärtlichkeit erfüllen lassen; an Liebe – lieben; an Nähe – nah sein; an Vergebung – Zorn vergessen; an Empfangenes – dankbar werden.

*Spannungen ertragen*
Alles sagen, was ich an Fragen habe; die Zweifel, die ich unterdrücke, vorbringen; Gott sagen, was mich an seinen Forderungen stört, was ich mir von ihm wünsche, was mich bekümmert, wofür ich danke – beten.

**Gebet des Augenblicks**

Unsere Großmütter hätten gesagt: „Stoßgebete", und sie meinten damit jene Form des Gebets, die einem Stoßseufzer gleich oder wie mit einem Zuruf für einen Augenblick jene Tür aufstößt, die unsern Alltag mit seiner Geschäftigkeit gleichsam von Gott trennt. Für

eines Augenblicks Länge schaffen wir die Hürden beiseite, lassen wir unsere Masken fallen, machen wir unser Herz auf und sind uns bewußt, daß Gott uns nahe ist.
Dabei kommt es nicht auf die Worte an, die wir finden. Es genügt das Vertrauen: Gott ist da, für mich da, immer, auch in diesem Augenblick, mitten in Arbeit und Ärger, mitten in der Hetze des Tags. Er hört mich, wenn ich zu ihm rufe.
Im Gebet des Augenblicks rückt Gottes Da-sein und mein Dasein vor seinem Angesicht in den Vordergrund meines Bewußtseins. Die wenigen Worte, die der Augenblick mir eingibt, lassen mich Gottes Nähe innewerden. Darum kann man sie oftmals wiederholen, sie werden nicht abgegriffen.

**Stoßgebete und Hilferufe**

Herr, ich glaube, hilf meinem Unglauben.

In deine Hände, Herr, lege ich meine Sorgen.

Geh mit mir auf meinem Weg.

Hilf, Herr, ohne dich halte ich nicht durch.

Herr, erbarme dich meiner –
erbarme dich unser und unserer ganzen Welt.

Herr, schau auf alle, die im Elend sind.

Geh mit mir durch meinen Tag.

Schütz meine Kinder auf dem Weg, den sie gehen.

Mein Gott, sag mir, was ich tun soll.

Herr, zeig mir den Weg.

Herr, ich bin krank; hilf mir, es zu ertragen.

Herr, gib mir Geduld;
meine Mitmenschen nerven mich.

Meine Geduld ist zu Ende, mein Gott, was soll ich tun?

Herr, warum ist alles so schwer?

Herr, ich danke dir, daß ich den Tag überstanden habe.

Herr, ich bin allein und habe niemand außer dir.

Wohin soll ich mich wenden,
wo soll ich Hilfe finden, Herr?

Herr, wo bist du, warum schweigst du?

Mein Gott, warum hast du mich verlassen?

Herr Jesus Christus, erbarme dich meiner.

**das immerwährende Jesusgebet**

Die Anfänge dieser Gebetsform gehen zurück bis in die Zeit der Kirchenväter des Ostens. In der Ostkirche weit verbreitet, ist es heute auch bei uns im Westen bekannt: eine Meditation, an der auch der Körper beteiligt ist. Der ganze Mensch soll frei sein von Eile und Hetze: zur Ruhe kommen, sich ganz entspannen, gleichmäßig atmen. Im Einklang mit Herzschlag oder mit jedem Atemzug werden die einfachen Anrufungen wiederholt:
„Herr Jesus Christus, erbarme dich meiner."
Das Jesusgebet führt zu innerer Ruhe, zu Versöhnlichkeit und Frieden. Jene, die es üben, bestätigen: Es ist ein Weg zu innerer Freiheit.

## *morgens – mittags – abends*

*Feste Gebetszeiten? Morgens und abends beten? Regelmäßig? Gemeinsames Tischgebet? „Betet ohne Unterlaß“ – so lese ich beim Apostel Paulus. Hatte der denn so viel Zeit? Was er wohl unter „Beten“ verstand?*
*Wieder neu anfangen, regelmäßig zu beten – immer wieder daran denken, daß alles in Gottes Hand liegt – zwischendurch mein Leben auf ihn ausrichten – innehalten – nachdenken – an andere denken – sie Gottes Schutz empfehlen – Stoßgebete – Hilferufe – Gebete des Augenblicks – Gebetsruf mit jedem Atemzug – neu Orientierung suchen – aufatmen – rufen – bitten – danken – loben – beten. Oder zumindest es versuchen…*

### Morgengebet

Wisch weg die Spuren der Nacht.
Verjag den Tod aus mir.

Mach mich heller
als der Tag, der erschienen ist.

Laß mich dich sehen,
der selbst erschienen ist,
eingehüllt in das Licht dieses Tages.

Daß ich beharrlich bin
in Erbarmen und Aufmerksamkeit.

Daß mich Schmerz und Sorgen
nicht abstumpfen.

Daß sich die Kraft zur Liebe mir nicht versagt.

Huub Oosterhuis

**Sonnenstrahlen**

Heute morgen
hat die Sonne
mindestens
zehn Strahlen mehr.
Und die fallen
grad auf mich!
Ich glaub',
die hast du
mir geschickt.
Ich laß mich
von der Wärme
streicheln –
und spüre dich!

Franziska Stern

**Tischgebete**

Aller Augen warten auf dich, o Herr,
du gibst uns Speise zur rechten Zeit.
Du öffnest deine Hand
und erfüllst alles, was lebt, mit Segen.

Wir danken dir, Gott, für deine Gaben.
Laß uns dir dienen, Herr, in ihrer Kraft.
Du hast den Hunger des Leibes gestillt,
doch den Hunger nach deiner Gerechtigkeit
laß in uns nimmer vergehen,
auf daß wir am Ende der Tage
dich in der Zahl deiner Heiligen loben.

All Morgen ist ganz frisch und neu
des Herren Gnad und große Treu;
sie hat kein End den langen Tag,
drauf jeder sich verlassen mag.

Johannes Zwick

Zwei Dinge, Herr, sind not,
die gib nach deiner Huld:

gib uns das täglich Brot,
vergib uns unsere Schuld.

Unsere Augen warten dein,
warten dein zur Zeit der Not.
Und wir bitten, kehre ein,
deck den Tisch uns, brich das Brot.

Das Brot, Herr, uns segne, das tägliche Brot.
Bewahr uns vor Kummer und bitterer Not.
Und gib allen Armen in unserem Land
das tägliche Brot, Herr, mit gütiger Hand.

O Herr, du nährtest wunderbar
mit Manna und der Wachtelschar
dein Volk im wüsten Land.
O nähr auch uns mit Fleisch und Brot,
bewahre uns vor Hungersnot,
führ uns an deiner Hand.

Fridolin Stier

**Meditation am Abend**

Nun ist es Abend, bleib du am Tor sitzen in der Nacht, überwache den Schlaf aller Kinder, der weißen, schwarzen, gelben, das leicht zugängliche Herz der jungen Mädchen, schenk den Liebenden schöne Umarmungen und den Kranken selige Träume, den Sterbenden gib Einsicht in dein Geheimnis, den Mördern laß die Opfer entschlüpfen, den Dieben gib kleine Beute, doch nicht bei den Armen, den Huren sei gnädig, die Einsamen besuche du, meinen Söhnen gib den gesunden Schlaf junger Männer, die Selbstmörder fang auf in deinen Armen, den Freund laß mich besuchen gegen Morgen im Federkleid eines Sperlings an seinem Fenster, und laß mich ein klein wenig wachsen über Nacht, so wie Kinder unversehens wachsen im Schlaf oder während des Krankseins, und werde du deiner Welt nicht müde, gib uns das Beispiel der Treue, damit wir den Mut behalten, dir treu zu sein, dir und unsern Gefährten und allen Menschen, bis zum nächsten Morgen, dann sehen wir weiter.

Luise Rinser

**Lobgesang**

Sei unser Heil, o Herr, wenn wir wachen,
und unser Schutz, wenn wir schlafen;
damit wir wachen mit Christus
und ruhen in seinem Frieden.

Nun läßt du, Herr, deinen Knecht,
wie du gesagt hast, in Frieden scheiden.
Denn meine Augen haben das Heil gesehen,
das du vor allen Völkern bereitet hast,
ein Licht, das die Heiden erleuchtet,
und Herrlichkeit für dein Volk Israel.
Ehre sei dem Vater und dem Sohn
und dem Heiligen Geist,
wie im Anfang, so auch jetzt und alle Zeit
und in Ewigkeit, Amen.

aus der Komplet

## *Maria ehren*

*Sind Sie schon dabei, weiterzublättern? Glauben Sie, daß Ihr Bedarf, was das Thema „Maria“ betrifft, gedeckt ist? Vielleicht verweilen Sie dennoch ein wenig. Es ist faszinierend, was mit dieser Frau geschehen ist. Nicht nur ihr eigener Weg, den Gott ihr vorgezeichnet hat, ist ein Abenteuer. Auch das Interesse, das Generationen von Christen an dieser Mirjam aus Nazaret gefunden haben, ist beachtlich. Es gibt wohl keine Gestalt in der Religions- und Geistesgeschichte, deren Bild so vielfältig widerspiegelt, was Menschen sich wünschen und träumen – was Menschen versucht haben zu verstehen von dem, was Gott mit ihnen vorhat – was Menschen eingesehen haben vom Eingreifen Gottes in unsere Welt – aber auch, was sie erkannt haben vom Schwert, das durch ein Leben gehen kann, und von der Kraft, die aus Glauben wächst, um solches von Leid gezeichnete Leben durchzustehen.*

### Modell für die Glaubenden

Maria, du wirst gerühmt, weil du geglaubt hast,
so sagt deine Verwandte Elisabet.
Am Eingang des Neuen Testaments stehst du,
um uns den Weg zu weisen,
den Weg des Glaubens.
Du bist an die Seite gestellt
einem anderen, dessen Glaube gerühmt wird:
Am Eingang des Alten Testaments
nimmt diesen Platz ein Mann ein:
Abraham gilt als der Vater des Glaubens.
Jetzt steht neben ihm eine Frau –

eine Frau, an so wichtigem Platz.
Dein Glaube, Maria, ist Leitbild für alle,
die deinem Sohn folgen.
Maria, du unsere Schwester im Glauben,
zeig uns, was es heißt,
aus der Kraft des Glaubens zu leben.

**der Rosenkranz**

*Ave Maria*
Gegrüßet seist du, Maria,
voll der Gnade, der Herr ist mit dir.
Du bist gebenedeit unter den Frauen,
und gebenedeit ist die Frucht deines Leibes, Jesus.
Heilige Maria, Mutter Gottes,
bitte für uns Sünder,
jetzt und in der Stunde unseres Todes. Amen.

*die freudenreichen Geheimnisse*
Jesus, den du, o Jungfrau,
vom Heiligen Geist empfangen hast
Jesus, den du, o Jungfrau,
zu Elisabet getragen hast
Jesus, den du, o Jungfrau,
(in Betlehem) geboren hast
Jesus, den du, o Jungfrau,
im Tempel aufgeopfert hast
Jesus, den du, o Jungfrau,
im Tempel wiedergefunden hast

*die schmerzhaften Geheimnisse*
Jesus, der für uns Blut geschwitzt hat
Jesus, der für uns gegeißelt worden ist
Jesus, der für uns mit Dornen gekrönt worden ist

Jesus, der für uns das schwere Kreuz getragen hat
Jesus, der für uns gekreuzigt worden ist

*die glorreichen Geheimnisse*
Jesus, der von den Toten auferstanden ist
Jesus, der in den Himmel aufgefahren ist
Jesus, der uns den Heiligen Geist gesandt hat
Jesus, der dich, o Jungfrau,
in den Himmel aufgenommen hat
Jesus, der dich, o Jungfrau,
im Himmel gekrönt hat

**intensive Kommunikation**

Die Kraft, die vom Ave Maria ausgeht, habe ich erst erfahren, als meine Eltern alt geworden. Meine fast erblindete Mutter hielt sich am Rosenkranz, diesem Wiederholungsgebet, das mit Maria zusammen bedenkt, was Gott in Jesus für uns getan. Und die aneinandergereihten Ave Maria – sie alle enden mit dem Satz: „Heilige Maria, Mutter Gottes, bitte für uns Sünder, jetzt und in der Stunde unseres Todes.“ Wer dieses Gebet wieder und wieder mit einem alten Menschen betet, dem wird aufgehen, welche Kraft daraus wachsen kann. Mit meiner sterbenden Mutter gebetet, ist dieses Gebet das meine geworden.
Und dann war mein alter Vater allein; sein Horizont und sein Interessenkreis waren schmal und eng geworden. Er freute sich, wenn ich kam; aber die wenigen Sätze, die übriggeblieben waren, die waren bald ausgetauscht. Und dann? Ich habe mit meinem Vater Rosenkranz gebetet. Das konnte er bis zur letzten Minute. Es war eine sehr intensive Kommunikation.

*Das Kind fühlt sich wohl.*
*Gleich fängt es an,*
*am Mantel der Mutter zu ziehen.*
*Gott ist Mensch geworden.*

## Asyl bei Maria

Fremde, unbekannte Gefahr – was macht ein Kind? Es flüchtet an die Hand der Mutter. Und hat die Mutter alle Hände voll zu tun, ist auch der Rockzipfel genug. In den Falten sich bergen, den Kopf verstecken...
Unter den schützenden Mantel eines Großen sich flüchten – das war eine im Rechtsleben bekannte Situation. Verfolgte suchten „Mantelschutz". Vornehme Frauen hatten das Recht, einem Flüchtigen unter ihrem Mantel Asyl zu gewähren.
Und wer gibt mir „Schutz" vor den bedrohlichen Mächten des Lebens? Wer bewahrt mich vor aller Anfechtung? Wir brauchen eine Fürsprecherin, die vermittelnd für uns einsteht, die das Flehen hört, die uns nicht zurückweisend ablehnt. – Ein Mariengebet, das bis ins 4. Jahrhundert zurückgeht, bringt diese Bitte ins Wort:

Unter deinen Schutz und Schirm fliehen wir, heilige Gottesmutter. Verschmähe nicht unser Gebet in unseren Nöten, sondern errette uns jederzeit aus allen Gefahren, o du glorwürdige und gebenedeite Jungfrau, unsere Frau, unsere Mittlerin, unsere Fürsprecherin. Führe uns zu deinem Sohne, empfiehl uns deinem Sohne, stelle uns vor deinem Sohne.

Maria soll also ein gutes Wort für uns einlegen und uns „ihrem Sohn vorstellen". Damit endet das Gebet. Der Ruf an Maria hat einen offenen Schluß. Wenn sie uns auf unseren Irrwegen aufgegriffen und geführt, wenn sie uns schützend „dem Sohn empfohlen" hat, ist ihre Aufgabe erfüllt. Dann stehen wir vor ihm: Dann gilt nur noch er.

## *Eucharistie feiern*

*Leute, die auf dem Weg zur Eucharistiefeier sind, sagen: Sie „gehen in die Kirche". Das ist gar nicht so ungenau, wie es scheint; denn Kirche verwirklicht sich tatsächlich in der Feier der Eucharistie wie nirgendwo sonst. Hier zeigt die Gemeinschaft der Christen, woher sie kommt, wo sie steht und wohin sie geht. Hier feiert sie Gottes Wohlwollen, wie es durch Jesus Christus zum Vorschein gekommen ist.*
*Zur Eucharistiefeier kommen heißt also nicht nur: zu einer bestimmten Zeit an einem bestimmten Ort beten. Es heißt vielmehr: die Bereitschaft mitbringen, mit andern zusammen zu beten, zu singen, zu hören, sich ändern zu lassen. Es heißt: die Bereitschaft haben, mit andern zusammen Gott zu danken für alles, was er für uns getan hat und tut.*

**das Allgemeine Schuldbekenntnis**

Wir leben von der Vergebung. Deswegen beginnt jede Eucharistiefeier mit dem Bekenntnis unserer Schuld.

Ich bekenne Gott, dem Allmächtigen,
und allen Brüdern und Schwestern,
daß ich Gutes unterlassen und Böses getan habe –
ich habe gesündigt in Gedanken, Worten und Werken
durch meine Schuld, durch meine Schuld,
durch meine große Schuld.
Darum bitte ich die selige Jungfrau Maria,
alle Engel und Heiligen
und euch, Brüder und Schwestern,
für mich zu beten bei Gott, unserem Herrn.

## Gloria

Das Gloria (so benannt nach dem ersten Wort, wenn man es lateinisch singt: Gloria – Ehre) ist eines der ältesten Loblieder, das wir in der Westkirche haben; es ist uns schon in Handschriften aus dem 4. Jahrhundert überliefert.
Die Ostkirche ist im Lob Gottes mehr geübt als wir, die wir gerne an „bitten“ denken, wenn wir „beten“ sagen. Vielleicht sollte man wenigstens das Gloria auswendiglernen.

Ehre sei Gott in der Höhe
und Friede auf Erden den Menschen seiner Gnade.
Wir loben dich,
wir preisen dich,
wir beten dich an,
wir rühmen dich und danken dir,
denn groß ist deine Herrlichkeit:
Herr und Gott, König des Himmels,
Gott und Vater, Herrscher über das All,
Herr, eingeborener Sohn, Jesus Christus.
Herr und Gott, Lamm Gottes, Sohn des Vaters,
du nimmst hinweg die Sünde der Welt:
erbarme dich unser;
du nimmst hinweg die Sünde der Welt:
nimm an unser Gebet;
du sitzest zur Rechten des Vaters:
erbarme dich unser.
Denn du allein bist der Heilige,
du allein der Herr,
du allein der Höchste: Jesus Christus,
mit dem Heiligen Geist,
zur Ehre Gottes des Vaters. Amen.

## Apostolisches Glaubensbekenntnis

Von Anfang an haben Christen versucht, ihren Glauben in kurzen Sätzen auszusprechen. Bis heute ist in den christlichen Kirchen das „Apostolische Glaubensbekenntnis“ das gebräuchlichste geblieben. „Apostolisch“ ist es in dem Sinn, daß es die von den Aposteln überkommene Botschaft gültig zusammenfaßt.

Ich glaube an Gott,
den Vater, den Allmächtigen,
den Schöpfer des Himmels und der Erde,
und an Jesus Christus,
seinen eingeborenen Sohn, unsern Herrn,
empfangen durch den Heiligen Geist,
geboren von der Jungfrau Maria,
gelitten unter Pontius Pilatus,
gekreuzigt, gestorben und begraben,
hinabgestiegen in das Reich des Todes,
am dritten Tage auferstanden von den Toten,
aufgefahren in den Himmel;
er sitzt zur Rechten Gottes,
des allmächtigen Vaters;
von dort wird er kommen,
zu richten die Lebenden und die Toten.
Ich glaube an den Heiligen Geist,
die heilige katholische Kirche,
Gemeinschaft der Heiligen,
Vergebung der Sünden,
Auferstehung der Toten
und das ewige Leben. Amen.

## Sanctus

Am Anfang des Hochgebets preist die Gemeinde die Heiligkeit Gottes. Das Lied (Sanctus – heilig) nimmt den Lobruf der Engel auf, den Jesaja in der Stunde seiner Berufung hörte (Jesaja 6,3).

Heilig, heilig, heilig
Gott, Herr aller Mächte und Gewalten.
Erfüllt sind Himmel und Erde von deiner Herrlichkeit.
Hosanna in der Höhe.
Hochgelobt sei, der da kommt im Namen des Herrn.
Hosanna in der Höhe.

## Geheimnis des Glaubens

Wenn der Priester Leib und Blut Christi der Gemeinde gezeigt hat, antwortet sie mit einem Bekenntnissatz auf dieses Geheimnis; das heißt: sie spricht aus, daß das, was Gott in Jesus Christus für uns getan hat und tut, etwas unaussprechlich Kostbares, etwas unbeschreiblich Schönes ist, das unser Begreifen übersteigt.

Deinen Tod, o Herr, verkünden wir,
und deine Auferstehung preisen wir,
bis du kommst in Herrlichkeit.

## Vaterunser

Das Vaterunser ist das Gebet, von dem überliefert ist, daß Jesus selber es seine Jünger gelehrt hat. Für alle Christen ist es deshalb ein Gebet besonderer Art.

Vater unser im Himmel,
Geheiligt werde dein Name.

Dein Reich komme.
Dein Wille geschehe,
wie im Himmel so auf Erden.
Unser tägliches Brot gib uns heute.
Und vergib uns unsere Schuld,
wie auch wir vergeben unsern Schuldigern.
Und führe uns nicht in Versuchung,
sondern erlöse uns von dem Bösen.
Denn dein ist das Reich und die Kraft
und die Herrlichkeit in Ewigkeit. Amen.

**Agnus Dei**

Wieder eine lateinische Bezeichnung, die von den beiden ersten Worten (Lamm Gottes) stammt. Beim Brechen des Brotes wird gebetet, was Johannes der Täufer über Jesus gesagt hat (Johannes 1,29).

Lamm Gottes,
du nimmst hinweg die Sünde der Welt:
erbarme dich unser.
Lamm Gottes,
du nimmst hinweg die Sünde der Welt:
erbarme dich unser.
Lamm Gottes,
du nimmst hinweg die Sünde der Welt:
gib uns deinen Frieden.

**Nicht würdig**

Das Bekenntnis des heidnischen Hauptmanns, der Jesus für seinen kranken Diener bat: „Ich bin nicht würdig, daß du in mein Haus kommst“ (Matthäus 8,8), ist zum Gebet vor der Kommunion geworden.

Herr, ich bin nicht würdig,
daß du eingehst unter mein Dach,
aber sprich nur ein Wort,
so wird meine Seele gesund.

**Segen**

Den Segen Gottes über Menschen herabzurufen und sie unter seinen besonderen Schutz zu stellen, ist alte biblische Tradition. Deshalb endet auch jede Meßfeier mit der Bitte um Gottes Segen.

Der Herr segne uns und behüte uns.
Der Herr lasse sein Antlitz über uns leuchten
und sei uns gnädig.
Der Herr wende uns sein Angesicht zu
und gebe uns seinen Frieden.

**Kreuzzeichen**

Eine Form, den Segen Gottes herabzurufen, ist auch das Kreuzzeichen. Dieser Ritus ist uns schon aus dem 2. Jahrhundert überliefert. Die Verbindung von Kreuzzeichen und Bekenntnis zum dreieinigen Gott weist auf Taufbekenntnis und Taufspendung hin.

Im Namen des Vaters und des Sohnes
und des Heiligen Geistes. Amen.

**Dank und Bitte**

Von der Ostkirche können wir im Westen lernen, Gott zu loben. Deshalb sollen die Texte zur Eucharistiefeier mit einem Hymnus von Johannes Chrysostomus (†407) enden. Er war Patriarch in Konstantinopel (dem heutigen Istanbul).

Herr Jesus Christus,
du bist das Brot, das lebendig macht,
du bist das Brot, das zu Brüdern macht,
du bist das Brot, das der Vater uns schenkt.
Du bist der Weg, den wir gewählt haben,
du bist der Weg, der durch Leiden führt,
du bist der Weg, der zur Freude führt.
Es ist würdig und recht, dir zu singen,
dich zu loben, dir Dank zu sagen,
dich anzubeten an jedem Ort deiner Herrschaft.
Denn du bist der unaussprechliche,
unbegreifliche, unsichtbare, unfaßbare Gott.
Du bist der ewig Seiende,
der gleichbleibend Seiende,
du und dein einziggeborener Sohn
und dein Heiliger Geist.
Du hast uns aus dem Nichts ins Dasein gebracht,
hast uns aus unserm Fall wieder aufgerichtet.
Du hast nichts versäumt, sondern alles getan,
um uns in den Himmel zu erheben
und uns dein künftiges Reich
gnädig zu schenken.
Für das alles sagen wir dir Dank,
ebenso deinem einziggeborenen Sohn
und deinem Heiligen Geist:
für alles, was wir kennen
und was wir nicht kennen,
die offenbaren und die verborgenen Wohltaten,
die uns erwiesen worden sind.

Johannes Chrysostomus

# XII. DEN GLAUBEN BEKENNEN

„Ich glaube“ bedeutet in der Alltagssprache: Ich vermute, ich weiß es nicht genau. „Ich glaube dir“, das heißt schon mehr: Ich vertraue dir; ich verlasse mich auf das, was du sagst. Sagt jemand: „Ich glaube an dich“, dann heißt das: Ich vertraue dir so, daß ich mein Leben darauf setze. Das kommt dem „An-Gott-Glauben“ schon sehr nahe.

Es ist nicht selbstverständlich, daß Menschen an Gott glauben; aber es ist selbstverständlich, daß sie Fragen stellen und auf diese Fragen eine Antwort suchen. Menschen fragen nach dem Sinn ihres Lebens, nach dem Woher und Wohin; sie fragen nach dem Grund, auf den sie ihr Leben bauen.

Die Antworten auf solche letzten Fragen sprechen Menschen aus. Sie geben Zeugnis von dem, was ihr Leben hält. Sie suchen Gemeinschaft mit anderen, die mit ihnen sagen und bekennen, wie sie die Welt verstehen. Sie fassen in Worte, was sie glauben; sie bekennen ihren Glauben.

## *vertrauen und glauben*

*Im Alltag denken wir nicht darüber nach, wieviel wir anderen vertrauen müssen, damit unser Leben „läuft“. Es ist aber wichtig, sich darüber klarzuwerden, worauf unser Vertrauen gründet. Wer sich auf etwas verläßt, das nicht trägt, der ist verlassen!*

*Wenn ein Christ sagt: Ich verlasse mich auf Gott, ich mache mein Leben an ihm fest, spricht er von seinem Glauben. Wer sagt: „Ich glaube“, der ist überzeugt: Gott ist da; er liebt mich; er vergißt mich nicht.*
*Doch den Glauben „hat“ man nicht ein für allemal. Glaube lebt oder stirbt ab. Und wenn man auf dem Weg durchs dunkle Tal geht, dann kommt nur weiter, wer bewährten Erfahrungen anderer Glauben schenkt. Es ist tröstlich, daß uns im Markusevangelium der Ausruf von einem überliefert ist, der glaubend bei Jesus Hilfe suchte: „Herr, ich glaube; hilf meinem Unglauben!“ (9,24).*

**Wandlungen**

Wenn dir der Gedanke kommt, daß alles, was du über Gott gedacht hast, verkehrt ist und daß es keinen Gott gibt, so gerate darüber nicht in Bestürzung. Es geht allen so. Glaube aber nicht, daß dein Unglaube daher rührt, daß es keinen Gott gibt. – Wenn du nicht mehr an den Gott glaubst, an den du früher glaubtest, so rührt es daher, daß in deinem Glauben etwas verkehrt war, und du mußt dich bemühen, besser zu begreifen, was du Gott nennst. Wenn ein Wilder an seinen hölzernen Gott zu glauben aufhört, so heißt das nicht, daß es keinen Gott gibt, sondern nur, daß er nicht aus Holz ist.

Leo Tolstoi

**nicht ohne dich**

Gott, ich spreche deinen Namen in die Dunkelheit,
in das Dunkel meiner Angst,
in die Finsternis meiner Schuld,

in die Not meiner Fragen und Zweifel.
Gott, ich lege in diesen Namen
mein ganzes Vertrauen,
meine Hoffnung auf Geborgenheit,
meine Sehnsucht nach einem Du,
mein Verlangen, angenommen zu sein.
Gott, dein Name hat in mir ein vertrautes Echo,
es antwortet in mir meine Einsamkeit auf dich,
es antwortet in mir meine Verlorenheit auf dich,
es antwortet in mir mein kleines, armseliges Ich.
Denn frage ich nach mir, so stoße ich auf dich,
verliere ich mich, so fehlst du mir.
Ich *bin* nicht ohne dich.

Alfons Höfer

**„ich glaube" – einmal anders**

Ich glaube, daß es sich zu leben lohnt. Ich glaube, daß es nicht drauf ankommt, was man tut, sondern daß man das, was man tut, ganz tut. Ich glaube, daß man nicht so viel nach morgen und übermorgen fragen sollte. Ich glaube, daß es nicht wichtig ist, wie eine ferne Zukunft aussieht. Ich glaube, daß man die Zeit auskaufen muß, wenn man Mensch sein will. Ich glaube, daß man Vergangenes nicht beklagen sollte, sondern daß man umplanen muß, wenn etwas schiefläuft. Ich glaube, daß die Menschen, so wie sie sind, liebenswert sind und nicht, wie wir sie haben möchten. Ich glaube, daß Gott in der Welt zu finden ist. Ich glaube, daß man im konkreten Augenblick Gott erfährt. Ich glaube, daß die Welt mit allem, was ist, nur in Gott ihren Sinn hat. Ich glaube, daß Gott zum Menschen steht und daß er ihn liebt, so wie er ist.

## ich glaube an mich selbst

Ich glaube an Gott,
und ich glaube an den Menschen
als Bild Gottes.
Ich glaube an die Menschen,
an ihr Denkvermögen,
an ihre aufreibende Arbeit,
die sie zu dem gemacht hat, was sie sind.
Ich glaube an das Leben
als Freude und als Dauer,
nicht ein Eintagsgeschenk, vom Tode beherrscht,
sondern eine endgültige Gabe.
Ich glaube an das Leben
als unbegrenzte Möglichkeit
der Erhebung und Verfeinerung.
Ich glaube an die Freude:
die Freude einer jeden Jahreszeit,
eines jeden Ruheplatzes,
eines jeden Sonnenaufgangs,
eines jeden Lichtstrahls,
der entspringt aus dem Verstand,
aus den Sinnen, aus dem Herzen.
Ich glaube an die Möglichkeit
einer großen Menschheitsfamilie,
wie Christus sie wünscht:
Austausch aller Güter des Geistes
und der Hände im Frieden.
Ich glaube an mich selbst,
an die Fähigkeit, die Gott mir verliehen,
auf daß ich die größte aller Freuden erfahren darf:
die Freude, zu geben und mich hinzugeben.

Giulio Bevilacqua

## Glaubenkönnen und -dürfen

Glauben bedeutet Amen sagen zu Gott, sich festmachen und sich gründen in Gott; Glauben bedeutet Gott ganz Gott sein lassen, und das heißt: ihn als den einzigen Grund und Sinn des Lebens anerkennen. Der Glaube ist also das Sein im Empfang und im Gehorsam. Glaubenkönnen und Glaubendürfen ist Gnade und Heil, weil im Glauben der Mensch Halt und Grund, Sinn und Ziel, Inhalt und Erfüllung findet und damit erlöst wird aus der Haltlosigkeit, Ziellosigkeit, Inhaltslosigkeit und Leere seines Daseins. Im Glauben kann und darf er sich annehmen, weil er selbst von Gott angenommen ist. Im Glauben sind wir daher als Söhne und Töchter Gottes angenommen und bestimmt, an Wesen und Gestalt des einen Sohnes Gottes teilzuhaben (Röm 8,29).

Walter Kasper

## weißt du noch?

Weißt du noch –
damals, als ich Kind war,
was ich glaubte?

Ich glaubte an Gott,
einen gütigen Vater,
eine gütige Mutter,
alles verstehend
und immer verzeihend.

Ich glaubte an Liebe,
die sich verschenkt
zwischen den Menschen,
ohne Berechnung
und ohne Angst.

Auch an Gerechtigkeit
glaubte ich fest,
in der es nicht gibt
Vorrecht noch Unrecht,
Starke noch Schwache.

Auch an den Frieden
glaubte ich da,
der möglich ist
unter den Menschen,
die guten Willens sind.

Und an die Kraft
glaubte ich,
die dieser Glaube mir schenkt,
im Vertrauen auf Gott,
Tag für Tag.

Weißt Du noch –
damals, als ich Kind war,
was ich glaubte?

Selbst heute noch –
längst nicht mehr Kind –
möchte ich leben
aus diesem Glauben.

Doris Lindenblatt

**aus der Mitte meines Glaubens**

Ich glaube, daß da Menschen sind,
die Gottes Geist bewegt und antreibt.
Ich glaube, daß ich seinen Geist
in ihnen spüren kann,
ja ihn manchmal ein bißchen

*Möglichst lustig müssen sie sein,*
*farbig und knallig –*
*so wie die T-Shirts von allen*
*und doch ein bißchen anders.*
*Keine Ausnahme*
*und doch ein Sonderfall!*
*Wie dieses Kind – so auch ich.*

hineinwachsen lassen kann in mich.
Ich glaube, daß dieser Geist mich bewegt,
auch dorthin, wohin ich nicht will.
Ich glaube, daß ich diesen göttlichen Geist
lieben möchte, auch dann, wenn ich ihn nicht verstehe.
Ich glaube an den Gott im Menschen,
den Gott in den Vielen, die in ihm eins werden.

Siegfried Firsching

**Bekenntnis zur Heiligkeit**

Ich bekenne vor Gott dem Allmächtigen,
ich anerkenne vor meinen Brüdern,
daß ich von Gott geliebt bin
über alle Vorstellung hinaus
und daß seine Heiligkeit mich umwandelt.
Ich tue nicht immer das Gute, das ich will.
Ich tue manchmal das Böse, das ich nicht will.
Aber ich bin sicher, daß in meiner Gebrechlichkeit
die Kraft des Herrn widerscheinen wird.
Darum rühme ich mich auch meiner Schwächen;
denn ich weiß, daß nichts mich trennen kann
von der Liebe des Hochheiligen,
die sich geoffenbart hat in Jesus Christus,
meinem Bruder und meinem Retter.
Amen. Halleluja.

Hervé Cnudde

**an einen Gott glauben?**

Die Lösung des Problems des Lebens merkt man am Verschwinden dieses Problems.
Kann man aber so leben, daß das Leben aufhört, pro-

blematisch zu sein? Daß man im Ewigen *lebt* und nicht in der Zeit?
Ist nicht dies der Grund, warum Menschen, denen der Sinn des Lebens nach langen Zweifeln klar wurde, warum diese dann nicht sagen konnten, worin dieser Sinn bestand?
An einen Gott glauben heißt die Frage nach dem Sinn des Lebens verstehen.
An einen Gott glauben heißt sehen, daß es mit den Tatsachen der Welt noch nicht abgetan ist.
An Gott glauben heißt sehen, daß das Leben einen Sinn hat.

Ludwig Wittgenstein

**was ich glaube**

Ich lebe in einer Welt mit Freude und Leid – einer Welt, die bestimmt ist von Geboren-Werden und Sterben, von Wachsen und Blühen und Gelingen und Scheitern und Vergehen und Neuanfangen. In diesen Rhythmus bin auch ich eingebunden, und ich nehme diese Wirklichkeit ernst. Trotz dieses Lebens und Sterbens und Lebens und Vergehens glaube ich, daß das nicht alles ist. Ich ahne und erfahre, daß hinter allem und über allem einer ist, der das alles in seiner Hand hat. Diese Ahnung und Erfahrung teile ich mit anderen: Menschen anderer Zeiten, anderer Generationen haben die Erfahrung gemacht, daß Leben in dieser Welt von einem Sinn getragen ist, daß einer hinter allem steht, der auch mein Leben trägt. Im Glauben mit anderen bekenne ich: Gott steht auf unserer Seite, Gott steht zum Menschen. Das haben unsere Väter im Glauben auf vielfältige Weise erfahren.

Am nächsten, am intensivsten, am offenkundigsten erfahren die Glaubenden das Nahesein Gottes in Jesus Christus. In ihm ist Gott unser Bruder geworden, hat ein menschliches Gesicht angenommen, hat alle Last und Mühsal menschlichen Lebens, menschlicher Geschichte auf sich genommen – ganz einer von uns. Er hat gelebt und gezeigt und erzählt und erfahrbar gemacht, was es heißt, daß Gott auf unserer Seite steht, daß er uns heraus- und hindurchretten will durch Chaos und Schuld und Not und Tod. Er hat Menschen aufgerufen, zusammenzustehen, sich gegenseitig beizustehen, daß sie ihr Leben bestehen können. Und er hat denen, die ihren Weg in seinem Geist gehen, zugesagt, daß er bei ihnen ist, wenn sie in seinem Namen zusammen sind, wenn sie Menschen und Welt ernst nehmen, wenn sie Menschen und Welt in ihr ganzes Leben einbeziehen.
Im Vertrauen auf ihn, auf sein Wort, sein Leben verlasse ich meine Sicherheiten und verlasse mich auf ihn, daß er mich und diese ganze Welt nicht verloren sein läßt.

## *als Christen glauben*

*Von Anfang an haben die Christen versucht, ihren Glauben in kurzen Sätzen auszusprechen. Sie sagten zum Beispiel: „Jesus ist der Christus." Damit wollten sie bekennen: Wir glauben, daß Jesus von Nazaret der von Gott gesandte Messias und Retter ist. Auch später haben sich die Christen immer wieder bemüht, ihren Glauben in wenigen Sätzen und doch zugleich umfassend zu bekennen. Bis heute ist das sogenannte*

*„Apostolische Glaubensbekenntnis“ das gebräuchlichste geblieben. – „Apostolisch“ ist es in dem Sinn, daß es die von den Aposteln überkommene Botschaft gültig zusammenfaßt.*
*Das Glaubensbekenntnis ist zunächst Ausdruck des Vertrauens auf den Gott, der in der Geschichte gezeigt hat, daß er zum Menschen steht. Damit ist es zugleich ein Lob- und Preislied auf die Taten Gottes zu unserem Heil. Die Gemeinschaft der Glaubenden versteht es aber auch als gültige Formulierung der Grundwahrheiten ihres Glaubens.*

**ein „weltliches“ Credo**

Wir glauben,
daß wir Teil der Schöpfung sind
und daß wir nur Zukunft haben,
wenn wir in Harmonie mit der Natur leben
und uns verantwortlich wissen
für kommende Generationen.
Wir glauben,
daß jeder Mensch mehr ist als ein Mensch.
Daß jeder auf dem Weg ist,
der zu werden, der er sein kann.
Daß jeder einzelne wertvoll ist
und unverletzlich in seiner Würde.
Daß das Leben eines jeden
Geheimnis bleibt,
nicht verfügbar, nicht verrechenbar
nach den Grundsätzen der Nützlichkeit.
Wir glauben,
daß wir erst frei werden, wenn wir erfahren,
daß wir leben ohne Grund:

Nicht durch Leistung
und nicht durch Rechtsansprüche
gewinnt unser Leben seinen Wert.
Das Beste wird uns geschenkt.
Wir glauben,
daß wir glücklicher werden,
wenn einer dem anderen Wegbegleiter ist.
Nicht Konkurrent, sondern einer,
der dankbar sein kann,
daß es den anderen gibt.
Wer so in absichtsloser Solidarität lebt,
sieht sich selbst und den anderen neu.
Er stiftet Leben, und er erfährt,
wie lebensgeschichtliche Wunden heilen.
Wir glauben,
daß wir lernen, uns selbst anzunehmen
in Gemeinschaften,
in denen einer vom anderen erfährt,
daß er unbedingt erwünscht ist.
In Gemeinschaften, die keinen ausgrenzen,
in denen Männer und Frauen
gleich viel wert sind.
Dort erfahren wir,
wie sich Angst in Vertrauen verwandelt.
Dann können wir im fremden Anderen
unseren Bruder, unsere Schwester erkennen.
Und wir lernen, ohne Feindbilder zu leben.
Wir glauben,
daß dann schöpferische Kräfte geweckt werden:
Wir entwerfen miteinander
den Traum von einer Gesellschaft,
die auf Gerechtigkeit und Frieden gründet.
Im Gespräch und im politischen Handeln

werden dort lebensgeschichtliche
und strukturelle Schuld aufgearbeitet.
Denn alle wissen sich verantwortlich
füreinander,
und jeder wird fähig,
seine eigenen Grenzen
und seine persönliche Schuld anzunehmen.
Arbeit wird dann zur Erfahrung der Phantasie
und der Solidarität.
Technik und Wissenschaft werden
in den Dienst genommen für eine Welt,
in der alle an den Gütern der Zivilisation
teilhaben.

Wir glauben,
daß jeder, der nach Gerechtigkeit
und Frieden strebt,
für diese Ziele kämpfen und leiden muß.
Denn in unserer Welt herrschen Unrecht
und Gewalt.
In Parteilichkeit und Widerstand
muß der Weg der Humanität
daher immer neu erstritten werden.
Wenn es um Geld, Macht und Privilegien geht,
ist die Stimme des Menschen immer zu schwach;
wir brauchen deshalb Gemeinschaften,
in denen einer den anderen stärkt
und ermutigt.

Wir glauben,
daß jeder einzelne wertvoll bleibt
über seinen Tod hinaus,
daß wir leben dürfen
auf eine größere Zukunft hin,
deren Gesicht wir anfanghaft

immer wieder sehen
in Liebe und Befreiung,
in Gerechtigkeit und Versöhnung.

Franz W. Niehl

**empfangen – geboren**

Was die Kirche glaubt, zeigt sich in ihrem Beten; was die Kirche betet, offenbart ihren Glauben. Was also bedeuten im Glaubensbekenntnis die Sätze: „empfangen durch den Heiligen Geist“ und: „geboren von der Jungfrau Maria“? Hier wird das Geheimnis von Jesu Herkunft auf doppelte Weise umschrieben. Er ist „empfangen durch den Heiligen Geist“, das heißt: Jesus stammt ganz von Gott her. Er ist „geboren von der Jungfrau Maria“, das heißt: Jesus ist ganz einer von uns; er ist unser Bruder. Beides gehört untrennbar zusammen. Er ist ganz Gottes Sohn und ganz Mensch, nicht von jedem etwas, kein „Halbgott“, kein „Halbmensch“. Auch dem Glaubenden bleibt das ein Geheimnis, das er nur bekennen kann, wenn er darauf vertraut: „Für Gott ist nichts unmöglich“ (Lukas 1,37).

**ich glaube und vertraue**

Ich glaube an Gott,
den guten Vater,
der Himmel und Erde
für uns Menschen geschaffen hat,
damit wir uns wohlfühlen
und leben können.
Ich glaube an Jesus Christus,
den Urquell des Lebens,

der die Durstigen umsonst trinken läßt
und sie wieder stark macht
für den Lebensalltag;
der selber viel mitgemacht hat,
der gelitten hat,
der gekreuzigt wurde,
der starb und von den Toten auferstand
und schließlich in den Himmel auffuhr
und dort bei Gott ist.
Ich glaube auch
an den Heiligen Geist,
der dem Lebensquell
immer wieder neue Energie gibt
und in seiner Kirche
und in uns
den Lebensnerv immer wieder trifft.
Ich glaube und vertraue,
daß auch ich Quelle sein darf
hier auf Erden
und einmal bei dir im Himmel.

**wenn wir die Spur verlieren**

Wir glauben
an einen Gott,
der mit uns geht auf allen Wegen,
der uns trägt, wenn unsere Füße müde sind,
der uns bei der Hand nimmt,
wenn die Dornen uns einschließen.

Wir glauben
an Jesus Christus, Gottes Sohn,
der für uns gelebt und gelitten hat,
der gestorben ist, weil er uns liebt!

Wir glauben
an den Heiligen Geist,
die Stimme in uns,
die laut wird, wenn wir Gottes Spur
aus den Augen verlieren,
die uns hinweist auf die Pforte in der Mauer.

Brigitte Cordes

**und so glaube ich**

Ich glaube an Gott, den allmächtigen Vater, Schöpfer des Himmels und der Erde.
Und an Jesus Christus, seinen einzigen Sohn, unseren Herrn, der geboren wurde, um uns den Weg durch das Leid zu zeigen, damit wir so Gottes Söhne und Töchter werden, seine Gehilfen und seine Gehilfinnen;
der mit dem Vater in ein und demselben Geist gelebt hat, damit auch wir in jenem Heiligen Geist leben;
dessen Ziel es war, seines Vaters Willen zu tun und sein Werk zu vollenden;
der litt und starb und doch sprach: „Auf daß die Welt den Vater liebe!"

Und ich glaube an die Liebe und Freundschaft des allmächtigen Vaters, an den Dienst am Menschen, der Gottesdienst ist.
Ich glaube, durch Liebe ihm ähnlicher zu werden, um schließlich im Geiste mit ihm eins zu sein. Das ist der Himmel!
Ich glaube an den Plan der allmächtigen Vollkommenheit, uns alle vollkommen zu machen.
Und so glaube ich an das ewige Leben.

Julia Ward Howe

**das Bekenntnis einer Frau**

Ich glaube an Gott,
der Frau und Mann
nach seinem eigenen Bilde schuf,
der die Welt schuf
und beiden Geschlechtern
Herrschaft über die Erde gab.

Ich glaube an Jesus,
Gottes Kind, auserwählt von Gott,
geboren von einer Frau Maria.
Der Frauen zuhörte und sie liebte,
der in ihren Häusern war,
der über das Reich Gottes mit ihnen sprach,
der Jüngerinnen hatte,
die ihm nachfolgten und ihn unterstützten.

Ich glaube an Jesus,
der mit einer Frau am Brunnen
über Theologie sprach
und ihr zuerst anvertraute,
daß er der Messias ist,
so daß sie hinging
und der Stadt die große Neuigkeit brachte.

Ich glaube an Jesus,
der sich salben ließ
von einer Frau in Simons Haus,
der die männlichen Gäste zurechtwies,
die sich darüber empörten.

Ich glaube an Jesus,
der sagte, daß man
an diese Frau und ihre Tat denken wird...
ein Dienst an Jesus.

Ich glaube an Jesus,
der kühn handelte,
das Blut-Tabu der damaligen Zeit aufhob
und das mutige Weib heilte,
das ihn berührte.

Ich glaube an Jesus,
der eine Frau am Sabbat heilte,
weil sie ein Mensch war.

Ich glaube an Jesus,
der von Gott sprach
als von einer Frau,
die einen verlorenen Groschen sucht,
als von einer Frau, die fegte,
um das Verlorene zu suchen.

Ich glaube an Jesus,
der von sich sprach als einer Glucke,
die ihre Küken
unter ihren Flügeln versammeln will.

Ich glaube an Jesus,
der zuerst Maria Magdalena erschien
und sie mit der explodierenden Botschaft aussandte:
Gehe und sage es den anderen…

Ich glaube an die Ganzheit des Erlösers,
in dem es weder Juden noch Griechen,
weder Sklaven noch Freie,
weder Mann noch Frau gibt.
Denn wir sind alle eins in seiner Erlösung.
Ich glaube an den Heiligen Geist,
der sich über den Wassern der Schöpfung
und über der Erde bewegt.

Ich glaube an den Heiligen Geist,
der in uns sich sehnt
und für das, was unaussprechbar ist, bittet.

Ich glaube an den Heiligen Geist,
den weiblichen Geist Gottes,
der uns geschaffen hat,
uns das Leben geschenkt hat,
der wie eine Henne
uns mit seinen Flügeln bedeckt.

Rachel Conrad Wahlberg

**gelitten – gekreuzigt – gestorben – begraben**

Das Glaubensbekenntnis sagt nichts über das Leben und Wirken Jesu. Nach dem Satz über seine Herkunft spricht es sofort vom Ende seines Lebens. Von diesem Ende her soll der ganze Weg Jesu gesehen werden. Jesus stößt auf Ablehnung. Diese Ablehnung ist bestürzend für jeden, dem der Ausgang der Geschichte Jesu nicht allzu bekannt ist.
Doch eben am Kreuz wird dem Glaubenden offenbar, wie es ist, wenn Gott sich zeigt. Was nach dem Maßstab der Menschen Schwäche und Ohnmacht ist, zeigt sich von Gott her als Kraft und Weisheit.

**Anteilnehmen**

Herzliebster Jesu, was hast du verbrochen,
daß man ein solch scharf Urteil hat gesprochen?
Was ist die Schuld, in was für Missetaten
bist du geraten?

Du wirst gegeißelt und mit Dorn gekrönet,
ins Angesicht geschlagen und verhöhnet,

du wirst mit Essig und mit Gall getränket,
ans Kreuz gehenket.

Was ist doch wohl die Ursach solcher Plagen?
Ach, meine Sünden haben dich geschlagen.
Ich, mein Herr Jesu, habe dies verschuldet,
was du erduldet.

Wie wunderbarlich ist doch diese Strafe.
Der gute Hirte leidet für die Schafe;
die Schuld bezahlt der Herre, der Gerechte,
für seine Knechte.

Johann Heermann 1630

**hinabgestiegen – auferstanden von den Toten**

Die Auferstehung ihres Herrn bekannten die Christen von Anfang an als Mitte ihres Glaubens. Doch was unter dem anschaulichen Bild vom Abstieg Jesu Christi in das Reich des Todes und von seiner Auferstehung am dritten Tag als zentrale Aussage gesagt ist, das erscheint heutigen Menschen dunkel und schwer verständlich.
Das Hinabsteigen zu den Toten, von wo nach alter Vorstellung kein Weg zurückführt, ist ein Bild des Sieges. Jesus bricht das Totenreich auf und führt die in der Macht des Todes Gefangenen mit sich. Deshalb wird in der Auferweckung Jesu der Triumph über die Macht des Todes gefeiert. „Tod, wo ist dein Sieg?“ fragt Paulus im Ersten Korintherbrief (15,55). Deshalb können Christen sogar an offenen Gräbern das Oster-Halleluja anstimmen.

*Maria aber bewegte alles in ihrem Herzen.*

**ein neues Lied**

Das ist der Tag, den Gott gemacht,
der Freud in alle Welt gebracht.
Es freu sich, was sich freuen kann,
denn Wunder hat der Herr getan.

Verklärt ist alles Leid der Welt,
des Todes Dunkel ist erhellt.
Der Herr erstand in Gottes Macht,
hat neues Leben uns gebracht.

Wir sind getauft auf Christi Tod
und auferweckt mit ihm zu Gott.
Uns ist geschenkt sein Heilger Geist,
ein Leben, das kein Tod entreißt.

Wir schauen auf zu Jesus Christ,
zu ihm, der unsre Hoffnung ist.
Wir sind die Glieder, er das Haupt;
erlöst ist, wer an Christus glaubt.

Nun singt dem Herrn das neue Lied,
in aller Welt ist Freud und Fried.
Es freu sich, was sich freuen kann,
denn Wunder hat der Herr getan.

nach Heinrich Bone 1851
und Friedrich Dörr 1972

**ein Glaubensbekenntnis**

Ich glaube an Gott,
der mächtiger ist als alles Böse in der Welt,
an Gott, der ja sagt zu dieser Welt,

der dort, wo alles ausweglos scheint,
einen neuen Anfang zu machen weiß.

Ich glaube an Gott,
der sich gerade den Menschen zuwendet,
die in den Augen der Welt nichts gelten,
an Gott, der sich ein Volk erwählte,
das erniedrigt und dem Untergang geweiht schien.
Er führte es aus der Sklaverei zur Freiheit;
er schloß mit ihm seinen Bund;
ihm gab er Weisung des Lebens
und führte es auf den Weg zu großer Verheißung.
Damit löste er eine Bewegung aus,
die in dieser Welt nie mehr zum Stillstand kommt.

Auch dieses Volk war des heiligen Gottes
nicht würdig;
aber Gott blieb dem widerspenstigen Volke treu;
er sandte ihm seine Propheten;
er führte es durch alle Rückschläge
immer tiefer in seine Liebe ein.

Ich glaube an Gott,
der Jesus mit seiner Kraft erfüllte,
der ihm beistand in seinem Reden und Tun,
an Gott, der Jesus herausriß aus der Macht des Todes
und der Übermacht der Bosheit
und ihn zum Anfang einer neuen Schöpfung setzte,
zum Anfang eines neuen Volkes,
das aus allen Völkern der Erde zusammengerufen ist.
Durch die belebende Kraft seines Geistes
bleibt er wirksam in unserer Welt.

Mitten in einer Welt,
die verseucht ist von Unmenschlichkeit und Egoismus,

bezeugt Jesus die gewaltlose Macht der Liebe.
Trotz Widerspenstigkeit und Abfall derer,
die seinen Ruf weitersagen sollen,
durchdringt er immer wieder Menschen
mit der Kraft der Zuversicht, die von ihm ausgeht.
Ich glaube an Gott,
der das begonnene Gute zur Vollendung führen wird.
Adolf Exeler

**Annäherung**

Herr (wenn es dich gibt),
ich kann nicht beten,
denn ich habe zu viele Gebete gehört,
die nur Worte waren,
und sie machten mein Herz krank
vor Traurigkeit.

Herr (wenn es dich gibt),
ich kann nicht danken,
denn:
wenn ich dir danke,
weil ich satt bin,
muß ich dir zum Vorwurf machen,
daß Millionen hungern,
wenn ich dir danke,
daß ich gesund bin,
muß ich dir zum Vorwurf machen,
daß Millionen siechen,
wenn ich dir danke,
daß ich glücklich bin,
muß ich dir zum Vorwurf machen,
daß Millionen verzweifeln,

denn du bist allmächtig,
heißt es in den Büchern.

Herr (wenn es dich gibt),
ich kann nicht beten,
ich kann nicht danken,
ich kann nicht glauben.

Ich kann nur versuchen,
jedem menschlichen Geschöpf,
das mich braucht,
meine Liebe zu zeigen
und nach Wahrheit und Gerechtigkeit
zu suchen
– das ist mein Gebet.

Ich kann nur versuchen,
neben meinem Bruder,
den die Menschen verachten,
zu stehen,
um mit ihm verachtet zu werden
– das ist mein Dank.

Ich kann nur unermüdlich weitersuchen
nach der verschütteten Seele
unter den Trümmern dessen,
was dein Abbild hätte sein sollen
– das ist mein Glaube.

Herr (wenn es dich gibt),
gib mir Kraft,
so zu beten,
zu danken,
zu glauben!

Nelly Sachs

# QUELLENVERZEICHNIS

Die Schriftstellen aus dem Neuen Testaments sind entnommen aus: Das Neue Testament, übersetzt von Fridolin Stier. Aus dem Nachlaß herausgegeben von Eleonore Beck / Gabriele Miller / Eugen Sitarz, Kösel-Verlag / Patmos Verlag, München/Düsseldorf 1989. Herausgeberinnen und Verlag danken dem Kösel-Verlag für die in großzügiger Weise erteilte Nachdruckerlaubnis. – Die Schriftstellen aus dem Alten Testament sind für dieses Buch eigens übersetzt worden.
Die Ständige Kommission für die Herausgabe der gemeinsamen liturgischen Bücher im deutschen Sprachgebiet erteilte für die aus diesen Büchern entnommenen Texte die Abdruckerlaubnis.
Das Deutsche Liturgische Institut erteilte für die aus dem Benediktionale entnommenen Texte die Abdruckerlaubnis.
Texte ohne Verfassernamen stammen weitgehend von den Herausgeberinnen. Auskünfte über Autoren- und Autorinnennamen können bei ihnen erfragt werden. Die Herausgeberinnen danken allen, die ihnen mit ihrem Rat geholfen haben.

S. 10, 282: Petra Millet, Das Lied vom Regenbogen, Verlag Katholisches Bibelwerk, Stuttgart 1977, S. 55, 56.
S. 10, 206, 208: Was meinst du dazu, Gott? Gebete von Frauen, hrsg. von Susanne Kahl-Passoth, GTB-Siebenstern 485, Gütersloher Verlagshaus Gerd Mohn, Gütersloh 1984, S. 58, 67, 66. © bei den Verfasserinnen.
S. 12, 165, 167, 173: © bei der Verfasserin.
S. 17, 231: Ulla Kamps-Blass / Eva-Maria Ziebertz (Hrsg.), Wenn Frauen beten, Kösel-Verlag, München 1989, S. 90, 60.
S. 20: Dom Helder Camara, Maria – eine Mutter auf meinem Weg, Verlag Neue Stadt, München–Zürich–Wien 1989, S. 63.
S. 22, 53, 340: © bei der Verfasserin.
S. 25: Teresa von Avila, Ich bin ein Weib, und obendrein kein gutes, (Herderbücherei 920) Verlag Herder, Freiburg–Basel–Wien $^{7}$1990.
S. 30, 45, 62, 168, 182, 220: © bei der Verfasserin.
S. 31: Josef Bill, Vom zärtlichen Menschen, Verlag Katholisches Bibelwerk, Stuttgart 1976.
S. 34: Meinold Krauss, Vergiß nicht, daß deine Seele Flügel hat, Verlag J. F. Steinkopf, Stuttgart 1985.
S. 35: Ulrich Bach, Volmarsteiner Rasiertexte. Notizen eines Rollstuhlfahrers, Aussaat Verlag, Neukirchen-Vluyn $^{2}$1981, S. 65.

S. 35: Gebete für mein Dorf, hrsg. von A. B. Pomeyrol, © Chr. Kaiser Verlag, München.
S. 38: Carr/Sorley, Herr, segne dies Chaos – Stoßgebete für Hausfrauen, Christliches Verlagshaus, Stuttgart [14]1992.
S. 39: Erwin Brezing, Ein Christ erblickt das Licht der Welt. Heitere Gedichte, Aussaat Verlag, Neukirchen-Vluyn [3]1971.
S. 41: Anneliese Merkel, Ich streue Wortsamen aus. Gedichte, Edition L Inge + Theo Czernik, Loßburg 1990.
S. 42: Maria Lohuus, Aus blauen Sonnen tropfen meine Träume, Verlag Stämpfli & Cie., Bern 1985, S. 174. © bei der Verfasserin.
S. 43, 70: Udo Haltermann (Hrsg.), Auf der Straße der Sehnsucht summt die Gitarre ein Lied, Verlag Butzon & Bercker, Kevelaer 1979, S. 128, 70.
S. 44, 265, 339: Huub Oosterhuis, Um Recht und Frieden. Gebete im Jahreskreis, Patmos Verlag, Düsseldorf 1989, S. 40, 66, 21.
S. 48, 54: Adalbert Ludwig Balling, Zärtlich wie ein Regenbogen, Verlag Butzon & Bercker, Kevelaer 1989, S. 40, 24.
S. 49, 191: Alfonso Pereira, Jugend mit Gott, Verlag Butzon & Bercker, Kevelaer, S. 107.
S. 49: © bei den Verfassern.
S. 51: Bertolt Brecht, Gesammelte Werke, © Suhrkamp Verlag, Frankfurt am Main 1967.
S. 52: Mit freundlicher Genehmigung der Evangelischen Verlagsanstalt Leipzig 1982.
S. 57: Josef Dirnbeck/Martin Gutl, Ich wollte schon immer mit dir reden. Meditationstexte, Verlag Styria, Graz–Wien–Köln [4]1986.
S. 58: Rudolf Otto Wiemer, Chance der Bärenraupe, F. H. Kerle, Freiburg–Heidelberg 1980.
S. 60: Kurt Marti, Ausgewählte Gedichte © by Luchterhand Literaturverlag, Hamburg und Zürich 1989, S. 89.
S. 60: Hermann Mezler, Lebens- und Lernorte des Glaubens: In Erwartung eines Kindes, Katholische Morgenfeier am 8.5.1988 in SDR 1. © beim Verfasser.
S. 61: Khalil Gibran, Der Prophet. Wegweiser zu einem sinnvollen Leben, Walter-Verlag, Olten [26]1991.
S. 63: Peter Boekholt, Im Aufbruch. Wege ins Leben, Verlag Butzon & Bercker, Kevelaer 1985, S. 89.
S. 66: Marie Luise Kaschnitz, Dein Schweigen – Meine Stimme, © 1962 Claassen Verlag Düsseldorf.
S. 66: Erich Fried, Liebesgedichte, Verlag Klaus Wagenbach, Berlin 1979.

S. 67, 92, 175: Kurt Marti, Leichenreden, © by Luchterhand Literaturverlag, Hamburg und Zürich 1969, S. 19, 35.
S. 69: Erich Fried, Es ist was es ist, Verlag Klaus Wagenbach, Berlin 1983, S. 51.
S. 79, 152: Übersetzung Eugen Sitarz.
S. 81: Israel Meir Lau, Wie Juden leben. Glaube – Alltag – Feste, Gütersloher Verlagshaus Gerd Mohn, Gütersloh $^{2}$1990, S. 121.
S. 84: nach Resi Bokmeier, in: Informationen, Februar 1991, S. 22 bis 23.
S. 88, 198, 207: Petrus Ceelen, Wie auf Erden, so im Himmel?, Verlag Katholisches Bibelwerk, Stuttgart 1989, S. 76, 10, 11.
S. 88: nach Michaela Bank, in: Dienender Glaube 11 / 1990, S. 317.
S. 89: Ansprüche. st 887, © Suhrkamp Verlag, Frankfurt am Main 1983, S. 143.
S. 135: Fridolin Stier, Vielleicht ist irgendwo Tag. Aufzeichnungen, F. H. Kerle, Freiburg–Heidelberg $^{6}$1991, S. 117.
S. 135, 148: Petrus Ceelen, Jeden Tag neu. Gedanken und Gebete für das ganze Jahr, Patmos Verlag, Düsseldorf 1986, 6.18, 31. © beim Verfasser.
S. 136: Martin Buber, Werke, Band 3: Schriften zum Chassidismus, Kösel-Verlag / Lambert Schneider Verlag, München / Heidelberg 1963, S. 213. © Lambert Schneider Verlag, Heidelberg.
S. 137: Aurelius Augustinus, Bekenntnisse 10, 6, 9–10. Übersetzung Eugen Sitarz.
S. 140: Übertragung Lothar Zenetti 1973. © Christophorus-Verlag, Freiburg i. Br.
S. 141: © bei der Verfasserin.
S. 143: Wilhelm Bruners, Schattenhymnus. Biblische Meditationen, Patmos Verlag, Düsseldorf 1989, S. 31.
S. 146: D. Sölle, W. Fietkau, A. Juhre, K. Marti (Hrsg.), Almanach 2 für Literatur und Theologie, Peter Hammer Verlag, Wuppertal 1968.
S. 155: Siebenbuch 1991, © Georg Bitter Verlag, Recklinghausen.
S. 156: Dag Hammarskjöld, Zeichen am Weg, © 1965 Droemer Knaur Verlag, München.
S. 160: Ulrich Bach, Hosianna bei Gegenwind. Versuche zu beten, Verlag Herder, Freiburg–Basel–Wien 1986, S. 22.
S. 162, 173: Martin Buber, Die Erzählungen der Chassidim, Manesse Verlag, Zürich 1949.
S. 166: Anneliese Reuschel, All unsere Quellen entspringen in dir, Verlag Butzon & Bercker / Klens-Verlag, Kevelaer / Düsseldorf 1989, S. 24.
S. 168, 217, 218: © bei der Verfasserin.

S. 174, 177, 369: Brigitte Cordes / Birgit Sünger, Gebt unserer Hoffnung eine Chance!, Verlag Butzon & Bercker, Kevelaer 1987, S. 94, 41, 73.
S. 179: © beim Verfasser.
S. 183: © bei der Verfasserin.
S. 184: Karl Rahner, Gebete des Lebens, Verlag Herder, Freiburg–Basel–Wien [9]1991.
S. 186: Jürgen Moltmann, Die Sprache der Befreiung, © Chr. Kaiser Verlag, München.
S. 187: Desmond Doig, Mutter Teresa – ihr Leben und Werk in Bildern, Verlag Herder, Freiburg–Basel–Wien [10]1981, S. 169.
S. 187: Luise Rinser, Mitte des Lebens, Copyright 1950 by S. Fischer Verlag GmbH, Frankfurt am Main.
S. 190: Dietrich Bonhoeffer Lesebuch, hrsg. von Otto Dudzus, © Chr. Kaiser Verlag, München.
S. 190: Werner Rück, Vor Gott vereint. Die Feier unserer Hochzeit, Echter-Verlag, Würzburg [4]1987, S. 36.
S. 195, 198, 213: Günter Riediger, Mit wem sollte ich leben – wenn nicht mit dir?, Verlag Butzon & Bercker, Kevelaer [3]1991, S. 44, 26, 12.
S. 199: Gott ist ein Freund des Lebens. Gemeinsame Erklärung des Rates der Evangelischen Kirche in Deutschland und der Deutschen Bischofskonferenz, 1989, S. 78.
S. 199: frau und mutter 5 / 1985, S. 22. © bei der Verfasserin.
S. 202: Gottfried Bitter / Norbert Mette (Hrsg.), Leben mit Psalmen, Kösel-Verlag, München [2]1984, S. 167.
S. 203: Gerhard Kiefel, Du, Johannes Kiefel Verlag, Wuppertal [6]1981.
S. 208: Engelbert Groß, Den Stein erweichen möchte ich können, Verlag Butzon & Bercker, Kevelaer 1980, S. 45.
S. 209: Ulrich Schaffer, Wachsende Liebe, Oncken Verlag, Wuppertal und Kassel [12]1990.
S. 210: Günter Riediger, Auf eigenen Füßen, Verlag Butzon & Bercker, Kevelaer 1988, S. 6.
S. 212: Barth / Grenz / Horst (Hrsg.), Gottesdienst menschlich, Peter Hammer Verlag, Wuppertal 1991.
S. 213, 273: Petra Millet, Ich will aufbrechen, Verlag Katholisches Bibelwerk, Stuttgart 1978, S. 83.
S. 214: © bei der Verfasserin.
S. 215: Muthoni Gachanja Likimani, Der gebrochene Flügel. Vom Kampf der afrikanischen Frauen, Anrich-Verlag, Kevelaer 1982, S. 44.
S. 216, 219, 310: Ilka Scheidgen, Wenn unsere Schritte nicht stocken. Gedichte, © Verlag Himmerod-Drucke, 5561 Himmerod 1991.
S. 222, 234, 235, 236, 237, 238, 241, 242: nach Zielfelder ru 9. Unter-

richtswerk für den katholischen Religionsunterricht in der Sekundarstufe, Kösel-Verlag, München 1979, S. 142, 248.
S. 230, 264: Huub Oosterhuis, Ganz nah ist dein Wort, Verlag Herder, Wien 1967, S. 28, 41.
S. 232: Offener Brief aus dem Deutschen Katecheten-Verein e. V., München 1990.
S. 234: aus: Löscht den Geist nicht aus!, hrsg. von M. Krüggeler, M. Junker und W. Möhler, Kösel-Verlag, München 1991, S. 236.
S. 238: Georg Moser, Ich bin geborgen, Verlag Herder, Freiburg–Basel–Wien [5]1991.
S. 243: Gebete verändern den Tag, Schriftenniederlage des Evangelischen Jugendwerks in Württemberg, Stuttgart [9]1991.
S. 245, 248: Wilhelm Willms, der geerdete himmel. wiederbelebungsversuche, Verlag Butzon & Bercker, Kevelaer [7]1986, 10.14, 8.15.
S. 247: Text aus dem Festgottesdienst aus Anlaß des 275jährigen Bestehens von Kloster und Schule St. Ursula, Dorsten, am 21. 1. 1974.
S. 249: „Unsere Hoffnung“ – Ein Glaubensbekenntnis in dieser Zeit, Synode 1, 1975, S. 5.
S. 253: unterwegs 4, Deutscher Katecheten-Verein e. V., München 1987, S. 4. © bei der Verfasserin.
S. 256, 257, 321: Informationen, Rottenburg, Nr. 228, Januar 1989, S. 22, 3; Nr. 229 2 / 1989, S. 3.
S. 261: © beim Verfasser.
S. 262: Solomon Raj, Lebendige Flamme – sprudelnder Quell. Batiken und Meditationen, hrsg. von Heimo Ertl und Joe Übelmesser, C.-Pirckheimer-Haus, Nürnberg 1988.
S. 266: Gotteslob 28,4, © Ständige Kommission für das „Gotteslob“, Bonn.
S. 268: © Strube Verlag GmbH, München.
S. 275: aus dem Faltblatt „Der Mann, der in kein Schema paßt“, hrsg. von den Bibelgesellschaften und Bibelwerken der Bundesrepublik Deutschland, Österreichs und der Schweiz, Stuttgart 1974.
S. 278: Friedrich Dietz, Gott lädt uns zum Mahl, Echter-Verlag, Würzburg. © beim Verfasser.
S. 285: Bernhard J. Müller, Innehalten, Mitgehen. Kreuzweg-Meditationen, © 1990 Kiefel Verlag GmbH, Wuppertal–Gütersloh.
S. 286: Wilhelm Willms, roter faden glück. lichtblicke, Verlag Butzon & Bercker, Kevelaer [5]1988, 12.10.
S. 289, 292, 297, 370: Sei du mit mir! Frauengebete. Eine Auswahl von Lisa Sergio, Verlag Josef Knecht, Frankfurt a. M. 1985, S. 98, 107, 70, 80.

S. 290: Übertragung Johannes Bergsma, aus: Du bist der Atem meiner Lieder, Christophorus-Verlag, Freiburg i. Br.
S. 291: Gerhard Lohfink, Gott ohne Masken, Echter-Verlag/Calwer Verlag, Würzburg/Stuttgart 1972. © beim Verfasser.
S. 294: © bei der Verfasserin.
S. 296: aus dem Programm „Offener Frauentag", 19.5.1990, Bildungszentrum St. Konrad, Ravensburg.
S. 298: Praxis in der Gemeinde, 3/1990, S. 48. © beim Verfasser.
S. 301: Dietmar Mieth, Konsum oder Tod. Herausforderung einer christlichen Lebensethik, in: Theologische Quartalsschrift Tübingen, 1/1990, S. 19–20. © beim Verfasser.
S. 301: aus einem Vortrag im Südwestfunk, 1988.
S. 304: Spuren im Spiegellicht. Anthologie, © Union Verlag, Berlin 1982.
S. 305: Glaubensinformation, hrsg. von Adolf Exeler und Georg Scherer, Verlag Herder, Freiburg–Basel–Wien 1972.
S. 307, 310: Zum Leben befreien, hrsg. von Anneliese Knippenkötter, Klens-Verlag, Düsseldorf 1984, S. 77, 33. © bei den Verfasserinnen.
S. 309: Kreuzweg der Jugend, BDKJ, Düsseldorf 1975.
S. 312: Gebet eines Juden in Auschwitz, aus: Israel-Forum XV/4, 1973, S. 8.
S. 315: Wolfgang Poeplau, Wer die Erde liebt. Bilder und Texte zu den alltäglichen Wundern des Lebens, Christophorus-Verlag, Freiburg i. Br. [6]1989, S. 18. © beim Verfasser.
S. 315: De visione Dei 7.
S. 319: Herder-Korrespondenz 3/1982, Verlag Herder, Freiburg–Basel–Wien.
S. 320, 323: Paul Roth, Gott ist jederzeit zu sprechen, Echter-Verlag, Würzburg [4]1962. © beim Verfasser.
S. 325: Manfred Seitz/Friedrich Thiele, Wir beten. Gebete für Menschen von heute, Aussaat Verlag, Neukirchen-Vluyn [9]1984, S. 90.
S. 328: Pierre Griolet, Zu jeder Zeit, Patmos Verlag, Düsseldorf 1988.
S. 329: Dienender Glaube 4/1990. © bei der Verfasserin.
S. 329: Hermann Josef Coenen, Meine Jakobsleiter. Meditationen, Patmos Verlag, Düsseldorf 1987, S. 66.
S. 340: Eleonore Beck/Gabriele Miller, Segne, Gott, unser Brot! Tischgebete, Echter-Verlag, Würzburg [2]1957. © bei den Verfasserinnen.
S. 341: Luise Rinser, Septembertag, © S. Fischer Verlag GmbH, Frankfurt am Main 1964, S. 89.
S. 356: Alfons Höfer, Auf dem Weg. Gedanken und Gebete für Männer, Verlag Butzon & Bercker, Kevelaer 1978, S. 76.

S. 358: Credo des Kardinals Giulio Bevilacqua, Pfarrer an der Kirche St. Antonius zu Brescia (1881–1965).
S. 359: Walter Kasper, Jesus der Christus, Matthias-Grünewald-Verlag, Mainz [10]1986, S. 254.
S. 359: Doris Lindenblatt, Komm, laß uns Netze knüpfen! Verlag Herder, Freiburg–Basel–Wien 1990, S. 22.
S. 360: © beim Verfasser.
S. 362: Hervé Cnudde, Templins eucharistiques, in: ParLit 6, 1974, S. 519.
S. 362: Ludwig Wittgenstein, Schriften Band 1, © Suhrkamp Verlag, Frankfurt am Main 1969.
S. 365: © beim Verfasser.
S. 368: Peter Boekholt/Norbert Johannes Hofmann/Lothar Saurbier, Auf Kurs bleiben. Gottesdienste mit jungen Christen, Verlag Butzon & Bercker, Kevelaer 1985, S. 132.
S. 371: Frauen, hrsg. und eingeleitet von Sigrid und Horst Klaus Berg, Kösel-Verlag/Calwer Verlag, München/Stuttgart 1987, S. 92. © bei der Verfasserin.
S. 376: Gotteslob 220, © für Strophe 3 und 4 beim Verfasser.

In einigen Fällen war es nicht möglich, die genaue Quelle und/oder den Verfasser herauszufinden. Hinweise nimmt der Verlag gerne entgegen.

# BILDERVERZEICHNIS

Umschlagbild: Mirjam tanzt, © Sieger Köder. Foto: Foto Baur, Aalen.
S. 14: Weiblicher Kopf, aus Kloster Grünwald/Schwarzwald, Ende 14. Jh., Augustinermuseum, Freiburg i. Br., Inv. Nr. 522/1. Foto: Hans Peter Vieser.
S. 32: Törichte Jungfrau, Paradiespforte des Magdeburger Domes, Sandstein, um 1240–1250. Foto: Bildarchiv Foto Marburg.
S. 64: Korea. Foto: Kim/foto-present.
S. 77: Graf Pietro Rotari (1707–1762 od. 1770), Das Mädchen mit dem Spinnrocken, Museum für bildende Künste, Budapest. Foto: Bildarchiv Foto Marburg.
S. 91: Kluge Jungfrauen, Paradiespforte des Magdeburger Domes, Sandstein, um 1240–1250. Foto: Bildarchiv Foto Marburg.
S. 98: Mumienportrait, Wachsmalerei, hellenistisch-ägyptisch, 2.–3. Jh. Foto: Bildarchiv Foto Marburg.

S. 126: Meister von Flémalle, 1. Hälfte 15. Jh., Mérode-Altar, Mittelteil, Det. Maria, Brüssel. Foto: Bildarchiv Foto Marburg.
S. 139: Foto: Willi Stolz, Villette.
S. 144: Pietà, 14. Jh., Kloster Heiligenbronn (Gemeinde Salzstetten). Foto: Erich Legler, Friedrichshafen.
S. 158: Meister der Thorner Madonna oder seine Werkstatt, Schöne Madonna, um 1395, Rheinisches Landesmuseum, Bonn, Inv. Nr. 16058. Foto: Rheinisches Bildarchiv, Köln.
S. 170: Foto: Kluyver / foto-present.
S. 180: Ludwig Thoma (1839–1924), Großmutter und Enkelin. Foto: Bildarchiv Foto Marburg.
S. 192: Pablo Picasso, Frau im blauen Schal, 1923, Sammlung Reber, Lausanne. Foto: Bildarchiv Foto Marburg.
S. 200: Foto: Monika Werff, Wiesbaden.
S. 205: Tibetanerin in Nordindien. Foto: Gelpke / foto-present.
S. 224: Ekklesia, 1. Viertel 13. Jh., Portal, Straßburger Münster.
S. 254: Synagoge, 1. Viertel 13. Jh., Portal, Straßburger Münster.
S. 277: Angelo Bronzino (1502–1572), Portrait der Eleonore von Toledo, Staatliche Museen, Berlin. Foto: Bildarchiv Foto Marburg.
S. 287: Konsolfigur, 13. Jh., Chor der Stiftskirche Landau.
S. 311: Hanns L. Katz (geb. 1892), Frauenbildnis, Städelsches Museum, Frankfurt / Main. Foto: Bildarchiv Foto Marburg.
S. 346: Schöne Madonna, Holz, barock überfaßt, salzburgisch-steirisch, um 1420 / 30, aus der Pfarrkirche St. Gotthard, Perchau, derzeit im Diözesan-Museum Graz. Foto: Dr. Roth, Graz.
S. 361: Foto: Frank Vinken, Dorsten.
S. 374: Schöne Madonna von Thorn, Parlerkreis, um 1390, ehemals Johanniskirche, Thorn, seit dem Zweiten Weltkrieg verschollen. Foto: Bildarchiv Foto Marburg.

# AUTORENVERZEICHNIS

Albrand, Alexandra 89
Allkemper, Petra 307
Augustinus 137, 230

Bach, Ulrich 35, 160
Balling, Adalbert Ludwig 48, 54
Barth, F. K. 212
Bartholomäus, Wolfgang 301
Betz, Felicitas 49
Betz, Otto 49
Bevilacqua, Giulio 358
Bill, Josef 31
Bisinger, Cornelius 58
Boekholt, Peter 63
Bone, Heinrich 376
Bonhoeffer, Dietrich 190
Brecht, Bertolt 51
Brezing, Erwin 39
Bruners, Wilhelm 143
Buber, Martin 133, 162
Büchler, Erika 30, 45, 62, 168, 182, 220

Camara, Dom Helder 20, 147, 155
Carr, Jo 38
Casals, Pablo 65
Ceelen, Petrus 88, 135, 148, 198, 207
Cnudde, Hervé 362
Coenen, Hermann Josef 329
Cordes, Brigitte 177, 369

Dachsel, Joachim 304
Delp, Alfred 129
Deppler, Josef 321
Dietz, Friedrich 278
Dörr, Friedrich 376

Eisenbach, Franziskus 298
Elliott, Elizabeth 289
Exeler, Adolf 305, 376

Firsching, Siegfried 360
Franz von Assisi 22
Fried, Erich 66, 69

Gerhardt, Paul 251
Gibran, Khalil 61
Grenz, G. 212
Griolet, Pierre 328
Groß, Engelbert 208
Grünwald, Maria 199
Guillevic, Eugène 52
Gutl, Martin 57

Hammarskjöld, Dag 156
Hansen, Bruno 202
Hansen, Christl 202
Hartmann, Luise 257
Haußecker, Otto 243
Heermann, Johann 373
Heindrichs, Heinz-Albert 155
Hildegard von Bingen 83
Höfer, Alfons 356
Horix-Schwesinger, Heide von 294
Horst, P. 212

Isaak von Antiochien 313

Johannes XXIII. 39
Johannes Chrysostomus 354
Josimo, P. 157
Jude in Auschwitz 312

Kahl-Passoth, Susanne 206
Kaschnitz, Marie Luise 66
Kasper, Walter 359
Kiefel, Gerhard 203
Kierkegaard, Sören 23
Kintrup-Limbrock, Ulla 17, 231
Kolitz, Zvi 146
Krauss, Meinold 34

Langner, Manfred 70
Lichtenberger, Sigrid 10, 208
Likimani, Muthoni Gachanja 215
Lindenblatt, Doris 359
Lohfink, Gerhard 291
Lohuus, Maria 42, 183
Luther, Martin 4, 68

Marti, Kurt 60, 67, 92, 175
Meier, Konradin 43
Meissner, Angelika 12, 165, 167, 173
Merkel, Anneliese 41
Mezler, Hermann 60
Mieth, Dietmar 301
Millet, Petra 10, 213, 273, 282
Moltmann, Jürgen 186
Moser, Georg 238, 319
Müller, Bernhard J. 285
Mutter Theresa 154, 187

Newman, John Henry 185, 326
Nicolaus von Kues 315
Niehl, Franz W. 365
Nonne im 17. Jh. 188

Oetinger, Friedrich Christoph 258
Oosterhuis, Huub 44, 140, 230, 264, 265, 290, 339

Poeplau, Wolfgang 315

Rahner, Karl 133, 184
Raj, Solomon 262
Reuschel, Anneliese 166
Riediger, Günter 195, 198, 210, 213
Rinser, Luise 187, 341
Rogers, Carl R. 50
Rossetti, Christina Georgina 297
Roth, Paul 320, 323
Rusche, Helga 329

Sachs, Nelly 378
Schaffer, Ulrich 209
Scheidgen, Ilka 216, 219, 310
Scheler, Helmut 325
Schneller, Wolfgang 202
Schöne, Joachim 52
Schütz, Franka 214
Schutz, Roger 154, 261
Seif, Peter 242
Sergio, Lisa 293
Sölle, Dorothee 27
Sonntag, Martha 168, 218
Sorley, Imogene 38
Spiecker, Kyrilla 310
Stern, Franziska 22, 53, 340

Stier, Fridolin 135, 341
Sünger, Birgit 174
Symeon der Theologe 241

Teresa von Avila 25, 332
Thomas, M. A. 306
Tolstoi, Leo 356
Trautwein, Dieter 268

unbekannter Verfasser 215

Valentin, Maria 253

Wahlberg, Rachel Conrad 371
Walther von der Vogelweide 190
Ward Howe, Julia 370
Weigel, Kurt 179
Weizsäcker, Karl Friedrich von 261
Wiemer, Rudolf Otto 58
Willms, Wilhelm 245, 248, 286
Winkelhöfer, Theresia 141
Wittgenstein, Ludwig 362

Zoller, Marion 237
Zwick, Johannes 340

Für Texte ohne Autorenangabe zeichnen die Herausgeberinnen.

# SCHRIFTSTELLENVERZEICHNIS

Genesis
1,27 72
1,28 73

Exodus 20,5–6 299

Numeri 6,24–26 331

Deuteronomium
6,4–5 132
30,11–14 299

Erstes Buch Samuel
2,1–9 78

Erstes Buch der Könige
19,11–12 141

Tobit 8,4–9 74

Judit 9,9–12 79

Zweites Buch der Makkabäer 7,27–29 145

Ijob
1,21 143
5,18–19 333
10,4 130

Psalm
8,5 279
18,29–30 334
22,2–3 334
23,4 334
51,3–7 145
71,9–12 147
88,2–5.10 149
90 (Auszüge) 41
90,9 163
94,9 130
130,1–2 334
139,1–3 334
139,13.16 185
143,7 300

Buch der Sprichwörter
31,10–27 76

Kohelet 3,1–8 46

Hoheslied 8,6–7 50

Jesus Sirach
9,1–9 74
25,13–16 75
26,14–16 78

Jesaja
40,11 333
41,10 333
41,10.13–14 151
43,1–3 152
46,9–13 40
49,15–16 160
49,16 131

Jeremia
20,7–9 142
31,3 132

Daniel 3,52.82–87.89 149

Hosea 11,1.3–4.8 a 151

Matthäus
5,2–10 280
5,23–24 308
5,43–46 282
6,14–15 333
6,31–33 283
7,1–5 284
8,8 352
11,2–5 274
11,28–29 333

Markus
7,9–13 272
9,24 356
12,28–31 286

Lukas
1,37 368
1,46–55 157
15,18–19 147

Johannes
13,12–17 288
15,13 333
17,1.4–5.9.15.18–19 150

Römerbrief
8,38–39 236
12,20 333
14,7–9 292

Erster Korintherbrief
13,1–13 55
15,3–4.12.17–19 293
15,55 375

Epheserbrief 4,26 334

# STICHWORTVERZEICHNIS

Abend 171
Abendgebet 341, 342
Abschiednehmen 301
Achtzehnbittengebet 156, 317
afrikanische Mutter 177
Agnus Dei 352
Ahnfrau Jesu 96, 97, 99, 100
Aktualität 112
allein 49, 52, 174, 217, 237
Alleinerziehende 176, 177
Allgemeines Schuldbekenntnis 348
Alltag 29, 35, 36, 164, 198
alt werden 169, 187
älter werden 168, 188
altgeworden 147, 149
Amtsträger 253
Anbetung Gottes 119
Anfragen 136, 153
Angenommensein 60
angepaßt 87
Angst 21, 62, 208, 220, 279
Anklage 273
Annäherung 378
Antipathien 111
Apostolische Konstitution 228
Apostolisches Glaubensbekenntnis 350, 365
Arbeit 187
Arbeit und Muße 244
Armut 314
Askese 301
Auferstehung 70, 294, 375
Auferweckung der Toten 249
Aufgaben 197
Aufrichtigkeit 187
aushalten 336
Außenseiter 330
Ave Maria 344, 345

Barmherzigkeit Gottes 324
Batseba 99
Befreiung 27, 28, 159
Begegnung 140
behindertes Kind 202
Beichte 323, 325
Beispiel Jesu 288
Beispielgeschichte 112
Bekehrung 325
bekennen 316, 317, 319, 320
Bekenntnis einer Frau 371
Bekenntnis zu Jesus 275
Benediktionale 263
Beruf 36
beschenkt werden 31
Besitz 301
beten 19, 21, 22, 116, 317, 328, 332
beten lernen 13, 15
Betlehem 251
betört 142
Bevorzugung 103
Bewahrung der Schöpfung 154
Beziehung 9, 18, 49
Bitte im Alltag 248
Bitte um Vergebung 285

Bitten 44, 79, 101, 102, 113, 118, 123, 128, 152, 156, 228, 230, 280, 326
Bittstellerin 121
Brot und Wein 275
Brotbrechen 276
Bruder 282
Brüderlichkeit 262
Bürgen des Glaubens 222
Büro 36
Buße 307, 319, 324
Büßerin 127
Bußgebet 145
Bußgottesdienst 318
Bußsakrament 319, 321
Bußwerk 325

Charme 83, 112
Chassidische Geschichte 136, 173
Christ-Sein 221, 233, 234, 241, 242
Christus glauben 364

Dänemark 244
Dank 245, 284
Dank und Bitte 353
Dankgebet 327, 353
Da-sein Gottes 130
Dasein im Angesicht Gottes 327
dazulernen 257
Delila 104
Dienst der Frauen 256
Dienste in der Kirche 255
Diözesansynode Rottenburg 255
Dirne von Beruf 97
Durchhaltevermögen 118
durchsetzen 97

Ehe 48
Eheberatung 218
Ehefrau 196, 197, 198
Ehre sei Gott 349
Ehrenämter 88
Ehrlichkeit 50
Eifersucht 102
einander 289
Einflußnahme 104
Einheit der Christen 259, 261
Einheit schaffen 258
Einmaligkeit 361
Einsamkeit 52
Einseitigkeiten überwinden 257
Einsichten 260, 275
Einzelgebet 328
Elija 141
Eltern 204, 206
Elternpflichten 206
Entfremdung 181, 182
Entscheidung 218, 295
Entschiedenheit 113
Entschuldigungen 322
Erde 154
Erfahrungen mit Gott 130, 132
Erhörung 155
Ermutigung 297
Erneuerung der Kirche 232
Erster Klemensbrief 152
Erwartungen 196
Erziehung 85, 86
Ester 112
Eucharistiefeier 327, 348
Euthanasie 302

Eva 115
ewiges Leben 65

Familie 196, 197, 198, 207, 263
Faszination 142
Fehler 310
Fehltritt 305
feiern 236
Feindesliebe 282
Fernstehende 20
Festtage 245
Forderungen Jesu 270
fragen 10, 13, 33
Frankreich 266
Frau in der Bibel 93
Frau in der Gesellschaft 83, 84, 87, 88, 89
Frau und Gott 116
Frau/Frauen und Jesus 117, 119, 122, 124, 127
Frauen 24, 25, 29, 82
Frauen in der Kirche 88, 121, 125, 252
Frauen in der Nachfolge 125
Frauen in Gottes Geschichte 107
Frauenarbeit 88
Frauenärger 253
Frauengeschichten 93
Frauentugend 76, 78, 256
Frau-Sein 71
frei werden 298
Freundschaft 47
Frieden 262, 267, 268, 307
Friedensgebetstag 261
Frömmigkeit 16, 327
Fronleichnam 248
fühlen 336
Fürbitte 121, 152, 263, 264, 312
füreinander 49
Fürsorge 210
Fürsprache 117

Gaben des Geistes 235
Gebet 140
gebeugte Frau 122
Geborgenheit 166, 334
Gebote Gottes 136, 295, 299, 300
gebraucht werden 51
Geburt 60, 199
Geheimnis der Liebe 190
Geheimnis des Glaubens 351
Geist Gottes 315
gekreuzigt gestorben 373
Gelassenheit 184, 220, 258, 300
Geld 209
geliebt werden 47, 235
gelingendes Leben 29
gemeinsam 223
Gemeinschaft 259
Gemeinschaft der Glaubenden 221, 222
Gemeinschaft der Heiligen 222
Generationen 207
genießen 301
Gerechtigkeit 312
gesandt werden 128
gescheitert 105
geschlagen 143
Geschöpf 137
Geschwisterlichkeit 225
geteilte Christenheit 258
Gewaltlosigkeit 314
geweckt 143

Gewissen 298, 322
Gewissenserforschung 308, 323
Glaube 124, 140, 223, 358
glauben 59, 131, 146, 355, 357, 358, 363
Glauben bekennen 355
glauben dürfen 359
glauben und vertrauen 368
glauben und zweifeln 369
Glaubensbekenntnis 350, 357, 373, 376
Gleichberechtigung 24, 82, 83, 253
Glieder des Leibes Christi 259
Gloria 349
Glück 30, 39, 280
Gott 59
Gott der Lebenden 67
Gott, der liebt 151
Gott finden 153
Gott genügt 332
Gott suchen 11, 17, 129, 133, 134, 135, 136
Gott und die Menschen 133
Gottes Angesicht 328
Gottes Liebe 160
Gottes Wille 270
Grenzen öffnen 186
Großmutter 181
Großzügigkeit 220
Grundgesetz 83
guter Hoffnung 61
gutmachen 310

Hagar 102
Hauptgebot 286
Hausfrau 38, 81, 196
Heil 269
Heilige 222
Heiliger Geist 26, 228, 247, 265
Heiligkeit 362
heimkehren 147, 148
Herausforderung 237
Herz 41
heute 35, 39, 164
Hexe von En-Dor 108
Hilfe 115
Hilferufe 337, 338
Hingabe 251
Hochzeitsnacht 74
Hoffnung 63, 186, 230, 250, 315
hören 23, 335
Humor 39
Hunger 278, 314

ich 138
ich glaube 363
„ihre“ Frau stehen 96
irischer Segenswunsch 37, 171, 266
Isebel 95

Jesus Christus 269
Jesusgebet 338
jüdische Überlieferung 80
Judit 110
Jugend 174
jung geblieben 65
jung sein 173
Jüngerin / Jüngerinnen 117, 125, 127
Jungfrauengeburt 368

Kinder 61, 177, 199, 201, 208
Kinderglaube 359
Kirche 154, 221, 226, 229

Kirche als Institution 226
Kirche-Sein 232
Kirchenfrust 226, 231
Kirchenspaltung 258, 260
Klage 45, 145, 198, 206
der „Kommende“ 274
Kommunion 352
Komplet 342
Konflikte 182, 213, 214
Konkurrenzkampf 87, 296
Krankheit 37, 63, 149
Kreuz 233, 291
Kreuzzeichen 233, 353
Krieg 314
Krisen 212
Kritik 118, 284

lassen 141, 300
Leben 289, 290, 302
leben lernen 43, 44
Lebensbilanz 148
Lebensjahre 168
Lebenslauf 59, 163
Lebensprogramm 229, 276
lebensunwert 302
Lebensverwirklichung 238
Leiden und Gott 131, 146
Leistung 12
Licht der Welt 274, 281
Liebe 50, 56, 189, 190, 286
Liebe Gottes 132
Liebe wagen 48
lieben 47, 51
Lieblosigkeit 92
Lied der Liebe 55
Lied „Du“ 162
List 96
Lob der Frau 76
Lobgebet 327
Lobgesang 342
Lobpreis 149, 150, 155, 156, 157, 241, 271, 328, 329, 342
loslassen 209, 316
Lossprechung 321, 325
Lots Frau 105
Lückenbüßerin 257
Lust 301

Macht 95
Magnifikat 157
Männer 72, 74, 75, 85
Männerängste 75
Männerkirche 25, 231, 252
Männersorgen 74
Männerweisheit 79
Manoachs Frau 107
Maria 20, 117, 247, 292, 330, 343, 347
Maria und Marta 118, 297
Maria von Magdala 127, 292
Maßstäbe 272
Meditation am Abend 341
meditieren 332
Mensch-Sein 9, 72, 83, 85, 279
Menschen 54
Messias 120
Mirjam 113
„Misch“-Ehe 191
Missio-Nachrichten 233
Mißverständnisse 214
Mitarbeiterin 175
miteinander 225, 237
Mitleid 280
Mitmenschlichkeit 54, 278
Mitte meines Glaubens 360
Modell Jesus 234

Morgen 165
Morgengebet 53, 339, 340
Mut 258
Mutlosigkeit 323
Mutter / Mütter 145, 177, 178, 179, 196, 197, 199
Mutter der Lebendigen 115
Mütterlichkeit 108

Nachfolge 269, 276, 292, 295
Nachruf 175
Nächstenliebe 286, 288
Nacht 171, 172
Namen Gottes 130, 132
Neuanfang 35, 217, 308
neues Lied 376
Neugierde 105
Noomi 100
Normen 71

Offenheit 66, 215, 219
Ohnmacht 49
Ökumene 154, 191, 258, 261
Ökumenische Versammlung 259, 260, 261, 313
Option für das Leben 302
Orthodoxe Kirche 250
Osterbekenntnis 293
Ostern 243, 245

Papst 285
Partnerschaft 189, 212
Pfingsten 26, 247, 265
Pietà 144
Pilgerschaft 184
Potifars Frau 94
Priesteramt für Frauen 255
Programm Jesu 270, 272, 273, 274
Prophet 142
Prophetin 113
Protest 89, 92, 208
Purimfest 112

Qual der Wahl 173

Rache 94
Rahab 97
Realismus 107, 110
Rebekka 103
Rechenschaft 66
Rechte der Frau 83, 255
reden 227
Reich Gottes 230
Reisesegen 266
Resignation 259
Retterin 112, 113
Rettung 274
Revision des Lebens 308
Richtet nicht 285
riechen 336
Rollen 118, 172
Rollenfestlegung 306
Rollenzwang 99
Rosenkranz 344, 345
Rut 100

Sabbat 81
Sache Jesu 276
Samariterin am Jakobusbrunnen 119, 292, 330
Sanctus 351
Sara 206
Scheidung 217
schenken 31
Schicksal 238
Schlaflosigkeit 171
schmecken 335

Schmerzensmutter 144
Schöpfungsauftrag 73
Schöpfungsbericht 72
Schuld 58, 278, 303
Schuldbekenntnis 260, 317, 318, 320, 348
Schuldgefühl 322
schuldig 57, 322
Schwangerschaft 60, 78
Schweigen 215, 227, 315
Schweigen Gottes 129
Schwesterlichkeit 296
Schwiegermutter 100
Segen 268, 331, 353
sehen 335
Sehnsucht 33, 328, 329
Selbständigkeit 193, 211
Selbstbewußtsein 24, 95, 99, 257, 295
Selbstvertrauen 167
Seligpreisungen 280
Sexualität 199, 301
sich annehmen 50
sich entscheiden 309
sich versagen 305
sich versöhnen 307
Silberhochzeit 194
Sinn 35, 269
Sinne üben 335
Sinnsuche 12
Solidarität 89, 106, 107, 117
Sonntag 243, 244
Sonntagsmesse 243
Sorge 283
Sorgen 264
Sorgen um Kinder 211
spezifisch weiblich 257
Spiegelbild 138
Spiritualität 327
Stammbaum Davids 101
Statistik 84, 228
sterben 62, 63, 68, 69, 183, 290
Sterbestunde 68
still werden 17, 23
Stille 10
Stoßgebete 336, 337
Streit 213, 215
stumm 110
suchen 153
Sünde 303, 305
Sündenbekenntnis 324
Sünder 145
Sünderin beim Gastmahl 124
Symbolfigur 110
Synagoge 255
Synodenbeschluß 249
Syrophönizierin 121

tägliche Gebete 339
Taizé 228, 259
Talmud 79, 80, 81
Tamar 96
Taufe 202
teilen 163
Tischgebete 340, 341
Töchter 87
Tochter Abrahams 123
Tod 183
Tod eines Kindes 206
Tod Jesu 291
Tod und Auferstehung 294
Tod und Leben 290
Tote 293
Traditionen 259
Träume 34, 262
Trauung 193

Trennung 195
Treue 125
Treue zur Kirche 232
Trost 140

Überlieferungen 272
Überzeugung 111
umkehren 147, 233, 307, 317
Unerschrockenheit 110
ungerechte Mutter 103
Unglauben 278
Unkraut und Weizen 313
Unrecht 45
unselbständig 210
Unsicherheit 51, 279
unterwegs sein 241, 284
unverwechselbar 185
Urlaub 160

Vater und Mutter 203
Vaterunser 160, 351
Verantwortung 303
Verdienst 304
Verfolgung 142, 266
Verführerin 94, 104
vergänglich 42, 43
Vergebung 124, 294, 312, 317
verlassen 216
Verlassenheit 300
verloren 147
Versager 211
Versöhnung 57, 309, 313, 325
verstummen 22
vertrauen 278, 355, 368
Vertrauen 19, 48, 131, 151, 233, 237, 239, 333, 334
verweilen 332
Volk Gottes 227
Vorsätze 39, 66, 165
vorübergehen 306
Vorurteile 71, 85, 89, 90, 285, 295, 297
Vorwürfe 208, 296

Wahrheit 289
Wandlungen 356
Warnung 75
warten 11
Weg 34, 269
Weg – Wahrheit – Leben 289
Weihnachten 250, 251
weises Herz 41
Weisheit 42
Weisung Gottes 299
Weiterleben 65
Weizenkorn 246, 290
Welt 12
Welt als Angebot 238
Weltgestaltung 238
„weltliches“ Credo 365
wiederfinden 216
Wiedersehen 70
Wirklichkeit 187
Witwe 195
Wort Gottes 239
Wünsche 37, 67

Zärtlichkeit 52, 195
Zeit 40, 41, 42, 43, 46, 163
Zeitplan 40
Zeitpunkt 46
Zerwürfnis 182
Zeugnis 140, 259
Zeugnis für Gott 137
Zusammenhänge 238
Zuversicht 219
zweifeln 369
Zwölfapostellehre 223, 231